EAT THE BUDDHA

LIFE AND DEATH IN A TIBETAN TOWN

吃佛

by

BARBARA DEMICK
芭芭拉·德米克

謹此緬懷洛桑・卓冊・曲扎

（Lobsang Chokta Trotsik，1981-2015）

目錄
Contents

PART 1
1958－1976年

PART 2
權力真空期 1976－1989年

PART 3
1990－2013年

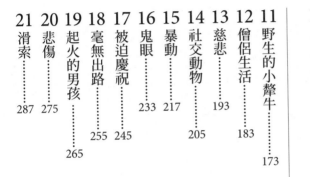

PART 4

2014年到現在

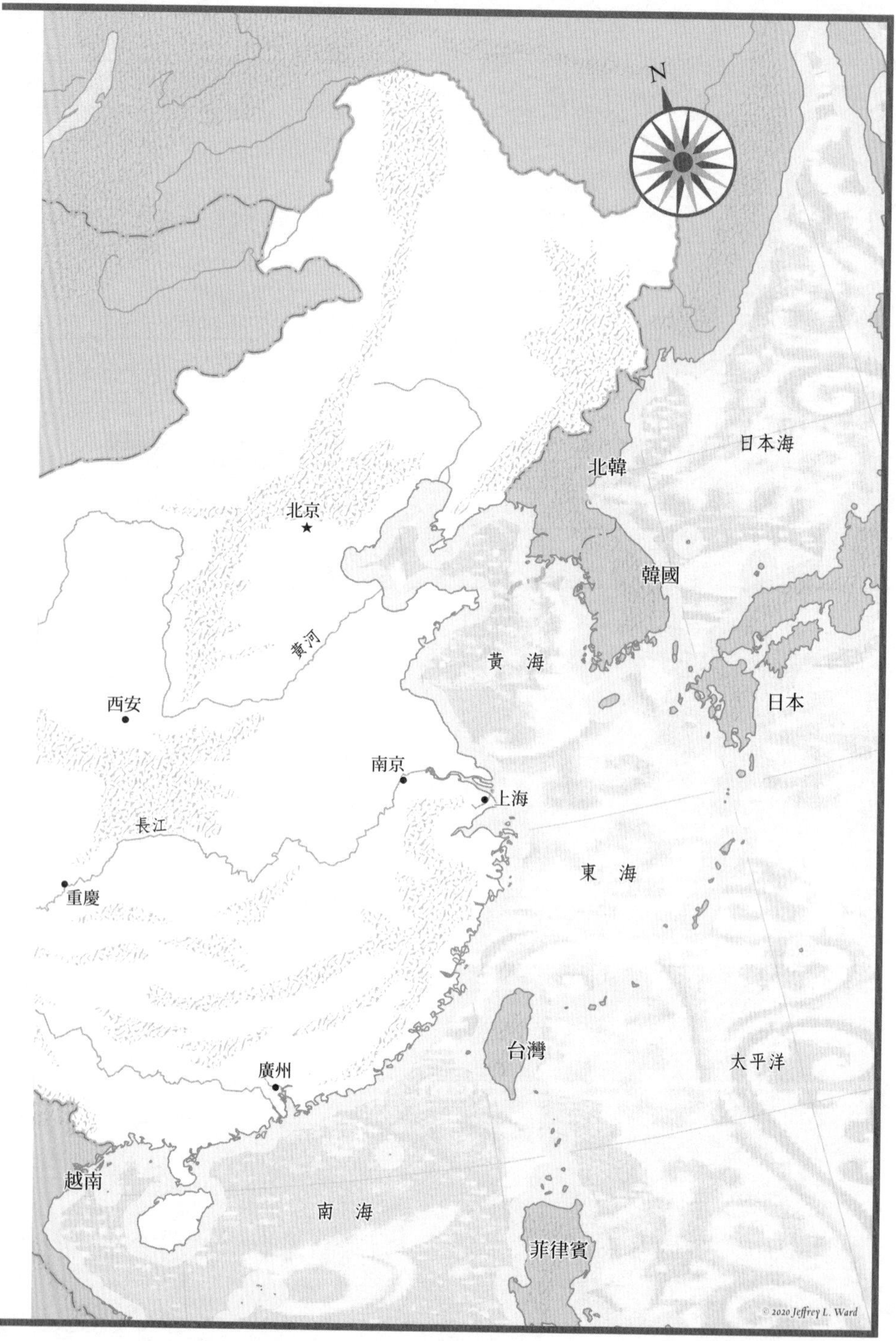
N
日本海
北韓
北京
韓國
黃河
黃　海
日本
西安
南京
上海
長江
東　海
重慶
台灣
太平洋
廣州
越南
南　海
菲律賓
© 2020 Jeffrey L. Ward

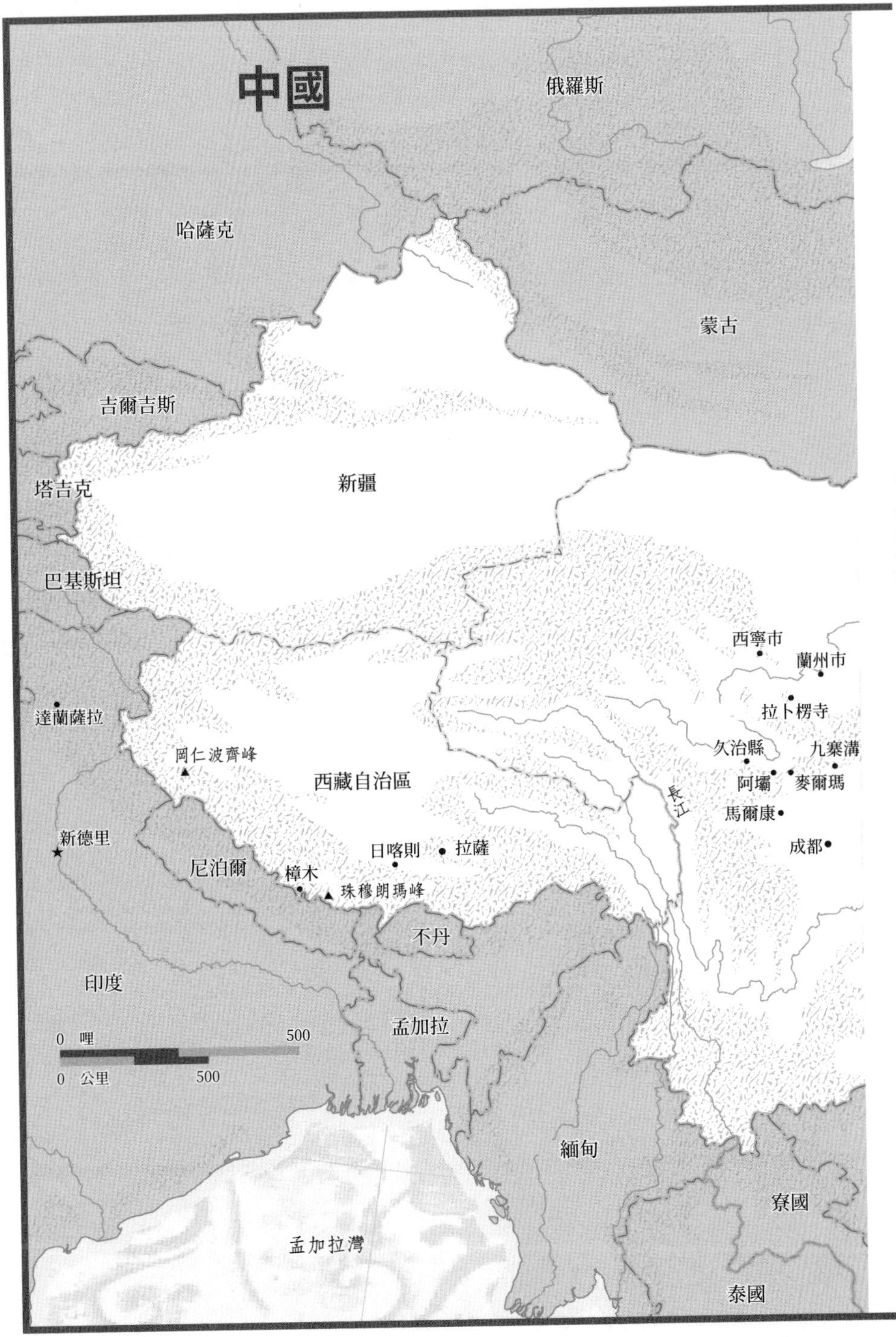
中國
俄羅斯
哈薩克
蒙古
吉爾吉斯
塔吉克
新疆
巴基斯坦
西寧市
蘭州市
拉卜楞寺
達蘭薩拉
岡仁波齊峰
久治縣
九寨溝
西藏自治區
阿壩
麥爾瑪
長江
馬爾康
新德里
成都
日喀則
拉薩
尼泊爾
樟木
珠穆朗瑪峰
不丹
印度
0 哩 500
0 公里 500
孟加拉
緬甸
寮國
孟加拉灣
泰國

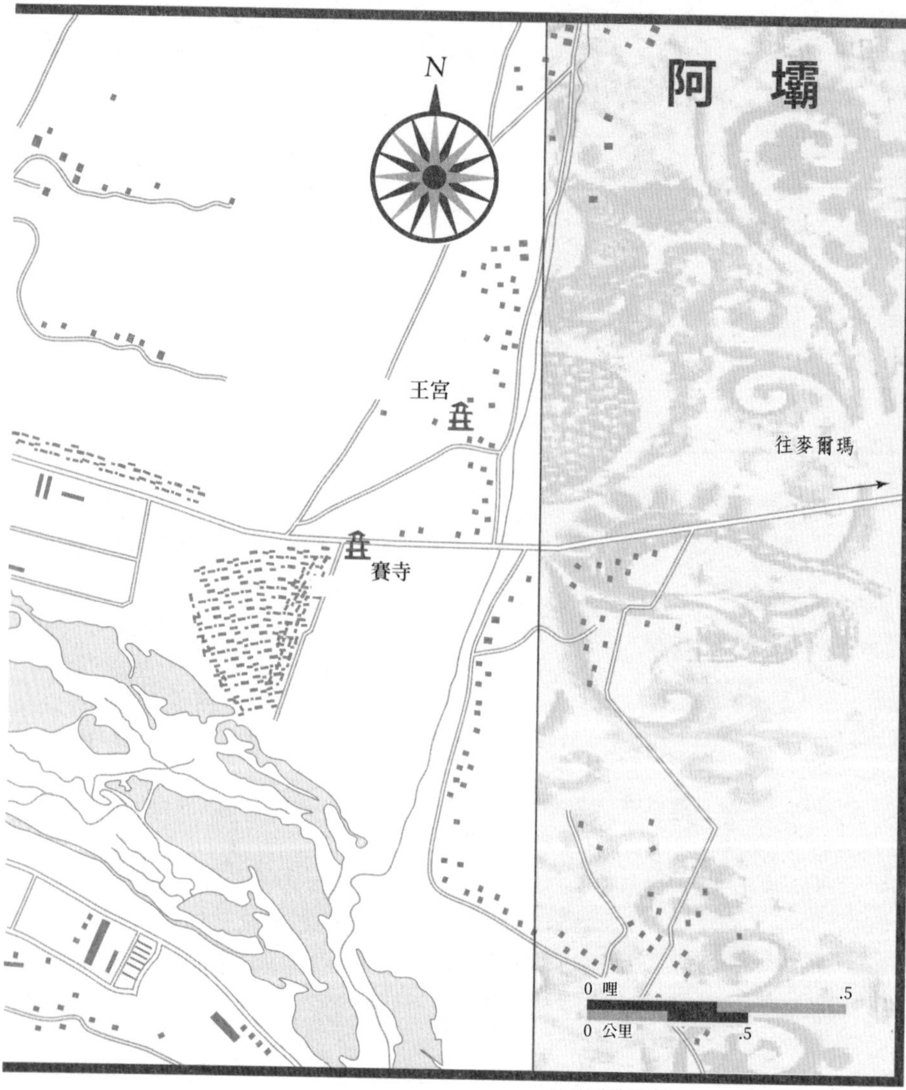

阿壩
N
王宮
賽寺
往麥爾瑪
0 哩
.5
0 公里
.5

格爾登寺
往青海省
百貨
公安部門
阿壩人民醫院
市場
中學
那曲河
新政府大樓
與人民法院

前言
Author's Note

阿壩市區，2014年

幾個世紀以來，西藏給人的印象一直是個隱士國度。它的魅力隱藏在喜馬拉雅山的自然屏障及與世隔絕的神權政府之後。那個政府由代代相傳的達賴喇嘛治理，大家都相信每位達賴喇嘛是前任轉世而來。十九世紀與二十世紀的西藏文獻中，隨處可見外國人試圖偽裝成僧侶或隱士以潛入這個國家的描述。

如今，對外關上大門的不是藏人，而是中國共產黨。一九五〇年以來，中國一直統治著西藏，但他們也是對外國遊客最不友善的守門者。拉薩有一個現代化的機場，裡面有漢堡王與自動提款機，把這個曾是聖城的地方，變成了敲遊客竹槓的陷阱，幾乎只讓中國遊客來此遊樂。外國人想要造訪中國所謂的「西藏自治區」，必須先取得特殊的旅行許可證。那種許可證很少發放給學者、外交官、記者，和任何可能提出尖銳問題的人。青藏高原的東部地區分屬四川、青海、甘肅、雲南省，理論上對任何持有效中國簽證的人來說都是開放的，但外國人常在檢查站遭到回絕，或不准入住飯店。

二〇〇七年，亦即夏季奧運的前一年，我以《洛杉磯時報》特派記者的身分搬到北京。由於申奧成功，中國政府提出許多改善人權、對記者開放門戶的承諾。然而，實際的情況是，這個國家的多數地區依然禁止記者進入，阿壩（Ngaba）就是其中數一數二最難涉足的地方。

阿壩地處偏僻，偏僻到它在英語地圖上是以中文念法Aba標示（發音類似瑞典流行樂團Abba）。這個藏語名稱對非藏人來說比較難發音，但聽起來像Nabba或nah-wa，端看你是以藏語的哪種方言來發音而定。

一九三〇年代以來，阿壩一直是中國共產黨的眼中釘。每隔十年左右，阿壩就會出現反政府的抗議活動，並留下破壞與死亡的殘跡。西藏人謹守第十四世達賴喇嘛丹增嘉措（Tenzin Gyatso）的教誨，他因崇尚非暴力而獲得諾貝爾和平獎，因此近年來多數的死亡事件是發生在西藏邊境。在二〇〇八年的抗議活動中，中國軍隊向阿壩的抗議者開火，造成數十人死亡。二〇〇九年，一位佛教僧侶在大街上自己淋上汽油，引火自焚，同時呼籲流亡印度的達賴喇嘛回國。那起事件隨後引發自焚風潮，截至本文撰寫之際，已有一百五十六位藏人自焚，其中近三分之一是來自阿壩及其周邊地區，最近的一次是發生在二〇一九年十一月。這些死亡事件令中國當局極為尷尬，完全戳破了中共聲稱藏人樂於受到中國統治的說法。

自焚的風潮開始後，中國當局便加倍防堵記者進入阿壩。他們在城鎮的入口設立新的檢查點，並安裝坦克陷阱與路障。城門的警衛會凝視車內，以確保進城的車子裡沒有藏匿外國人。有些勇敢的記者會蹲縮在後座，像潛望鏡一樣舉起相機拍攝窗外，但成功潛入的機率不一。

記者是逆向思維的生物。有人要求我們別去某處時，我們就偏要去。我上一本書的主題是北韓，我得承認，北韓之所以吸引我，部分原因在於它對西方遊客來說是如此的封閉。我決定側寫一個西藏城鎮時，便把目光投向阿壩。我想知道中國政府究竟急著隱瞞阿壩的哪些事情。為什麼那麼多的當地居民願意以那麼可怕的方法來摧毀自己的身體？

西藏令我好奇的原因，大致上也跟其他的西方人一樣。雖然我不是佛教徒，未曾從遠東地區（或西方）的宗教尋求慰藉，我很欣賞西藏這個充滿靈性的地方，它激發了豐富的文化、哲學與文學，並在這個日益同質化的世界中脫穎而出。由於我學過中國歷史，對於中國入侵西藏與達賴喇嘛逃亡等議題有基本的認知，但我對藏人幾乎沒什麼了解，只看過一些誇張的圖畫把他們畫成臉頰凹陷的穴居聖人及開心數著佛珠的流浪者。二十一世紀在中國邊緣生活的藏人，究竟是什麼樣子？

科技使世界失去了許多神祕的東西。上Google Earth點幾下，就可以窺探世界上最難接近的地方，但無法解釋那裡發生了什麼事，所以我非去阿壩不可。

這裡需要先做一個地理註解：基於一些歷史因素（原因稍後解釋），中國政府只把一半的青藏高原劃為西藏自治區。但多數藏人是生活在四川、青海、甘肅、雲南等省分的區域，那些區域雖然不屬於「正式的西藏」，但他們依然是藏人。近幾十年來，這些位於青藏高原東部的地區已變成西藏的心臟地帶，出了特別多著名的西藏音樂家、導演、作家、活動人士、喇嘛，包括現任的達賴喇嘛。

阿壩位於四川省，大致上是在青藏高原與中國大陸的交界處，使其貌似某種前線。前往阿壩，通常是行經四川的省會成都，成都也是中國新興的特大城市。

經過內有Gucci、Louis Vuitton等精品店的華麗購物中心，以及一棟棟高聳的公寓大樓後，車子便開上了環城路，接著往北進入山區。這裡與阿壩之間的直線距離僅三百五十四公里，但穿過邛崍山要花一整天的時間。邛崍山是溫帶雨林，也是熊貓的天然棲息地。越過這座山是一個穩定爬升的過程，車子行駛在狹窄又蜿蜒的山路上，路面因岩石流下的溪水而濕漉漉的。到達高原後，樹木就消失了，視野頓時拓展開來。那轉折實在太突然了，彷彿踏入魔衣櫥後，進入了另一個維度。

四面八方放眼所及，都像是鋪了一大片綠色的地毯，隨著山地的輪廓上下起伏。在有關西藏的精裝圖文書中，西藏的天空總是蔚藍的，但我造訪西藏的那段時間（大多是春天），厚重的雲朵彷如一團團的棉絮，低垂在天際，遮住了山頂。沿路的村莊是由一群又一群的低矮土屋所組成。毛髮蓬亂的犛牛與綿羊對路過的車輛視而不見。沿路的重要地點都擺著獻給神靈的供品，藏人認為每個隘口與丘陵都有神靈。祈禱幡在日積月累的陽光曝曬下褪成淡粉色，在山脊上飄揚。

阿壩座落在海拔近三千三百米處，但高度不是很明顯，因為整個城鎮看起來相當平坦。市區就只是一條穿過草原的狹窄繁榮帶。主要道路是地圖上標示的三〇二省道，它直接穿過小鎮，從一端開往另一端只需要約十五分鐘。二〇一三年這個小鎮才安裝第一個紅綠燈，因為在這種鄉下地方，騎馬並不罕見，但如今大家通常是以機車或三輪車代步。多數老人與一些年輕人穿著名叫「朱巴」（chuba）的傳統藏袍，繫著腰帶。但許多人選擇在傳統與成衣的務實性之間折衷妥協，頭戴牛仔帽，身穿羊皮或羽絨做成的蓬鬆外套。婦女常穿著長裙。

阿壩的兩側矗立著兩座佛教寺院，有如書擋一般。寺院的鍍金屋頂反射著陽光，外壁漆成深紅與蛋黃的顏色。那是寺院建築專屬的顏色，與周圍單調的風景形成鮮明的對比。從東邊進入阿壩時，賽寺（Se Monastery）[1]就在第一個檢查站的附近。位於阿壩鎮西端的是更大的格爾登寺（Kirti Monastery），那裡是自焚的中心。

在寺院之間，街道的景觀是由一堆低矮的建築所組成，外面鋪著瓷磚，彷彿內外相反的浴室。一樓大多是店面，打開金屬大門時，可以看到裡面雜七雜八的商品，例如汽車零件、水桶、拖把、塑膠椅、廉價球鞋、農具等等。

中國在此地發展的當務之急，是給這個小鎮打上統一的印記。看板上打著中國人民銀行、中國移動通信、中國聯通的廣告。阿壩鎮是縣治（全鎮人口約一萬五千人。更大的阿壩縣，人口約七萬三千人），這裡有常見的單調鎮公所、一家醫院、一所大型中學，還有警察與公安局，它們都插著醒目的大紅旗。這裡就像中國西部的任何縣治一樣，但警車與軍車比他處更多。鎮上唯一的百貨商店外，經常停著一輛裝甲運兵車。高掛的攝影機記錄著進出阿壩的車牌。蓋著綠色帆布的軍用卡車常出現在主要道路上，往返於格爾登寺另一邊的軍事基地與阿壩之間。根據一項統計，約五萬名保安人員駐守在阿壩，大約是同等城市正常部署的五倍。

阿壩地處偏遠，所以中國的連鎖店與速食店尚未在此展店，但鎮上有許多中國的小餐館賣火鍋與水餃。幾年前，居民抱怨阿壩過於漢化，地方當局因此下令主要街道兩旁的建築物必須畫上西藏的圖案。畫著蓮花、海螺貝、金魚、華蓋的壁畫傳達出一種勉強擠出的快樂。與之匹配的是印有佛教符號的紅色金屬百葉窗。地方當局也要求中國店主在招牌上添加藏文，但藏人告訴我，那些招牌常拼錯字。我只能從一些招牌上的古怪英語來臆測那些店是做什麼的。

NGABA BENEVOLENCE AND GARAGE（阿壩慈善與車庫）

BRILLIANT DECORATION（精美裝飾）

我住在中國的七年間，精進了在青藏高原穿梭而不引人注目的技巧。我不想像那些十九世紀的探險者那樣穿著可笑的偽裝服，但我確實買了一頂圓點軟帽，以及亞洲常見的空污口

1 譯注：亦稱賽格寺、賽貢巴寺，全稱是賽貢巴圖丹喬列南傑林。

罩。我穿著灰濛濛的長外套與繫帶的平底鞋。再加上那裡經常下雨，我可以撐把傘，躲在傘下。

我設法潛入阿壩的核心，做了三次為期不等的旅行。我也採訪了生活在高原其他地方的阿壩人，那些地方的限制較少。印度與尼泊爾的西藏流亡社群中，有許多人來自阿壩。他們大方地撥冗與我分享回憶。我甚至偶然間在加德滿都遇到一個阿壩協會。在共產黨統治西藏之前的數百年間，阿壩是由自己的國王與女王統治，那些倖存下來的後代為我提供了該區與王朝的豐富史實。一位中國學者好心與我分享一些有關阿壩的中國政府文件及回憶錄的翻譯。對於本書專訪的所有人物，我也採訪了他們的親友與鄰居以證實他們的說法，因為我預期中國當局會宣稱書中描述的苦難誇大不實。

所有的人物、事件、對話、年表都是據實以報，書中沒有合成的角色，但我改變了一些名字，以免那些吐露事實的人受罰。

PART

1

1958–1976年

CHAPTER

1

末代公主
The Last Princess

阿壩的王室。貢寶措站在前面的中間，
她的父親（國王）站在她身後。1957年。

一九五八年

貢寶措（Gonpo）還來不及看發生了什麼事，就聞到了煙味。她年僅七歲，對當時的政治不甚了解，但那煙味證實了那幾週以來，心中一直揮之不去的感覺：她總覺得有事情不太對勁。她和母親、姊姊、阿姨，以及一群護衛正在回家的路上。他們之所以離家，是為了去參加舅舅的葬禮。出發前往舅舅的村子時，還是夏天，但他們已離家四十九天了。四十九天是佛教徒在死亡與轉世之間的傳統哀悼期。此時已是初秋，傍晚的寒意暗示著雪花即將從山頂飄落。貢寶措穿著一件鑲著毛邊的羊皮厚袍，但冷風還是從馬下竄起，使她瑟瑟發抖。每個人都騎在馬背上，貢寶措就像多數藏人一樣，從小就是經驗豐富的騎手。他們沿著中國的軍事工程兵最近規畫的道路前進，那條路尚未鋪設，一路向西延伸，直到夕陽西下的盡頭。他們的歸途在一條小溪處岔開了那條路，小溪往北流向貢寶措的家。當他們一行人從灌木叢中出來時，貢寶措可以看到煙是從哪裡來的。從馬背上的高處，她可以清楚看到六堆篝火及六個帳篷。當他們走近時，她看到那不是藏人用的黑色犛牛毛帳篷，而是解放軍的白色小帳篷。

這是一九五八年，亦即毛澤東宣布創立中華人民共和國九年後，所以農村的周圍出現紅軍設營並不罕見。但這裡畢竟是家族的財產，紅軍在此設營令人驚訝。這段歸途走了兩天，此時走到最後一段，貢寶措一直強忍著睡意，但眼前的景象使她頓時被好奇心及一絲恐懼驚醒。她是率先下馬的人之一，不等護衛幫忙就從馬上滑了下來。她跑向大門，納悶為什麼沒人出來迎接他們返家。她重重地敲著大門——那是一塊約成人兩倍高的木板，門的頂端有一支巨大的門楣——但毫無回應，於是她聲嘶力竭地喊了起來。

「嘿！大家都去哪兒了？」

她的母親走到她的身後，也叫了起來。

最後，貢寶措的保母來了，打開大門。保母並沒有給她熱烈的歡迎，而是傾身向前，好像貢寶措不在場似的。保母把臉湊近貢寶措的母親，在她的耳邊輕聲細語。貢寶措聽不清楚她講了什麼，但從母親的反應可以看出那不是什麼好事。貢寶措最近看母親哭了好幾次，過世的舅舅是她最愛的兄長。貢寶措心想，現在母親又哭了，也許是因為她依然為舅舅感到哀傷。至少貢寶措希望那樣想，儘管所有的證據顯示事實正好相反——煙霧、帳篷、面無表情的女僕。直覺告訴她，她所知道的世界就要結束了，這只是結束的開端。

貢寶措一出生就是公主。她的父親名叫華爾功成烈（Palgon Tinley Rapten）[1]大致上譯成「光榮啟蒙堅定」（Honorable Enlightenment Steadfast），是美額王國（或譯麥桑〔Mei kingdom〕）的第十

1 作者注：許多藏人沒有西化的姓氏，但他們往往有一個以上的名。

四任統治者。美顙王國的都城是阿壩，位於現在的四川省。一九五〇年貢寶措出生時，阿壩還是一個不起眼的集市小鎮，商人來這裡販售鹽與茶，牧人來此地兜售酥油、毛皮與羊毛。這整個區域是由小封地拼湊而成，由不同的首領、國王、王子、可汗、軍閥所統治。中國人以「土司」（tusi，通常譯成「地主」）來指稱貢寶措的父親那樣的地方統治者。但藏人尊稱他為「杰布」（gyalpo）或「王」。二十世紀早期的英語編年史也稱他為王室。貢寶措亦是如此看待她的家族在社會上的地位。

貢寶措小時候穿的是一種垂地的長袍，名叫朱巴，有束腰。幾乎所有的藏人都穿著相似的服裝，服裝的材質反映了地位。貢寶措的長袍鑲著水獺毛，脖子上掛著一串串的珠鍊，珠子大如葡萄——有珊瑚珠子、琥珀珠子，還有最珍貴的天珠（dzi）。天珠是一種西藏的條紋瑪瑙，一般認為天珠可抵禦邪惡之眼。除此之外，她其實不是非常少女化的公主。她說不上漂亮，但很可愛，開口看得到牙縫，鼻子偏扁，貌似淘氣的小男孩。她像阿壩的許多女孩一樣，頭髮剪得很短，以示她未達適婚年齡。她的母親與王室的其他成年女性則是留著長辮，並以流蘇及珊瑚串固定著。那些辮子編得很精緻，可能要花僕人兩天的時間才能編好。

他們一家人住在一座富麗堂皇的莊園裡，位於阿壩的東端，就在市區之外。嚴格說起來，那裡是宮殿，但看起來更像堅固耐用的堡壘。住宅的設計是採用傳統的西藏風格，以夯土建成，呈暗褐色，以便旱季高原無草時，與景觀融為一體。牆體巨大，底部厚達二．七米，頂部逐漸往內傾斜，地震時可提供穩定性。狹窄的窗口同樣呈梯形，窗框是木格花樣。牆壁毫無裝飾，但兩邊有突出的木製陽台——一個在東，一個在西。陽台外觀雅致，但那裡其實是廁所。人類的排泄物是排到下方，與灰燼混合後，撒在田裡當肥料。

房子缺乏現代化設施，但規模彌補了那缺憾。整座莊園占地約兩千兩百五十坪（八萬平方呎），有八百五十幾個房間，從底層的地窖、馬廄、最底部的儲藏室，到上面愈來愈雅致，每個房間都有明確的用途。例如，孩子與其母親的臥房，國王隨扈與特勤人員的臥房。上層的房間鑲著木板，以掩蓋外面的泥土。

最上層是專門用來修行的地方。房內因壁畫與唐卡（藏式壁掛）而生氣盎然，那些圖畫都是採用飽滿鮮豔的色彩，令人眼花撩亂。由於佛教人物會一再轉世，他們以無數種形式出現，有男有女，有的熟悉，有的奇幻。例如，有過去與未來的佛陀，還有更多的菩薩，他們雖已得道，但放棄涅槃，為了造福他人而投胎轉世。最珍貴的作品是一尊觀世音菩薩（藏人稱之Chenrezig），祂是慈悲的化身，藏人的守護神，是由十四世達賴喇嘛贈給國王的，是整個佛殿的核心。

國王是熱血藏書家，收藏了大量的書籍與經文，有些是以黃金與白銀印製。藏經閣下方的接待室足以容納數千名僧侶。在佛教的節慶中，整座宮殿迴盪著吟唱、鈸、號角、海螺的聲音，以及藏人為祈求他們的守護神觀世音菩薩而念出的不可譯六字真言：

唵、嘛、呢、叭、咪、吽

宮殿裡的日常生活是以佛教儀式來衡量。國王的每日早晨是從在佛殿中反覆地跪拜開始。他先直立著，雙手合十舉到頭上。接著，一個動作馬上讓身體完全呈水平的姿勢，俯臥在地板上，然後再站起來。這個儀式使他維持體態精實，頭腦清醒。

在這裡，不可能明確區分什麼是宗教，什麼是文化或習慣。大人抓到貢寶措撒謊時，會要求她去附近的一座寺院，反覆地轉經輪（circumambulation）——那些轉經筒是金屬、木頭、皮革製成的垂直大圓柱體，上面寫著經文。每次轉動轉經筒，就像大聲朗誦經文一樣。對一個孩子來說，那些轉經筒太重了，懺悔迫使她反省過錯。

貢寶措和姊姊（大她六歲）與母親一起住在房子另一邊的獨立區塊。每天一醒來，母親便帶著她們到父親的房間請安，就寢前也會再次來請安。他們一家人大多一起用膳，父親對她們的禮儀教養很嚴格。用膳前需先誦念祈請文，並讓長者先食，孩子於一旁等候。父親也堅持吃光盤內的每粒米，並提醒女兒農民產糧的辛苦。他也堅持下屬的食物份量與他一樣，雖然他們用餐時食物已經涼了。國王是個挑剔的人，儘管女兒貴為王室，但他不想寵壞她們。屋裡到處都是僕役，但國王還是親自鋪床。

國王是走在時代尖端的人，堅信女孩理當與男孩接受同樣的教育。他膝下無子嗣，希望有個女兒接任王位。貢寶措有一個家庭教師，每天早上來教她藏語字母，他是採用傳統的教法，在石板上撒灰，然後給她一枝羽毛筆來描繪字母。藏語是一種難寫的文字，改編自印度北方的語言，子音疊在一起。貢寶措每天要花好幾個小時，盯著那些卷曲飛舞的文字。一整天學習下來，到最後已經有點眼花。

貢寶措是個靜不下來的孩子，宮中生活的局限令她煩躁不安。她蹣跚學步時，保母在她的腰間繫了一個鈴鐺。這樣一來，她就能聽到貢寶措想往外跑的聲音。直到很久以後，貢寶措才意識到童年早期那段與世隔絕的時光有多麼短暫。她沒有同齡的玩伴，姊姊嬌弱好學，不願與貢寶措一起胡鬧。貢寶措最快樂的時光是僧侶來訪的時候，因為有些小僧侶與她同齡。其中她最喜歡的那個，碰巧被認定為轉世喇嘛，亦即「祖古」（tulku）[2]。大人對那個小男孩畢恭畢敬，但貢寶措會抓著他的袖子，要求他在接待大廳踢球。貢寶措常溜出宮殿，到鄰家跟孩子玩耍，她在那裡一點也不像公主。其中一個孩子後來回想起那段時光，記得她常堅持幫忙做家務。她享有的東西比其他的孩子多，這點常令她過意不去，所以她會把一些衣服拿去送人。有一次，她和鄰居的孩子一起溜進王宮的私人花園去偷摘豆子。當然，貢寶措並沒有意識到她偷的豆子就是自家種的。

隨著年齡增長，父親擔心她沒有公主該有的樣子，因此阻止她與鄰家孩子玩耍，那些都

2 譯注：「化身」之意，指這些轉世上師是諸佛、菩薩、或大成就者的化身。

是臣民的子女。她只好待在家裡，望著窗外有圍牆的院子，眺望連綿不絕的小山，看著小山的盡頭沒入北方的雪山中。放眼所及，全是她父親的領地。

美顙王國至少一直延伸到東北近一百五十公里外的若爾蓋（Dzorge），但王國究竟掌控多少領土則不太確定，因為在這個社會裡，權力不是由土地多寡來衡量，而是由人數來衡量。邊界不如忠誠度來得重要，大家庭幾乎比任何人際關係來得牢固。據西藏的記載，美顙國王掌控十二個部落及一千九百戶人家。中國的檔案顯示，他的麾下有五萬人。財富同樣也是以一個家族擁有的動物數量來衡量，因此編年史有這些資料的詳細記載：這個王國有四百五十匹馬、八百頭牛（包括犛牛），有時犛牛會與牛雜交。

王宮周圍都是牧場，但牲畜大多飼養在東邊二十四公里外的麥爾瑪（Meruma）附近，那裡的牧場是專為王國的牧群建立的。國王在麥爾瑪也有一座夏宮。另一座較小的宮殿是位於西邊幾公里處格爾登寺的土地上。那裡是國王的祖先建立的，用於朝拜及慶祝佛教節日。

在貢寶措的眼裡，父親是百姓信服的領導者。他頒布市場的開市時間，決定什麼東西可賣、什麼動物可獵殺。身為虔誠的佛教徒，他禁止臣民獵捕鳥類、魚類、土撥鼠和其他小動物，因為他覺得每隻動物都是轉世的靈魂。若要殺生，最好殺大型動物（如犛牛或綿羊），牠們可餵養較多的人。他也嚴格禁止銷售鴉片。

從早餐開始，國王就需要接見絡繹不絕的訪客。他們是來請求國王解決冤苦及裁決爭端。如果有人與鄰居發生土地紛爭或想做生意，他們會來懇求國王裁決。由於晉謁的人實在太多了，宮殿前的草地上總有人露營，等著覲見。不僅藏人前來尋求國王的開釋，該區也是幾十個民族的家園——包括十三世紀席捲高原的蒙古人，以及體格與藏人相似、但語言和文化相異的羌族。中國的穆斯林（亦稱回族）在種族上是漢人，但從多數男性的小鬍鬚與白色的無簷圓帽，以及女性的頭巾，還是可以區分出來。

愈來愈多的漢人遷居此地。漢人是中國的多數民族，貢寶措遇到的漢人大多與中國政府有關。但他們面對她的父親時，依然畢恭畢敬，所以她對他們沒有嫌惡感。她樂見中國的工程兵與建築工人興建了一條與河流平行的新路，他們從舅舅的喪禮回來時，就是走那條路。貢寶措最早的記憶之一，是參加一場道路通車儀式，那條路是從阿壩通往成都，行經宮殿附近。當時，他們身穿最精緻的藏袍，披掛著串珠，向那些前來參加剪綵儀式的中國官員獻上鮮花。那也是他們那些年輕女孩第一次看到汽車。母親後來開玩笑說，有些女孩還想餵卡車吃草，她們以為那是馬。

一九五八年的那個晚上，當王室成員參加完葬禮返家時，貢寶措不知道中國人為什麼在她家的門前紮營。她推門進入家中，跑上三樓，看到僕人個個像保母那樣不苟言笑。他們默默地整理東西裝箱，有些人的眼裡噙著淚水。貢寶措因此確定家裡肯定出事了，而且是非比尋常的大事。她看不到父親的蹤影，有人說他去開會了，但她不相信。她跑遍每個房間去找他，希望有人跟她解釋發生了什麼事。沒有人能回答她，僕人在房間之間走來走去，手上捧著衣服與亞麻製品。這一切看在貢寶措眼裡，讓她更加焦躁不安。她像幼童使勁發出很大聲響那樣，雙腳在木質地板上踩得砰砰作響，直到保母追上她，一把抓住她的胳膊。

保母告誡說，她得安靜下來，難道她不曉得事態有多嚴重嗎？不，她一點也不曉得，完全不明白。但是，既然其他人都在收拾行李，貢寶措覺得她也應該那樣做。她走進自己的房間，拿出玩具。

「妳用不到那些東西，放著吧。」保母厲聲說道。她從貢寶措襁褓時期就開始照顧她了，但言語不曾那麼苛刻。

於是，她告別了最珍愛的私藏——一個來自印度的塑膠蘋果，打開後，裡面裝著愈來愈小的塑膠蘋果，像俄羅斯套娃那樣嵌在一起。幾十年後，當她年過半百，頭髮花白，罹患關節炎時，還是會在亞洲的玩具店裡，尋覓狀似那個蘋果的玩具。

翌日清晨，天剛破曉，貢寶措看到房子封上了膠帶。士兵正在張貼手寫海報，上面寫著中國漢字。那些字似乎傳達出急迫的政治訊息，但貢寶措看不懂，因為她不懂中文。鄰居站在士兵圍起來的封鎖線外，淚流滿面，其中有些人是當初和她一起偷豆子的孩子。

貢寶措仍不理解當下處境的嚴重性，她只注意到等著把他們接走的汽車。那只是一輛俄羅斯製造的吉普車，即使以一九五〇年代的中國標準來看，那也沒什麼特別之處，但貢寶措之前從未搭過私家車，只坐過巴士。當下她很興奮，一時忘了正在上演的悲劇，還跑出去追那輛車，滿心期待地蹦蹦跳跳。

母親在她的臉上狠狠地甩了一巴掌，讓她回過神來——那是父母唯一一次打她。她違反了西藏禮儀的一大要則：離家時必須肅穆莊重。她偷偷溜了回去，站在姊姊、兩個表親與阿姨的旁邊。他們一起舉起雙手，像在祈禱一樣，俯臥、拜倒在地，以感謝這個多年來一直庇護她的家。接著，他們爬上吉普車，把行李箱堆在車頂上，車子就開走了。

CHAPTER

2

吃佛

Eat the Buddha

中國紅軍正前往青藏高原，攀越夾金山。1935年6月。

這世上找不到像青藏高原那樣特別的地方，它有一種獨一無二的地質特色：從亞洲的心臟地帶竄升到海拔四千多米，由形成喜馬拉雅山脈的同樣板塊運動推升而成。這裡常有「世界屋脊」之稱，可說是實至名歸。中國人喜歡吹噓從太空可以看到長城，但是你看中國的衛星圖時，真正吸引目光的其實是西藏。它看起來像一片廣闊的內陸高原，邊緣的白色點綴是世界最高山脈頂端的冰河。亞洲各大河的源頭，縱橫交錯在這片土地上，包括長江、湄公河、黃河（藏人分別稱之為智曲〔Drichu〕、扎曲〔Dzachu〕、瑪曲〔Machu〕），它們為世界上的一半人口提供用水。

青藏高原從珠峰一直延伸到巴基斯坦的北部，接著穿過中國的中部，一直延伸到戈壁沙漠的邊緣。占地二十五萬九千公頃（一百萬平方哩），跟印度一樣大，相當於中國陸地的四分之一。地形嚴峻、海拔高、空氣稀薄，使它成為地球上人口最稀少的地區之一，每平方哩的人數不到六人。

對遺傳學家來說，藏人的起源仍是個謎。雖然他們與中國人、日本人、蒙古人、西伯利亞人有共同的祖先，而且長得很像一些美洲原住民，但藏人有一種獨特的基因突變，使他們能在高海拔的地區蓬勃發展。

藏人自己也有一套奇妙的起源神話，同時呼應了達爾文學說與佛教的說法。儘管那套理論有各種不同的版本，但大致上是說，藏人是類人猿與食人女妖的後代，他們在懸崖上交配，那座懸崖位於曾經覆蓋青藏高原的遼闊內海上方（內海的說法，有地質證據可以佐證）。據傳那個類人猿是觀世音菩薩的化身，性情溫和慈悲；食人女妖則是冷酷的戰士。

他們的後代（藏人）遺傳了那些特質，慈悲與殘酷這兩個相互較勁的性格塑造了他們的命運。

西元七世紀時，佛教從印度傳入西藏。但即使有佛教的傳入，藏人也很難稱得上是和平主義者。他們也不是特別孤立，這與後來的「隱士國度」之稱恰恰相反。在馬術是戰時最重要技能的年代，藏人遍布中亞，洗劫城市，征服併入西藏國土的其他民族。在皇帝松贊干布（Songtsen Gampo）的統治下，藏人建立了一個可與蒙古人、土耳其人、阿拉伯人互相抗衡的帝國。歷史上有一段短暫的時期，藏人甚至比漢人還強大。那段時期雖短，但令人難忘。西元七六三年，藏人洗劫唐朝的首都長安（如今的西安，亦即兵馬俑的出處），他們占領長安僅十五天，卻是藏人長久銘記在心的得意戰績。

藏人建立的帝國在九世紀中葉崩解，分裂成幾個小侯國。直到一六四二年，在歷代達賴喇嘛的領導及強大蒙古人的支援下，一個中央集權又穩健的西藏才重新建立起來。第五世達賴喇嘛在松贊干布的要塞廢墟上興建了布達拉宮，給人一種世代相傳從未間斷的印象，但他統治的西藏面積不到以前帝國的一半。前西藏土地的東部，大多分成許多小王國與封地。貢寶措公主的祖先所建立的美顙王國就是其一。

貢寶措的祖先最初是來自高原的西部，靠近岡仁波齊峰（Mount Kailash）的地方——一個名叫「阿里」（Ngari）的地區，那可能也是阿壩（Ngaba）這個名稱的由來。或許是為了強化他們的正統性，他們聲稱自己在西元九世紀西藏的黃金時代，奉皇帝之命，以戰士的身分遷居西藏。官方的歷史顯示，西藏帝國崩解衰落時，他們仍留在東部，建立自己的封地。

阿壩是個放縱的好地方，可說是中國古諺「天高皇帝遠」的典型實例。這裡離北京上千哩，騎馬至少需要一個月的時間，幾乎跟拉薩一樣遙遠。十八世紀美顙王國建立起來時，滿人已征服漢人，建立了清朝，併吞青藏高原的東部區域。但清朝的皇帝分身乏術，無心顧及繁雜的治國任務。只有在莽撞的地方首領互相打鬥、驚動帝國時，皇帝才會派騎兵去處理。當時皇帝的態度似乎是「讓蠻夷自治」。他們甚至授予封印給許多地方的統治者（包括貢寶措的祖先），以確認他們的統治權。

阿壩也堅持他們獨立在拉薩之外。阿壩人雖然敬重達賴喇嘛，把他視為精神領袖，但不認為他們是他的臣民。他們會去拉薩朝拜，到拉薩的大寺院學習，在拉薩做生意，而且在當地還以精明的商賈著稱。他們因為有共同的種族淵源、信仰、生活方式，而與其他的藏人相連。他們有相同的書面文字——都是以北印度字母為基礎——但不懂彼此的方言。他們吃同樣的主食：糌粑（tsampa），這種炒青稞是高原地區的生存關鍵，所以吃糌粑幾乎是藏人的同義詞。阿壩人不是西藏中央政府的臣民，也不遵循西藏中央政府的法律。他們通常以部落自稱，而不是以博巴（bodpa，藏人）自稱。或者，他們會說自己是「雪域」的人，以承認他們有共同的祖先。

如果這個地區嚴格來說不算西藏的一部分，那麼就西藏文化來說，這裡也不算文化落後的地方。藏人稱青藏高原的東部為安多（Amdo，東北）與康（Kham，東南），英國人有時稱這裡是「內藏」（inner Tibet）。這裡培養了特別多傑出的喇嘛、學者和藝術家。例如，宗喀巴（Tsongkhapa，1357-1419）來自安多，他是傑出的佛教哲學家，創立了後來在藏傳佛教中占主導地位的格魯派（Gelug school，又名黃教）。第十四世達賴喇嘛也是來自安多，他可說是如今在世最有名的藏人，一九三五年在名叫塔澤（Taktser，位於今青海湟中祈家川）的村莊出生，塔澤村在阿壩以北約三百二十一公里的地方。第十世班禪喇嘛（Panchen Lama）是僅次於達賴喇嘛的第二號宗教領袖，也是二十世紀西藏史上的重要人物之一，他也是安多人。諸多政治派系的叛亂分子則是來自康，例如第一批加入共產黨的藏人，以及稍後一批最激烈反共的游擊隊。《格薩爾王傳》（*Epic of Gesar*）[1]中的傳奇戰士之王據說也是來自康。如今，多數藏人生活在青藏高原的東部——亦即青海、四川、甘肅、雲南的部分地區。這造成很大的混淆，因為中國政府不認為那裡是西藏，但是你造訪那些地區時，會發現他們是不折不扣的藏人。如

1 編注：流傳於西藏與中亞地區的著名史詩，已有一千多年歷史。

果今天你在紐約或倫敦遇到有人跟你說他是藏人，他很可能就是來自這裡。

關於美顙王國的內部生活，最生動的描述莫過於《美顙王的起源簡史》（*A Brief Chronicle of the Origins of the Mei King for the Ears of Future Generations*）。那是一本薄薄的小冊子，封面採用真絲花緞，是一九九三年由曲培（Choephal）私人出版的，他是貢寶措父親的祕書。美顙國王統治王國時，時時戒慎恐懼，提防對手暗殺。當刀劍與槍械的威力不足時，交戰雙方會僱用藏密大師來施咒以擊潰敵人。爭端是以支付賠償的方式來解決——村莊就像棋子一樣，在對手之間來回交易。潰敗者慘遭截肢、割耳、削鼻等懲罰。不過，美顙王國的歷史並非充斥著戰爭與報復。他們以身為精明的商賈自豪，也賦予臣民足夠的自由去經商。青藏高原的特殊環境讓他們可以生產一些稀有的商品，例如阿拉伯世界的香水製造商非常需要的麝香香囊，以及從西藏許多蒸發的湖泊中採集的鹽。阿壩建立了「環境有利經商」的聲譽，阿壩商人把中國的產品（尤其是茶葉）裝在犛牛商隊上，越過高原，賣到西藏與尼泊爾的中部，藉此蓬勃發展。

美顙王國不是刻意採用母權制，只是碰巧女王的表現通常都比國王亮眼。王室中沒有合適的男性繼承人時，就由女性繼承王位。這種情況並不罕見，因為王室成員飽受不孕之苦，而且至少有一位國王精神錯亂。歷代的女王建造寺院，簽署條約，領軍作戰。一位女王甚至因為兒子被戴綠帽而出戰，以報兒媳出軌之仇。男人不靠老媽的話，自己無法處理那種事情。

十八世紀的女王阿木讓（Abuza）建立了一種聯盟，後來那變成美額王朝的招牌特徵。阿木讓是嫁入王室的外人，但很快就凌駕夫婿，權傾國都。一七六〇年左右，她會見格爾登寺的住持。格爾登寺是設在美額王國東北角的若爾蓋縣。她邀請格爾登仁波切（寺院住持的尊稱）來訪阿壩。仁波切馴服了一位讓美額王國不堪其擾的憤怒神靈（在安多，每座山、每片草地、每條溪流都有自己的神靈），並指派另一位神靈來保護王室，因此深受女王的推崇。他們因此發展出一種合作關係，那是以「供施關係」（Chöyön）的模式為基礎。喇嘛賦予統治者精神上的開導與正統性；統治者則是以金錢、牛群或土地等形式，為寺院提供物質上的支援。他們一起共生共榮，增進彼此的權力與存在。一個世紀後，格爾登寺在阿壩開設分院，後來變成當地最有影響力、政治上最活躍的寺院之一，助長了阿壩後來的叛逆聲名。

每年春天，女王會在阿壩舉行為期一個月的祈願大法會。藏人會聚在一起焚香及焚燒杜松枝，放生那些原本打算宰殺的動物，以展現佛教的慈悲。他們也會舉辦賽馬與射箭比賽做為娛樂。那個地區的人會帶著陶器前來販售，因此後來有「扎崇節」之稱（「扎」是陶器之意，「崇」是市場的意思）。扎崇節在西藏東部一直是很熱鬧的活動，但二〇〇九年中國當局因西藏動盪不安，而下令中止扎崇節的舉辦。

歷代女王中最令人稱道的，莫過於貢寶措的祖母華爾精朵絨措（Palchen Dhondup）。雖然如今沒有留下她的任何照片或肖像，但家族編年史上寫道，她是個「傾城傾國的美女」，而且「心胸寬大，聰慧過人」。父親曾告訴貢寶措，她的祖母「是真正的戰士，她盤起頭髮去戰鬥時，看起來比任何男人更銳不可擋」。她生於一八九〇年代末期，一出生即面臨悲劇。母親死於分娩，父親是國王貢寶索南（Gonpo Sonam），死於一九一三年的一場離奇事故。當時他正在格爾登寺監督會堂的興建，沒想到屋頂突然崩塌，國王當場喪命。當時年僅十幾歲的公主頓時成了孤兒，而且她又是獨生女，必須一肩扛起國務。雖然藏族傳統可以接受一個年輕女子擔任統治者，但家裡仍需一個男人。於是，公主匆匆地嫁給了一位果洛（Golok，位於阿壩的西北部）的貴族王子，那個王子成了名義上的國王。但權力顯然是掌握在華爾精朵絨措的手中。連她的兒子（亦即貢寶措的父親華爾功成烈）成為美顏國王後，她也沒有釋出權力。

女王華爾精朵絨措完成了格爾登寺那個害她父親喪命的建築工程。她把髮飾上的珠寶捐出來資助木塊的雕刻，那塊木頭將用來雕刻格魯派創始人宗喀巴的全集。

女王因文化素養及慈悲為懷而備受敬重。一九二四年，美國傳教士羅伯・艾克維爾（Robert Ekvall）帶著妻子與襁褓中的兒子來到阿壩，分發《聖經》的藏語譯本。儘管僧侶試圖把他趕走，他還是獲准覲見女王。他很快就看出女王是真正的統治者。艾克維爾後來告訴一位採訪者：「某種程度上，國王只是親王。」

艾克維爾送給女王一些禮物，包括氣壓計、指南針、雙筒望遠鏡、一本翻譯的《聖經》。艾克維爾焦慮地看著女王當場翻閱那本聖經，並讚揚印刷的品質。接著，她大聲朗讀了其中一些段落。女王看來無意改變信仰，但她告訴艾克維爾，她喜歡《約翰福音》第一章第一節的開頭：「太初有道，道與神同在，道就是神。」——那符合藏傳佛教的信仰，藏傳佛教也認為語言是人類靈魂不可或缺的一部分。

她對艾克維爾說：「這很有道理。」

女王給艾克維爾留下能言善道、求知欲強的印象，而且正如他對採訪者所說的，女王也「充滿慈悲」。他回憶道，她對他們年幼的兒子特別感興趣，因為她和家族的其他人一樣，飽受不孕之苦，當時她只有一個孩子華爾功成烈存活下來。

女王華爾精朵絨措若不是剛好碰上動盪不安的二十世紀初，可能會領導出一個盛世。當時英國與俄羅斯一直在爭奪中亞地區的影響力，而且競爭激烈，威脅到任何阻礙他們稱霸的勢力。一九〇三年，駐紮在印度的英國上校榮赫鵬（Francis Younghusband）領軍「遠征」西藏（他委婉地稱之為「遠征」，實際上是英國侵藏戰爭），導致數千名藏人遇害。儘管他獲得總督喬治·寇松侯爵（George Curzon）的支持，英國政府還是否決了那次任務並撤回軍隊。但那次遠征所造成的破壞已無可挽回，因為那次事件使清廷頓時從自滿中清醒過來。當時滿族的中國統治者一直疲於因應歐洲國家想要撬開沿海通商口岸的行動，因此忽視了國土西側的狀況。他們當然不希望英國站在「世界屋脊」上俯視中國，或掌控中國的水資源。所以，英國一出手，中國就意識到青藏高原的戰略重要性。直到今日，許多西藏學者仍把隨後降臨在西藏的災難歸咎於英國。

儘管清朝軟弱無力，他們在一九〇九年侵入西藏後，就一直待到一九一一年滿清滅亡為止。當時，藏人驅逐了所有的中國代表，想盡辦法重新確立獨立國家的地位，還發行自己的旅行簽證與貨幣，但那只是實質的獨立，不是正統的獨立。西藏並未申請成為國際聯盟（聯合國的前身）的成員，它並未充分了解那個新興國際組織的價值。持平而論，在二十世紀初，建國的概念對西藏來說仍未成形，亞洲帝國的國際關係與歐洲的定義也不完全吻合。藏人試圖讓英國人承認他們的獨立，但最終反而不得不給中國「宗主權」（suzerainty）——這是一個無人完全理解的術語。滿清帝國崩解後的那幾年，英國與西藏的通訊顯示，英人與藏人在宗主權、主權、獨立、自治等字詞的翻譯與定義上爭執不休。最終，西藏的地位恰好在錯誤的時間點被模糊帶過了。

二十世紀初，幾千年帝國統治的瓦解，在中國留下了危險的真空。當時，孫中山建立的中華民國只掌握非常單薄的權力，中國大部分地區是由互相爭鬥的派系統治，亦即所謂的軍閥時期。被逐出紫禁城的兒皇帝溥儀到了一九三〇年代已是一個放蕩青年，活在日本人於中國東北建立的偽滿洲國中。剩下的中國是由精明冷靜的委員長蔣介石領導，他接替孫中山，成為國民黨的領導人。日本進軍中國及中國共產黨迅速崛起（不久就由毛澤東領導）時，他緊抓著權力不放。

阿壩的藏人對中國的政治所知甚少。他們只關心自己與敵對的藏族首領之間的衝突，幾乎沒注意到那場遙遠的戰爭。畢竟，中國人與中國人作戰是中國的內政問題，似乎與藏人無關。

共產黨在一千九百公里外的江西與福建省交界處安營紮寨，並在那裡成立了一個小型的蘇維埃國家。一九三四年，蔣介石發動軍隊剿匪時，共產黨分成三路竄逃，亦即後來所謂的「長征」（「長征」是共產黨的說法，中華民國稱之為「流竄」或「西竄」）。對中國共產黨來說，這是一次極大的事件，革命民謠與歌劇中無不把這場長征奉為可歌可泣的壯舉，大致上相當於「出埃及記」，只不過主角不是摩西，而是毛澤東領導紅軍逃到安全的地方。

隨著蔣介石的軍隊窮追不捨，共產黨向西逃到愈來愈遠的中國內地，接著往北轉進四川省。對藏人來說，那是他們第一次遇到中國共產黨，而且第一次交手就不太順利。

一九三〇年代的紅軍還沒變成後來那種強大的戰鬥機器。中國士兵缺乏裝備、食物及地方知識。青藏高原上的最後統治者是清朝的滿人，而不是漢人。中國派往高原的使節通常是滿人或蒙古人。許多地圖與文件都是寫滿洲語。紅軍的士兵大多是來自中國東方與南方低地的漢人。

在精美的圖文書中，西藏總是看來詩情畫意，但是對外人來說，在當地棲息有如酷刑，天氣很難預測。你可能前一分鐘被大雨淋得濕透，下一分鐘就被壯麗的雙彩虹所迷住，之後又被太陽的紫外線曬得乾癟。雞蛋大小的冰雹可以砸死犛牛，偶爾也會砸死人。稀薄的空氣使新來者頭暈目眩，頭痛不已。連藏人也可能在暴風雪中迷路，死於風暴。青藏高原對中國人來說是未知領域。

中國士兵在草原上跋涉，朝阿壩的東部前進時，一位年輕的士兵問指揮官：「我們在哪裡？我們離開中國了嗎？」孫書雲在《長征》（*The Long March: The True Story of China's Founding Myth*）裡如此寫道。指揮官坦言他也不知道。他建議他們，等遇到會說中文的人再問問看，但他們一直沒遇到。

紅軍最緊迫的問題是缺糧。中國士兵一開始是從西藏的農田裡擅自摘取作物（有些尚未成熟），以及偷取儲糧。他們也偷抓綿羊與犛牛來宰殺。許多年輕的共產主義者對於幫助窮人仍抱著理想主義，回憶錄中寫道，他們有時在洗劫藏人的儲藏庫後，還會留下借據。但這樣做也沒什麼用，因為糧食供給有限。高原養不起大量的人口，更何況是上千名新來的士兵。於是，藏人在有記憶以來，第一次經歷了饑荒。

某個時點，中國人突然發現佛教寺院裡不僅有藏傳文明的寶藏，可能還有食糧。鼓是用獸皮製成的，那些獸皮只要煮得夠久，就可以吃了——士兵都知道這招，因為他們已經把自己的腰帶、步槍肩帶、皮包、馬韁繩都煮來吃了。學者李江琳與馬修·阿科斯特（Matthew Akester）對那段期間做了廣泛的研究，他們發現的回憶錄寫道，中國士兵甚至吃下用青稞麵粉與酥油塑造的小佛像。他們發現的一段生動描述是出自吳法憲的回憶錄，吳法憲是毛澤東第一支軍隊的前政委。他寫道：

> 我們有一位司務長去了喇嘛教的寺院。他在裡面走來走去，摸了摸那些小佛像，接著舔了其中一個。令他驚訝的是，他發現那個小佛像嚐起來竟然是甜的。他又舔了一口，確實是甜的。原來，那些滿身灰塵的小佛像，無論大小，都是甜的。真是太棒了，簡直就像哥倫布發現新大陸一樣！他把一些小佛像帶回來，洗乾淨，然後加水燒開。它們都是麵粉做的，吃起來真美味……
>
> 此後，我們每到一個地方，司務長就到處找喇嘛教的寺院，把那些麵粉做成的小佛像帶回來吃。

經歷過那段時期的藏人說，中國人吃的其實是朵瑪（torma，「食子」的藏音），那是一種供品，不是佛像。但是對中國人來說，他們其實是在吃佛。他們知道那樣做罪孽深重，但不在乎。

藏人對紅軍展開激烈的抵抗。女王下令婦女與兒童撤退到山上，同時徵召身強體壯的男子出戰。儘管虔誠的佛教徒憎惡捕殺動物，常為掉進湯裡淹死的蒼蠅祈禱，但他們遭到攻擊時，也可能變成無情的戰士。但是對藏人來說，組建一支軍隊一直是個問題，因為在他們的傳統社會裡，約百分之二十的男性是僧侶，他們立誓展現藏人性格中慈悲為懷的那一面。女王明令指出，這時允許例外毫無意義。她告訴臣民：「我們戰鬥是為了捍衛宗教，而不只是捍衛國家。」一位年長的藏人日後對口述史家這麼說。

於是，藏人手持長矛、燧發槍與步槍，戴著防彈的護身符盒，在自己的地盤上奮戰，一開始有一些戰果，在查理寺（Tsenyi Monastery）附近阻擋了紅軍的前進。查理寺座落在從成都過來的路上，在麥爾瑪的東南方約十六公里處。麥爾瑪是美顙王國的軍事總部所在地。吳法憲的回憶錄寫道，一千三百名中國士兵死了近一半。但幾天後，來自後防的增援部隊抵達西藏，迫使藏人撤退。

女王下令所有的人都逃到山上，躲進高山的隘口。高海拔可以阻止那些軟弱無力、飢腸轆轆的紅軍士兵跟進。他們把能帶往山上的動物以及能背的食物都帶進了山裡，把剩下的藏了起來。紅軍迅速搜遍了他們遺棄的住家，挖掘隱藏貴重物品與穀物的地方，並拔光田裡的作物。他們進駐那些騰空的場所，寺院通常是最理想的住處。毛澤東本人沒來過阿壩，但紅軍司令朱德為自己挑選了格爾登寺（當地最大寺院）的禮堂。紅軍拆下地板與椽條來當柴火，把牆上的唐卡拆下來當坐席，把銅碗與銀製雕像加以熔化以製作彈藥。

華爾精朵絨措女王覺得紅軍可能占領她的宮殿，她走進佛殿祈禱以求指引。臣民後來建議她去諮詢吹仲[2]（oracle，意譯「護法」），吹仲告訴她，不能讓敵人利用她的家來推進建國目標。佛殿裡閃爍著一排又一排的酥油燈，燃燒著澄清的犛牛油，那是藏族寺院中最具特色的儀式蠟燭。她拿出一盞燈，那燈雖小，但火焰夠長，足以點燃窗簾與掛毯。雖然宮殿的外部是泥層打造的，但木質的內部裝潢、家具、圖畫與織品都是易燃物，宮殿很快就燒毀了。女王與家人和其他的藏人一起逃進了山裡。

他們一家人離開阿壩約四個月，等紅軍離開後，才回到阿壩，並在格爾登寺後方的一座宮殿安頓下來。他們離開的那幾年是凶年惡歲，日子清苦，軍隊摧毀了田地。一九三六年，紅軍又回來了，藏人又逃進山裡。這時，華爾精朵絨措女王很高興得知自己再懷身孕。她生下第一個孩子（亦即貢寶措的父親）近二十年後，在坐三望四的年紀產下一個女嬰，名叫頓珠措（Dhondup Tso）。遺憾的是，她就像親生母親一樣，難產過世。

2 譯注：在藏傳佛教中，吹仲是指專門從事降神作法、預卜未來的喇嘛，是一種靈媒。

CHAPTER

3

惡龍歸來
Return of the Dragon

左到右，1954年，年輕的班禪喇嘛、美顙國王、達賴喇嘛與其他官員造訪中國。

華爾功成烈的母親過世時，他才二十歲。喪母後，他同時繼承了王國大業及照顧妹妹的責任。

美顙國王從小溫文儒雅，深思熟慮，大家都認為他注定會出家，甚至有人覺得他是著名的喇嘛轉世，但女王華爾精朵絨措阻止了這一切。西藏僧侶需獨身禁欲，她的兒子身為王國的繼承人，勢必也要有傳承的後代。在她過世的前一年，她親自為兒子挑了一位新娘。扎西・卓瑪（Tashi Dolma）是鄰邦小首領的女兒，身形豐腴，梳著濃密的黑辮子。她善良虔誠，雍容大雅，跟她的先生一樣知書達禮。女王的大臣們希望這是一場策略性聯姻，以彌合美顙王國與對手的宿怨，但女王堅持認為扎西是適合兒子的人選。

他們結婚時扎西才十五歲，但她很快就開始分擔統治王國的責任。這對夫妻的照片有如相貌對比的研究。在往後的日子裡，扎西的體型日益壯碩起來，胸脯大而豐滿，而她的丈夫則是一直維持清瘦的身材，儀態與身軀挺拔，顴骨突出，顯得福薄命淺。不過，兩人雖是媒妁的婚姻，後來演變成互相扶持的愛情結合與合作夥伴。他們一起撫育出世即喪母的小妹頓珠措，後來也育有二女：貢寶措與姊姊卓瑪（Dolma）。他們重建了一九三五年被女王燒毀的宮殿，並著手修復紅軍占領期間所毀損的寺院。

一九三六年底，紅軍掉隊的士兵皆已離開青藏高原，他們之中有很多人轉往延安，毛澤東在那裡鞏固其共產黨勢力。中國內戰時斷時續，有時因日本在中國東部橫行及南京大屠殺而停擺。隨著二戰爆發與世界陷入危機，西藏人希望那些強權因忙於戰事而無暇顧及他們。

年輕的美額國王以實際行動證明了自己是天生的統治者。當地政府出版了一本官方的美額王國史，盛讚他「一絲不苟、精明能幹、經驗豐富」。造訪阿壩的美國傳教士覺得西藏首領大多落後且迷信，但他們指出阿壩是高原上少數治理良好的例子。傳教士艾克維爾表示，阿壩的識字率遠高於青藏高原的其他地區，而且不止局限於僧侶與貴族。羅伯・迪恩・卡爾森（Robert Dean Carlson）是一九四〇年代追隨艾克維爾的腳步來到青藏高原的傳教士，後來他受訪時表示，青藏高原的許多地區飽受土匪威脅之苦，僅阿壩倖免於土匪的騷亂，他說：「美額國王無法容忍這種事情發生。」

後來，共產黨的政治宣傳把共產主義入主前的西藏社會描繪成封建地獄，說農奴慘遭領主虐待——那是共產黨強占西藏的藉口之一。但卡爾森描述的西藏社會恰恰相反，多年後他受訪時表示：「在阿壩，那裡有一般老百姓與王室，王室與百姓之間相處融洽。但我覺得西藏那一帶沒有明顯的階級之分，沒有明確區別文人雅士與普羅大眾，或分上下階級。我覺得那裡幾乎是平等的。」

美額王國實行今天所謂的累進稅，人民依其財富多寡分成五類。極其富裕的家族必須為國王的軍隊提供三匹馬、兩把槍和三百發彈藥。貧窮家庭只需提供一匹馬與一枝矛。如果家庭太過貧窮而無法納稅，一位家庭成員必須充當傳驛者（keigyak），前往下個村莊傳達國王的敕令與規定。一些家庭也會派年輕女子到王宮服役一年，她們會剪短髮以顯示她們尚未性成熟，不該納為妻妾——她們也會帶自己的糌粑進王宮。那曲河橫貫阿壩，那條河以北的人民納稅較多，因為那邊陽光較多，山地面向午後陽光，「背光面」是鎮上比較貧窮的區域。此外，家庭也以青稞、犛牛糞、杜松枝等形式納稅，這些稅是在宗教儀式中做為煙供（smoke offering）。在國王的王宮裡，僕役的食物與貴族相同。

美顙王國在華爾功成烈的統治下，與格爾登寺的關係變得更加緊密，因為妻子的娘家長期參與該寺院的管理。為了有效治國，國王也必須與國內經常爭吵的寺院維持良好關係。阿壩境內至少有十八座佛教寺院，還有一座著名的寺院叫囊秀（Nangshik）是信奉苯教（Bon），苯教號稱是西藏本土比佛教還早出現的信仰。在藏曆新年（Losar）期間，國王會在宮殿的寬敞接待室裡，款待來自各寺廟的僧侶。

美顙國王在阿壩為回族的穆斯林商人開闢了一個市場，並為穀物建立了一套標準化的度量衡，以確保市場的營運順利。回族對經濟發展功不可沒。由於佛教徒不得殺生，回族擔任屠夫的角色，也經營許多餐廳，他們都是精明的生意人。主要市場是設在格爾登寺附近，交通便利。牧民與農民進城時，可以同時朝聖與購物。市場上販售該區的所有產品，包括鹽、肉、乳酪、酥油、茶、青稞、羊毛，也有製成品，例如鞋、碗、餐具、帳篷。鎮上還有另一個市場是販售牲畜、馬、羊、犛牛。

美顙國王對外維持的關係中，最不尋常就是和馬步芳的關係。馬步芳是勢力強大的穆斯林軍閥（很多回族姓馬〔Ma〕，那是穆罕默德〔Muhammad〕的縮寫），掌控鄰近的青海省。整個一九二〇年代與三〇年代，馬步芳持續恫嚇果洛的藏人（美顙國王的父系家族是果洛人），並涉嫌在甘肅省的拉卜楞寺（Labrang Monastery）屠殺了數千名藏人。即使美顙王國樂於接納那些逃離馬氏暴行的難民，但美顙國國王從未與馬步芳斷絕關系。

這就是國王性格的本質。他有商業頭腦，也很務實。為了生存，他會想辦法做必要的遷就與妥協。只有一群人跟他合不來。

一九四九年十月一日，毛澤東在北京的天安門廣場舉行儀式，宣布創立中華人民共和國。他說中國從一八三九年的第一次鴉片戰爭以來，經歷了百年屈辱，他誓言讓中國恢復往日榮光。外國對中國主權的諸多侵犯，包括英國在一九〇三到一九〇四年間入侵西藏。毛澤東誓言對西藏採取牢固的掌控，以捍衛中國的西側領土。

誓言既出，他沒浪費片刻時間。一九五〇年十月七日，四萬多名人民解放軍越過長江上游（大致上就是中國與西藏政府掌控區的分隔線）。兩週內，解放軍就占領了邊境城鎮昌都（Chamdo），迫使西藏軍隊投降。中國的廣播電台熱切地宣布西藏的「和平解放」已經完成。

中國的入侵，正巧發生在西藏最脆弱的時候。早些年前那些可以立刻出來捍衛西藏的主要勢力，這時皆已陷入癱瘓。一九四七年，英國退出印度，無意在該區留戀；剛獨立的印度也不願與北京對抗。大家常把西藏的情況拿來和蒙古做對比。清朝滅亡後，蒙古在俄羅斯及後來的蘇聯支持下，獲得了獨立。西藏沒有這種靠山，美國想遏制共產主義在中國的擴張，但是當時韓戰已占用美國太多心力。在幾個奇怪事件的交匯下，中國人民解放軍入侵西藏那天，正巧也是以美國為首的聯合國軍隊跨越三十八度線，去和當年稍早侵略南韓的北韓軍隊作戰的日子。

更不幸的是，當時西藏的領導者雖然極其聰明又備受敬重，但他只是十幾歲的少年：當年，第十四世達賴喇嘛丹增嘉措年僅十五歲。

西藏政教合一的體制有諸多的缺陷，其中最明顯的一點是國家元首是由轉世任命。在這種結構下，新領導者只會在前任過世後才出生。在小男孩（一直以來都是男孩）的身分獲得確認及成長到成年之前，必然會經歷一段漫長的過渡期。那段期間會陷入權力真空，使國家更容易遭到外力的威脅，也容易發生攝政者之間的內訌。

第十四世達賴喇嘛生於一九三五年，他的家鄉塔澤（Takster）位於安多，在阿壩以北約三百五十四公里處。第十三世達賴喇嘛於一九三三年過世，轉世靈童尋訪團追尋多種徵兆（包括湖中的漣漪似乎拼出「安多」的字首）來到他的家鄉時，他還是個蹣跚學步的幼童。這個故事經過大家的反覆講述後，沒有人敢質疑它的準確性，故事是這樣的：那個早慧的男童當時名叫拉木頓珠（Lhamo Dhondup），儘管靈童尋訪團的隊長當時喬裝成僕役，他依然認出那個人是資深喇嘛。接著，拉木頓珠接受一系列的測試，那些測試是要求他從一堆物品（眼鏡、鼓、念珠、手杖）中挑出屬於十三世達賴喇嘛的東西，他通過了那些測試。據報導，他也會說西藏的拉薩方言，那幾乎是安多人聽不懂的語言。

拉木頓珠因此被認定是一個神聖世系的轉世化身（「達賴」這個頭銜，是一五七七年蒙古首領俺答汗（Altan Khan）贈予的，他對一位來訪的西藏喇嘛充滿敬畏，所以贈予他「達賴喇嘛」的封號並改信佛教——「達賴」在蒙古語中意指「大海」）。經過兩年的談判並支付大筆銀兩給馬步芳後（他以部隊包圍塔澤），他們以轎子把小男孩送到拉薩，安置在布達拉宮的私人套房中。布達拉宮極其龐大，規模是白金漢宮的兩倍，坐落在拉薩的高山上。小男孩接受了藏語、書法、哲學的密集訓練，也學習佛教僧侶在辯證中使用的形而上學，並背誦經文。他對外部世界所知甚少，他是從圖書館找到的古代地圖以及奧地利登山家海因里希・哈勒（Heinrich Harrer）講授的地理課上認識外在的世界。哈勒後來出版了回憶錄《西藏七年與少年達賴》（*Seven Years in Tibet*）。

達賴喇嘛在自傳《我的故鄉與人民》（*My Land and My People*）中寫道：「我成長的過程中，對世俗事務幾乎一無所知。在那種情況下……我被召喚去領導我的國家，抵禦共產中國的入侵。」

美顙國王看到拉薩發生的事情後，有一種不祥的預感，他比多數的藏人更了解紅軍。十幾歲時，他經歷過共產黨的長征時期，對共產黨產生極度的不信任。他的立場比較傾向國民黨，因為國民黨獲得其盟友馬步芳及其他穆斯林軍閥的支持，穆斯林軍閥認為共產黨敵視伊斯蘭教。

美顙國王擔心藏人因內訌而內耗，只知道指責對手偷襲商隊、竊取土地或動物等等。當時美顙王國與齊哈瑪氏族（Chukama）處於交戰狀態，並揭穿一個暗殺國王的計畫。「我們必須擱置這些小問題。」國王一有機會就這樣告誡其他的藏族首領，「雪域的真正敵人即將來襲。」

但國王也很務實。日本在二次大戰中戰敗後，中國共產黨贏得了一場又一場的勝利。當共產黨在內戰中顯然獲勝時，他巧妙地改變立場，致贈麝香與鹿茸給毛澤東派駐四川的高級將領彭德懷，並承諾給予支持。他幫助共產黨圍捕仍在四川作戰的國民黨殘餘勢力，包括一些曾經友好的人士。中國人民解放軍在阿壩與若爾蓋建立基地時，他也以大篷車裝滿食物，運送給中國士兵當補給。

中國接受了這些善意，贈予美顙國王許多頭銜與榮譽做為答謝。在複雜的共產黨官僚體系中，美顙國王同時獲任為阿壩藏族自治州的副州長、四川省民族事務委員會的副主任、四川省人民政府政法委員會的副主任，以及第一、二、三屆四川省人民代表大會的代表。他也獲任為西藏自治區籌備委員會的成員。該委員會的目的，是按照共產主義路線，為西藏設立新政府。

一九五一年，中國當局召喚西藏代表團到北京，並以強迫簽署《十七條協議》的形式，逼西藏放棄獨立。該協議的第一條寫道：「西藏人民回到中華人民共和國祖國大家庭中來。」西藏人民將放棄成立軍隊及建立外交關係的權利。中國則是承諾不會立即改變西藏社會，「尊重西藏人民的宗教信仰和風俗習慣。」

毛澤東也發動魅力攻勢。共產黨在拉薩執政的最初幾年，與大眾的普遍印象相反，當時的治理比較溫和。中國派駐拉薩的軍隊受到嚴格的行為規範，他們必須以銀幣購物，不能用藏人不喜歡的紙鈔。他們必須布施僧侶，對佛教展現尊重。毛澤東在北京刻意把自己塑造成慈祥的年長統治者，藉此為那些易受影響的青少年提供建議。他曾邀請達賴喇嘛到北京，後來達賴喇嘛如此描述毛澤東：「他的外表毫無知識分子的樣子。」他提到毛澤東的襯衫袖口脫線、衣著邋遢，而且呼吸不順暢，常喘息，「不過，他的講話方式確實吸引了聽眾的思緒與想像力，有一種非常誠懇、威嚴的神情。」毛澤東毫不掩飾他對宗教的反感。有一次，他悄悄挨近達賴喇嘛，對他耳語道：「我了解你，但是，宗教是毒藥。」不過，達賴喇嘛相信毛澤東的承諾，相信他不會干涉藏人的信仰。達賴喇嘛寫道：「我也相信，他不會使用武力將西藏變成一個共產主義國家。」

中國高層招待達賴喇嘛去參觀現代中國的奇蹟，包括工廠、造船廠、公路、學校等等。後來，達賴喇嘛對毛澤東說：「老實說，我看到的所有開發專案都讓我留下深刻的印象，也讓我很感興趣。」不過，他覺得最有趣的，是毛澤東傳達的「社會平等」訊息。

當共產黨批評寺院與貴族的財富與人民的赤貧形成對比時，達賴喇嘛和許多西藏的知識分子都點頭表示同意。多年後，達賴喇嘛受訪時表示（包括接受我的訪問），他認為自己本質上是個社會主義者。馬克思主義所主張的平等，與佛教主張的慈悲是可以互通的。達賴喇嘛因自身獲得的教育有限，使他相信西藏需要更多的學校。他對毛澤東的主要抱怨是他吸菸過量。

達賴喇嘛也明白西藏需要改革、發展、現代化。中國輕易征服西藏，使他意識到二十世紀西藏在制度與軍力上的不足。共產黨的願景吸引了許多受過教育的藏人，包括班禪喇嘛，他最初是擁護共產黨的。

美顙國王就像其他有影響力的藏人一樣，受邀以代表的身分到北京參加第一次全國代表大會，同行者包括中國想要籠絡的其他西藏高層領導。他在北京參觀了現代中國的建設。來自格爾登寺的嘉央．索朗（Jamyang Sonam）如今已八十幾歲，當時他也受邀去北京參訪了，他說：「為了讓我們留下深刻的印象，他們竭盡所能向我們展示中國最好、最美的一面。我們吃的是最上等的食物，住的是最高級的房間。他們說，回去以後要告訴家鄉的百姓，我們看到了什麼，中國有多進步，在共產主義的統治下，生活多麼美好。」

美顙國王不是那麼容易說服的人。一九五四年他訪問北京時，達賴喇嘛與班禪喇嘛也在場，一張官方照片捕捉到那個時刻。達賴喇嘛當時十八歲，是個戴眼鏡的靦腆少年。臉型圓潤的班禪喇嘛，十六歲已略顯豐腴。他們兩人貌似猶豫，但依然露出微笑。美顙國王比他們大二十幾歲，疑慮較深，他站在他們的身後，繃著臉，眉頭深鎖，好像在思索即將降臨在王國上的災難。

一九五六年，中國當局允許美顙國王前往拉薩，去參加西藏自治區籌備委員會的首次會議。該委員會的目的，是為了按照共產黨的路線，設立一個新政府。他盡責地參加會議，並向往常的朝覲行程那樣，造訪了拉薩的各大寺院，例如甘丹寺（Ganden）、色拉寺（Sera）、哲蚌寺（Drepung），以及日喀則市（Shigatse）的扎什倫布寺（Tashilhunpo）。他拜會了達賴喇嘛，達賴喇嘛送給他七座金像與一本禱文法本。

他把全家都帶去了，貢寶措記得那是他們第一次家庭度假，美中不足的是姊姊在那次旅行中生病了，後來發現是一種慢性胃病。他們徒步走上無盡的台階，以抵達高山上的寺院，身上披著「哈達」（白色絲綢圍巾），並俯伏在無數佛像與菩薩的面前。貢寶措並不知道，這些明顯展現宗教虔誠的舉動，其實有部分是為了掩飾她父親與寺院高層舉行的祕密會議。

美顙國王正在為未來做準備，他藉由向西藏中部的寺院捐贈大量的資金來脫產，他正想辦法把土地轉移給格爾登寺。他也趁著覲見達賴喇嘛的機會，提醒他中國為西藏東部的藏人所帶來的麻煩。

在一九五一年簽署的《十七條協議》中，中國共產黨承諾不會逼迫藏人採納共產主義。但他們堅稱，該協議只涵蓋拉薩政府以前的領土，不包括多數藏人居住的青藏高原東半部。早在一九五六年，共產黨就開始沒收四川部分地區的土地。

美顙國王回到阿壩時，可以明顯看出他的恐懼是有道理的。中國要求藏人交出所有的武器。麥爾瑪的一些衝動派，包括他以前手下的將軍，都拒絕交出。他們想反抗，但美顙國王答應服從。他痛苦地意識到，人民解放軍的火力更強。即使是一九三〇年代，當人民解放軍還是一支正在撤退、處於飢餓邊緣的烏合之眾時，他們已經可以輕易擊敗阿壩的藏人。如今，他們已是身經百戰的士兵，在坦克與飛機的幫助下，以機械化縱隊作戰。美顙國王建議那些將軍聽從中國的命令交出武器。他們躊躇不前時，他便自己派出使者，收集了五千枝長槍與手槍。

國王直到最後都很順從，盡職地執行共產黨的命令。他出席中國的委員會與大會，參與各種會議。一九五八年的夏天，貢寶措跟著母親與姊姊去悼念舅舅時，美顙國王被召到阿壩州的首府馬爾康（Barkham）去開緊急會議。這是共產黨廢黜那些礙手礙腳的人所施展的慣用伎倆。國王出城去參加緊急會議時，軍隊趁機占領了他的宮殿，並把他的家人送出阿壩。現在，統治者已經不礙事了，共產黨可以隨心所欲對待國王以前的臣民，那些百姓最終遭到更殘酷的對待。

CHAPTER

4

歲月崩塌的那年
The Year That Time Collapsed

成年的安多·德勒（Amdo Delek）。

一九五八年

一九四九年八月十五日，就在毛澤東創立中華人民共和國的六週前，德勒生於麥爾瑪村（Meruma）。在阿壩的所有村莊中，麥爾瑪與美顙王國的關係最緊密——Meruma這個名稱大致上是譯成「美顙部落之地」。麥爾瑪的男性勞工大多受僱於王室，他們或在宮殿裡服務，或在軍隊裡服役，或是負責放牧國王的犛牛與綿羊。德勒的父親拉藏．旺青（ratsang wangchen）是一位傑出的將軍。一九三五年，他率領勇猛的軍隊，在查理寺附近的隘口阻擋紅軍。那是少數幾次藏人戰勝中國人的戰事之一，那次勝仗使德勒的父親成為戰爭英雄，但藏人最終還是被紅軍的增援部隊打敗了。這位將軍年過半百時，突然心臟病發過世，當時德勒仍在襁褓中。家人以犛牛把他的遺體載運到查理寺後方的山上，亦即之前他英勇奮戰的地方，並在那裡進行傳統的天葬——天葬師將遺體骨肉剝離以餵食禿鷹。（在外人眼裡，這種習俗可能很野蠻，卻是最符合生態環境的葬禮習俗之一：讓屍體回歸自然，不用挖土、污染水源或砍樹火化。）

德勒的父親過世後，悲痛欲絕的母親收集父親的遺骨，帶到拉薩祈福。她像許多虔誠的朝聖者那樣，徒步前往，一路上不時停下來拜倒在地。由於這段旅程長達兩年多，那段期間德勒有如孤兒。他與外祖父母同住，與外婆睡一張床，晚上依偎在一起，吮吸外婆乾扁的乳房。

德勒是個不太討喜的小男孩，身材矮小，除了耳朵與鼻子突出以外，其他方面都很小。到了中年，突出的鼻子在臉上有如園藝用的鏟子。小時候他的鼻子老是掛著鼻涕，臉頰因為常用羊皮袍子的袖子擦鼻涕而髒兮兮的。

然而，由於家族與國王的關係，德勒從小就有一種優越感。他有一個舅舅也曾是將軍，另一個表親當過大臣。父親過世後，叔叔帶德勒去拜見美額國王。他們被引進宮殿時，發現國王不在正式的接待室或辦公室，而是在廚房，周圍都是顧問。他穿著黑色的朱巴，白色的襯衫，腦後梳著一根長辮。德勒記得最清楚的是，國王的膚色出奇地蒼白，與那些在戶外工作的藏人迥異。國王慈愛地把手放在德勒的頭上，送他一塊用糖蜜做成的馬蹄形糖果。

麥爾瑪村是在阿壩以東約二十四公里的地方，就在從成都延伸過來的主要道路「三〇二省道」的旁邊。村民分成牧民與農民。農民住在主要道路邊，那裡地勢夠平坦，且海拔也夠低（約三六〇〇米），可以栽種青稞（最適合高海拔的穀物）。牧民（drokpa）常被稱為游牧民，但他們在漫長的冬天（九月至六月）有固定的家。之後他們會前往夏季的牧場，在山上搭起黑色的毛氈帳篷，每隔幾週就換一個地點，以便為牛羊提供新鮮的牧草。這兩個社群（農民與牧民）其實是相互扶持的。牧民家庭為農民提供酥油、乳酪、肉類，農民則為牧民提供穀物。

德勒一家住在一個叫塞爾達（Serda，意思是「金山」）的鄰里。那裡的地勢從行政中心逐漸往上升。房子是用夯土建造而成，周圍是院牆——猶如縮小版的宮殿。

一九五八年那一整年間，德勒注意到就業年齡的男性開始消失，後來連女人也開始消失。經過一段時間後，他得知很多人（包括他哥哥與一個叔叔）都被逮捕了，但他從來不知道罪名是什麼。其他人紛紛逃離，最後社區裡只剩老人與小孩。

德勒直到後來才明白，中國共產黨即將啟動多次野心勃勃、考慮不周的改革來轉變西藏社會。官員先發制人，提早逮捕他們認為可能會反抗的人。這個過程始於一九五〇年代中期四川省的其他地區，但進展並不順利。強制的集中管理導致康人（Khampa）反抗，他們的反抗特別激烈，所以「康人」幾乎等於戰士的同義詞。共產黨決定不在阿壩重蹈覆轍，所以對自願上繳武器的家庭實行特赦。當上繳的武器太少時，他們便要求美顏國王執行政策。

在國王下達的所有命令中，這項政策是大家最難以接受的。藏人與槍枝之間有矛盾的關係。基於宗教因素，他們並不認同擁械，不過多數家庭至少都有一枝槍——也許是古董、步槍或十九世紀的燧發槍，但仍是可以致命的武器。經過幾十年的內戰，以及與軍閥的爭鬥，這片高原上充斥著各種年代的槍枝，有如蠻荒的西部。這裡有強盜，甚至整個部落都以搶劫旅行商隊為業。即使你在路上沒遇到強盜，也可能會遇到狼或熊。有時藏人也會靠狩獵來補充膳食，他們偶爾會追逐土撥鼠之類的小獵物。

連國王的軍事顧問也在抱怨交出武器的法令，梅剛・津巴（Meigang Jinpa）是其一。津巴為人坦率，頗受敬重，他是德勒的姑丈。他穿過小巷，前往格爾登寺去探望當僧侶的兄弟時，拐角處突然飛出子彈，擊中了他。他踉踉蹌蹌地走向寺院，努力以朱巴的腰帶壓住內臟，後來癱倒在一位親戚的身上。雖然津巴從未見過暗殺他的凶手，但他懷疑是共產黨盯上他，以阻止他號召勢力反抗。

「他們居心叵測。如果我們不做好準備，他們會摧毀我們的一切。」他在臨終前告訴那位親戚。

執政的共產黨正慢慢讓百姓感受到它的存在。在阿壩與若爾蓋，兵營隨處可見——當初國王還想討好中國政府時，曾主動供應食物給那些兵營。現在，阿壩充斥著漢人——工程師、測量師、教師、官僚。德勒興致勃勃地看著中國的工程師，在草原上開闢連接阿壩與成都的公路網。有些路正好穿過他的村莊，麥爾瑪不再是以前那樣偏僻的地方了。一些藏人說，那將使他們的生活變得更方便，但另一些人提出警告，說修建公路的真正目的是為了讓軍隊長驅直入。

一九五八年深秋的一個寒冷下午，德勒正在外祖父母家的院子裡玩耍。他突然聽到狗開始狂吠，預示著不速之客的到來。他往大門看，看見一群人（裡面有藏人與漢人）騎馬上山來。他們騎著駿馬，穿著華服（新的羊皮斗篷與織錦大衣），打扮優雅，德勒懷疑他們那身裝扮肯定是從有錢的藏人那裡沒收的。他們都帶著槍，可見他們獲得了官方的許可，因為一般的藏人家庭已經放棄武器了。

那些男人把馬匹拴在屋外的釘子時，德勒鑽進外婆用來裝衣服的籃子裡。這時他九歲，身形依然很瘦小，可藏在那個狹小的空間裡，完全沒人看見。

德勒聞到煙味，他知道附近有人放火。他聽到外婆從屋裡出來，把狗拴起來。外婆雖然年事已高，駝著背，但手腳依然俐落。幾週前，政府派來的人射殺了鄰居的狗，她不希望自己的狗也命喪槍下。狗繼續吠叫，馬背上的人在喧囂聲中喊叫。

一名男子以藏語對著他的外祖父母喊道：「把金子交出來，銀子交出來，我們知道你把金銀藏在地板下。」這些話顯然是為那些掌權的漢人翻譯的。

德勒聽到一遍又一遍的重擊聲——砰、砰、砰——還有外祖父母的尖叫聲，他們被打了。當下他的本能反應是衝出去保護他們，但他太小、太害怕了。他不敢哭出聲，深怕被發現。他以手掌摀著嘴以保持安靜，但淚流不止。

當他終於聽到馬匹下山的聲音時，他從籃子裡跳出來，衝進屋子裡，投入外婆的懷抱。看到外婆，他實在太高興了，所以一開始沒注意到她的頭在流血。外婆綁著藏人的辮子頭，梳得很細很緊，兩邊各有三條髮辮，並用琥珀色的假髮固定。那些人把她的辮子拽了下來，導致她的頭皮發紅流血。

「外婆，妳的頭髮！妳的頭髮在哪裡？」他哭了。

「先別管我的頭髮了，快幫我把你外公放下來！」

德勒抬起頭來，看到了外公。他們把外公的雙手綁在背後，然後把繩子綁在橫梁上，做成一個臨時的滑輪。他被繩子纏住，吊在天花板上。外婆無法把他拉下來，但德勒很敏捷。他跑去拿了一把凳子與一把刀，爬到橫梁上割斷繩子。他和外婆合力把外公放下來，外公癱倒在地板上，幾乎失去了知覺，脆弱的皮膚被繩子勒到流血。外婆把他的頭放在大腿上，用勺子餵他糌粑粥，德勒幫他揉著腳。

房子裡充滿了煙，那些人扔進火堆裡的東西還在悶燒。德勒的外祖父母識字，收藏了大量用金銀手寫的佛教手稿、藝術品與經書。火堆中也燒著包在絲袋裡、獲得喇嘛加持的珍貴藥丸、藥草與礦物，以及原本固定在外婆頭上的假髮。

這是中國所謂「民主改革」的開始——重新分配貴族與寺院的土地以造福窮人。社會主義理論要求一種循序漸進的過程，在這個過程中，人民先組成「互助組」以學習合作。這些小組最終會形成「合作社」，接著是形成更大的「公社」。但是黨內的強硬派很急躁，毛澤東本人也感到不耐煩。在一九五五年的一次演講中，他抱怨道：「我們的某些同志卻像一個小腳女人，東搖西擺地在那裡走路。」

共產黨認為封建主義與帝國主義是社會的兩大罪惡。他們面臨的挑戰在於，如何摧毀封建主義，又不至於讓自己淪為帝國主義。他們無法直接強迫藏人「改革」。為了符合他們宣言的崇高理念，他們需要藏人心甘情願地主動改革。為了說服藏人，他們派遣年輕的新同志（有些還在讀高中）來傳播訊息。這些年輕的中國幹部到處譴責貴族與寺院的腐敗（寺院亦持有大量的土地），德勒現在還記得他們的宣傳辭令。

「你們將是自己的主人。」中國幹部向貧窮的藏人承諾，「我們會推翻地主。」

「你們再也不會遭到剝削了。」

「宗教是迷信，你們拜的是魔鬼。」

大規模反抗從未發生，但這種宣傳辭令確實吸引了那些想靠財富重分配來改善個人命運的藏人。加入共產黨的藏人稱為「積極分子」，藏語稱為hurtsonchen——最低階的執法者，告密及毆打反共鄰居的同流合污者。身為hurtsonchen的好處是，他們可以從富裕的藏人那裡掠奪衣物、鞋子與居家用品。但真正有價值的東西會流向共產黨掌控的公社，那些公社比最糟的地主還要貪婪。

那一代的藏人把那個時期稱為ngabgay（亦即五八，意指一九五八年）。就像九一一一樣，那是一場浩劫的簡稱，由於浩劫大到難以言喻，只能以數字表達。不過，也有一些比喻性的說法，例如有些人稱之為dhulok，那個字大致上可譯為「歲月崩塌」或更聳動的「天地變色」。

西藏東部的「民主改革」，與毛澤東推動的錯誤經濟實驗「大躍進」大約同時發生。就像許多災難一樣，這是野心失控的結果。毛澤東是烏托邦主義者，他不僅希望創造新的社會，也想創造進化的新人類。他認為，人類可以超越一己私欲去追求公益，透過集體合作來提高生活水準與國家產出。為了達到這個目的，需要把七億人口集中到合作農場。

即使看在德勒這種幼童的眼裡，毛澤東的改革顯然也注定失敗。負責改革藏人的中國幹部沒有放牧經驗，更沒有在高海拔地區耕作的經驗。中國軍隊大多來自地勢較低的地區，他們不知道青稞是高原上唯一能生長的穀物，海拔更高的地方，根本無法種植任何作物，比較適合放牧。但是，他們在毛澤東的洗腦下，不相信那些靠土地為生的藏人代代相傳的生存之道，堅持認為藏人很落後。「因為漢人是革命的主力……任何反對向漢人學習、不願接納漢人幫助的想法，都是完全錯誤的。」當時一位政令宣傳者這麼說。牧民被迫把牲畜交給合作社，但合作社並不知道如何畜養那些牛羊，他們以牛隻來耕種田地，但那些田地始終長不出作物。

結果導致多年的歉收及動物的死亡。在作物歉收的草地上，植被變得光禿禿的，風一吹，就揚起滿天的塵土。共產黨的幹部不懂藏人的生存同時需要牧民與農民。為了獲得足夠的營養，牧民需要拿動物產品去換取穀物，這需要有市場。而今，市場關閉了，禁止買賣糧食。國內旅行禁令也導致大家無法與其他村莊交易貨物。德勒的母親從拉薩回來後，有時會趁著深夜騎馬去造訪另一個村莊的表親，拿酥油去換青稞，以防家人挨餓。她一年只敢去幾次。

藏人與漢人不同，藏人鮮少經歷饑荒——唯一的例外是一九三五年與一九三六年的「長征」時期，紅軍大舉破壞了他們的糧食供應。過去，藏人很窮，由於高原缺乏新鮮蔬果，他們常營養不良，但很少挨餓。

當時，很少藏人吃素。在無法種植許多蔬菜的地方，吃肉是必要的。他們宰殺犛牛時會不捨地誦念禱文，為殺生致歉，因為那個有知覺的生命可能是他們認識的人轉世而來。一頭犛牛可供一家人吃上好幾個月。

犛牛是鄉村賴以維生的重要物資。犛牛常與母牛雜交，生下犏牛（dzomo）。犏牛的泌乳量驚人，每天可產七公升的牛奶。犛牛的每一部分都可以吃，不止提供精選的肉塊而已。藏人把牛奶製成酥油，再把酥油加入鹹茶中，製成酥油茶；或是加以精鍊，用來點酥油燈，以啟迪心靈。他們也會以牛奶製作乳酪塊，那對四處遷徙的人來說是一種方便的蛋白質來源，游牧民常把那種乳酪連同乾肉一起塞進長袍的口袋。牛腸可用來製作香腸，裡面塞牛血或器官絞肉。牛肚可做成袋子，用來儲存其他食物。牛皮可製成鞋子與地毯，甚至可製成渡河的小船。牛骨可製成梳子、鈕釦、裝飾品。犛牛那又長又粗的牛毛可編織成毯子與帳篷。犛牛糞收集起來，可作成磚塊或圓餅狀，用於建築或做為燃料。沒有犛牛，藏人就失去了食物供給、衣物、住所、照明。

德勒家的動物——三百頭綿羊與兩百頭牛（包括犛牛）——都被轉移到公社了。在公社裡，中國的穆斯林以工業效率來屠宰犛牛，皮與肉立即被拿走。當時德勒不知道那些東西的去處，後來才知道，由於漢人不喜歡羊肉，羊肉大多出口到蘇聯。如果屠夫比較善良，他們會讓德勒與其他孩子拿著瓷杯站在旁邊，收集那些從動物割破的喉嚨流出的鮮血。儘管那些動物曾是他們擁有的資產，如今歸屬公社後，他們頂多只能拿回宰割後的鮮血。他們也拿不到工資，只有獲得工分[1]，並到公社廚房以工分換取食物。

百姓禁止在家烹飪，私人住宅中的廚具與餐具全遭到沒收，以防違法行為。用餐時間一到，德勒會下山，走到麥爾瑪的行政中心。官方從一個富裕家庭沒收了一棟房子，並在裡面設立了公社廚房。德勒拿著配給用的瓷杯去領餐，一名廚師舀出一碗介於湯與粥之間的稀粥，只裝了那個杯子的一半。德勒迅速吞下食物後，就餓著肚子與其他孩子迅速離開，去尋覓更多的食物。孩子們是去山裡覓食，尋找可食用的植物，例如rambu（一種有紅色種子的高山開花植物）與droma（蕨麻，味道有點像番薯）。他們也從馬糞中挑撿未消化的種子。

德勒是個機靈的孩子，所以他不像其他人那樣經常挨餓。他的專長是找骨頭，把骨頭打碎後，裡面的骨髓可拿來煮湯，補充營養。他不挑骨頭——羊骨、犛牛骨、狗骨，甚至人骨，他都接受。雖然他不記得以前有刻意吃人的事件，但他說，沒有人會去注意扔進湯鍋裡的東

1 譯注：亦即工作積分，是計算工作量與勞動報酬的單位。

西。藏人在山上發現可吃的東西後，會等鄰居入睡再偷偷烹煮，以免有人通報屋子冒煙。

老人獲得的配給極其有限，所以最早喪生。德勒的外公遭到不速之客的殘忍虐待後，健康一直沒有起色，約莫一年後就過世了。他們在送別德勒父親的同一座山上，為外公舉行天葬。然而，這次，他們無法請僧侶來誦經，只能自己偷偷地做。儀式完成後，他們在地上挖了個洞，偷偷地點了一盞酥油燈。間諜無處不在，共產黨鼓勵親共的藏人舉報有宗教傾向的鄰居，即使是在家裡默默誦念禱文的人也無法倖免。

違規者往往會受到以下指責：「你想讓鬼魂復活，跟鬼魂說話。那些都是迷信。」

在「批鬥大會」（thamzing）上，他們遭到嚴厲的懲罰。批鬥大會的地點，是在德勒家附近搭起的帳篷內。中國幹部先以他們從寺院沒收的鈸、喇叭與鼓，號召百姓到場。由於幹部不知道怎麼使用那些樂器，德勒只記得那些樂器發出可怕的刺耳噪音。他第一次參加批鬥大會時，大約九歲。遭到批鬥的是一個有錢的年輕人，名叫拉穹．嘉儀（Rachung Kayee），罪名是藏匿金銀及點酥油燈。他的雙手被綁在身後，有人把他拖上臨時的舞台，甩他巴掌，狠踢他，以沙棘的尖銳樹枝抽打他，打得皮開肉綻。德勒與其他孩子被安排坐在前排，有人要求他們舉起拳頭，大聲表示認同。中國官員坐在椅子上，一邊抽菸，一邊看著批鬥進行。批鬥從上午九點一直持續到日落。後續的那幾週，德勒一直做惡夢。

在中國的其他地方，共產黨對宗教的攻擊是從一九六六年的文化大革命開始，但是在青藏高原的東部，宗教更早受到迫害。一九六〇年，阿壩那一帶的寺院大多已被拆毀或徵用了。格爾登寺中最大、最堅固的建築，被徵用為行政辦公室。比較小的建築則變成穀倉或倉庫。以土磚砌成的僧侶宿舍遭到摧毀及碾碎，與泥土混在一起。宿舍的地基被犁成農地，用來栽種青稞與小麥。在國王宮殿對面的賽寺，僧侶宿舍雖未遭到摧毀，卻變成貧困家庭的棲身之處，因為中國政府徵用了他們的家園。許多僧侶從七歲就住在寺院裡，如今卻被逐出寺院，送回老家。僧侶遭到驅逐後，仍飽受屈辱。即使他們不再穿僧服，也不准進城。

德勒還記得怎麼分辨誰曾是僧侶，因為他們穿一般便服時，看起來很不自在。他說：「他們穿著厚重的羊皮長袍與褲子時，不知道怎麼走路。那些衣服對他們來說太笨重了。」

目睹僧侶遭到羞辱、雕像遭到擊碎、繪畫遭到焚燬，藏人震驚不已。佛教的儀式是藏人賴以衡量季節、慶祝出生、哀慟死亡的依據。寺院是藏人的博物館、圖書館與學校。無論你是否有虔誠的信仰，藏傳佛教無疑都激發了一種藝術，其輝煌程度媲美中世紀的基督教世界。共產黨對宗教的攻擊，疏遠了那些原本支持共產黨鏟除封建主義、創造社會平等的藏人。

藏人並非唯一承受苦難的民族。一九五八至一九六二年的大躍進期間，據估計有三千六百萬名中國人不幸喪生，那個數字堪比一個殘酷世紀最嚴重的災難。

大躍進對漢人來說雖是慘烈的悲劇，但是藏人的遭遇更慘，他們不僅更早受到虐待，而且受虐的時間更長。大躍進期間，中國人的死亡主要是因為饑荒。雖然很多漢人在批鬥大會上喪生，但他們遭到預防性羈押的程度不若藏人那麼嚴重。根據藏人的說法，在西藏某些地區，有多達百分之二十的人口被捕，而被捕的人當中有多達一半的人喪生。有些監獄不過是隨便挖個洞，裡面就塞了幾百人。

「一旦被捕入獄，就不會再回來了。」德勒說。

至於有多少藏人因中國政策而喪命，那當然是看誰統計而定。中國政府的統計數據，沒有按種族來分類超額死亡（excess deaths），但是我們可以根據地理數據來推算。例如，一九六〇年，四川、甘肅、青海省（這三地都有許多藏人）的死亡率，幾乎是全國平均值（百分之二·五）的兩倍。

共產黨原本希望拉攏班禪喇嘛來支持他們的理念，但一九六二年班禪喇嘛造訪出生地時，對當地的景象大為震驚。他事後表示，以前封建時代，西藏的乞丐還有碗，現在連碗都沒有。他寫了一封「七萬言書」[2]向中共當局表達不滿，卻因此坐牢了九年，又遭到軟禁四年。那份萬言書雖然一開始是以例行的語氣頌揚「偉大正確英明的毛主席」，但隨後便提出警語，說藏族正「陷入氣息奄奄的境地」。他指出，藏族人口「顯著銳減了」，「西藏歷史上從未經歷過如此嚴重的飢餓痛苦，那是大家連做夢都無法想像的」。

由於美顙國王最初服從共產黨，麥爾瑪的藏人受到的對待沒那麼嚴峻。美顙國王若是堅持要求臣民交出武器，他也許可以避免那些不太服從的村莊遭到屠殺。一份彙整流亡人士證詞的文件顯示，河流以南一個叫瑪讓（Marang）的村莊，反抗者及其家人都立刻遭到處決。一位流亡者表示：

我父親舉起雙手向中國人投降，但中國人還是對他開槍。他被射殺後，屍體滾了下來。士兵朝我們跑來，對我們開槍。我沒死，但失去了意識。我恢復意識時，發現手臂與腳都中彈了，動彈不得。我三歲的妹妹死了，九歲的弟弟受了重傷，腸子流出體外。

這些證詞都很相似，而且多到不勝枚舉。一位住在阿壩西部山區的七十幾歲西藏僧侶跟我講了一個悲慘的故事，他說村裡的人因配給不足而挨餓，試圖逃到山裡，靠游牧自謀生路。結果，他們遭到解放軍的追殺，被追到一處岩石峭壁，再也無法前進，最後遭到近距離射殺。那位僧侶說：「他們追殺我們的方式，彷彿在追殺狼群一樣，把我們團團圍住。」當時他年僅十五歲。他和十二歲的弟弟逃了出來，但兩位年輕的朋友命喪槍下。他說，他們那個兩千人的村莊，僅五百人左右在一九五〇年代倖存下來。

你若不了解一九五〇年代與六〇年代初期發生在藏人身上的巨大災難，就不可能明白藏

2 譯注：《七萬言書》原文為藏文，迄今仍被中共視為國家機密封存，一九九〇年才有第一份中文版譯本流傳海外。

人現在對中國政府的態度。藏人談論「中國入侵」時，老是有中國人反駁，青藏高原東部早在十八世紀初的清朝就是中國領土了。但是，清朝皇帝是滿人，名義上是信奉藏傳佛教的北方人。漢人對藏人來說，幾乎算是外來者。況且，有人說著不同的語言，硬闖進你的城鎮，沒收你的家園、衣物、鞋子與食物，破壞對你來說最神聖的東西，囚禁你家的年輕人，射殺那些抵禦者，不管他是不是同胞，感覺都像是入侵者。藏人談論「中國入侵」時，談的不是國際法的細節或主權的定義，他們只是誠實地講述自己的經歷。

據估計，這個時期有三十萬名藏人死亡，人數比中國政府要求日本一再道歉的南京大屠殺還多。除了一九八〇年中國最開明的領導人胡耀邦以外，中國政府從未對此道歉過，反而不斷地宣傳藏人活在共產黨的仁慈統治下是何等的幸運。

麥爾瑪的抵抗並不激烈，約三十人帶著武器逃到山裡，對中國人發動游擊式攻擊。雖然他們寡不敵眾，但他們設法造成一些中國人的傷亡。德勒記得，一九五九年左右，他從中國人開辦的學校放學回家時，看到卡車上載著中國士兵的屍體。他說：「卡車後面載著很多屍體，顯然是剛死的，因為卡車在滴血。」

其他地方的抵抗活動比較有組織，資金也比較充裕。一場名為「四水六崗」(Chushi Gang-druk，康人的傳統稱法）的游擊運動始於一九五〇年代末期。游擊隊員從美國中情局（CIA）獲得一些後勤與訓練的援助——但他們的抵抗頂多只能激怒中國，不足以改變勢力的平衡。

最近發現的中國檔案顯示，這個時期的抗爭比中國政府最初承認的還廣，死傷更為慘重。把整個故事拼湊得最接近原貌的人，是中國出生的學者李江琳，她仔細研究了各省縣的紀錄。在她的著作《當鐵鳥在天空飛翔：一九五六－一九六二青藏高原上的秘密戰爭》中，她總結，中國空軍在青海省派出近三千架次的飛機轟炸。《四川軍事志》（*Sichuan Military Gazetteer*）亦提到「超過一萬場大大小小的抗爭」。坦克縱隊向頑抗的藏人棲息地發射迫擊炮，把整個村莊夷為平地。李江琳在她的部落格〈War on Tibet〉[3]中估計，改革實施後的那幾年間，西藏東部至少有三十萬人死亡。她沒有找到阿壩的紀錄，但是在附近的玉樹（Yushu），藏族人口從一九五七年到一九六三年縮減了百分之四十一．四。

在一九五六年一場最著名的事件中，數千名藏人在鄉城縣桑披寺（Changtreng Sampheling Monastery）避難，桑披寺是該區最大的寺院之一，住了三千名僧侶。中國空軍派出一架俄製伊留申轟炸機，把寺院與裡面的藏人炸成廢墟。理塘（Lithang）有一座歷史悠久的古寺也同樣遭到摧毀。多數藏人一輩子沒見過飛機，這種從天而降的災難令他們震驚，這讓他們想起八世紀一位喇嘛的著名預言：「當鐵鳥在天空飛翔，鐵馬在大地奔馳時，藏人將像螞蟻一樣流散世界各地。」

3 譯注：李江琳有數個部落格，〈陽光之下〉、〈War on Tibet〉（這是以英文翻譯中國占據西藏的史料）、〈西藏：另一種真實〉。

一九五〇年代，毛澤東仍希望能獲得達賴喇嘛的支持，他認為達賴喇嘛的人氣可以說服其他藏人自願接納共產主義。雖然共產黨或多或少遵守了《十七條協議》，推延了西藏中部那些激起爭端的改革，但文明的表象日益消失。黨內一些強硬的左派人士認為毛澤東的行動太慢了，覺得他應該拋棄達賴喇嘛，轉而支持班禪喇嘛，因為班禪喇嘛一開始比較接納共產主義。四川省的游擊隊又加劇了緊張局勢，中國政府要求達賴喇嘛派遣藏軍去對抗游擊隊。對此，達賴喇嘛回應，他的部隊可能叛變，加入游擊隊。

到了一九五九年初，約五萬名來自西藏東部的難民湧入西藏中部，在拉薩周圍建立帳篷城。他們談到挨餓及遭到迫害的經歷，以及佛教聖地遭到的褻瀆。難民與他們的支持者敦促達賴喇嘛終止與中國共產黨的合作。

一九五九年三月，原本就很脆弱的緩和關係終於破裂。中國軍方邀請達賴喇嘛去觀賞一齣戲，並要求他不要帶隨扈前往。藏人懷疑這可能是中國逮捕達賴喇嘛的詭計，或是更糟的計謀。成千上萬名藏人圍住羅布林卡宮，誓言保護達賴喇嘛。現場群眾日益喧鬧起來，並開始要求把中國人趕出西藏。中國軍隊以沙袋鞏固軍事營地並安置重炮，接著開火，迫擊炮在附近爆炸。一九五九年三月十七日的午夜前不久，達賴喇嘛身穿便服及高筒皮靴，摘下容易被認出身分的眼鏡，悄然從後門離開宮殿，跟著一小群家人與助手騎馬離開拉薩，流亡印度。

CHAPTER

5

徹底漢化的女孩
A Thoroughly Chinese Girl

貢寶措的最後一張全家福照片，攝於一九六六年，
就在文化大革命開始前的幾個月。只有她（左上）和姑姑（中上）倖免於難。

貢寶措與母親和姊姊被趕出宮殿後，當晚他們搭上一輛裝滿行李的俄羅斯吉普車，前往四川省的省會成都。吉普車在蜿蜒曲折的山路上顛簸行駛了三天，幾乎全程都是下坡路。成都的氣候悶熱濕黏，長滿亞熱帶植物，貢寶措覺得好像進入了異國他鄉。

貢寶措與家人住進了民委招待所，那是政府經營的旅館，四川省的委書記下令建造的，目的是為了讓少數民族融入祖國。共產黨向來熱中於分類，他們參考史達林主義的模式，按種族進行人口分類。中國政府最終確立了五十六個民族（西藏東部的人認為他們自成一族，但中國政府把他們和西藏中部的藏人混在一起。一些學者認為，這促成了更強烈的西藏民族主義），其他比較大的民族有維吾爾族（來自西北的突厥人）和蒙古族。

「我國各民族已經團結為一個自由平等的民族大家庭。」當時一張宣傳海報上顯示一群穿著民族服裝的年輕男女，各個面帶微笑，臉色紅潤。

民委招待所就像是宿舍與旅館的混合體，住宿的環境夠舒適，即使三餐採配給制，但樓下的食堂供應足夠的飯菜。不過，招待所的氣氛有時不太友善，儘管其他住戶也是少數民族（其中有許多藏人），但他們與貢寶措一家人保持距離。貢寶措在那裡住了幾週以後，才了解家人的地位，以及他們失去了什麼。

貢寶措的母親不喜歡和其他人一起在食堂裡用餐，所以常叫貢寶措去食堂打飯。某天貢寶措走進食堂時，被共產黨的強硬派認了出來。

有人喊道：「這是某個地主的孩子。」其他人站了起來，踢掉她手中的空餐盤。她揀起餐盤，跑出招待所，躲到一棵樹的後面哭泣。她之所以哭泣，不是因為自己受到冒犯或傷害，而是擔心母親難過。她等心情平靜後，才從地上拿起餐盤，走回樓上。

母親注意到餐盤撞凹了，貢寶措對母親說：「我不小心絆倒，餐盤掉了。」她已經做好挨罵的準備，但母親只是點了點頭，沒多說什麼。翌日，他們湊了一些硬幣，出去買餅。

那段期間，他們一家人遇到的最大困境是，美顙國王有一年多毫無音訊。有很長一段時間，他們都不知道國王的下落，貢寶措的母親因此陷入嚴重的憂鬱，幾乎足不出戶，獨自待在自己的房間裡讀佛經。她曾是個豐腴的婦人，但那段期間因悲傷而消瘦許多。

國王終於回來與家人團聚時，變得沉默寡言，幾乎不和家人說話。但貢寶措的母親好轉了，看到丈夫回來，她鬆了一口氣。但現在換成國王不肯離開房間，他關上窗戶，拉上窗簾，以避免成都濕熱的空氣透進來。他的雙手緊緊交疊在朱巴的袖子裡，好像蹺縮在繭裡似的，嘴裡一直默念著同樣的經文。他們請醫生來檢查他，但得不出任何診斷。後來貢寶措得知，父親在批鬥大會上遭到虐待，而且被獨自監禁在暗室裡近一年。

貢寶措是家裡年紀最小、適應最快的成員。父母與心魔奮戰之際，她在新的環境中成長茁壯，很快就學會了普通話，不太使用母語，甚至連藏人特有的顎音也消失了。

她的眼睛比多數漢人的眼睛更圓更深，頭髮較卷，膚色較深，但穿上學校制服後（白襯衫與紅領帶），幾乎與漢族女孩無異。她不像藏人那樣綁許多細小的辮子，而是像漢族女孩那樣在腦後紮一大條辮子。書包裡裝著已經變成國家聖經的《毛語錄》，毛澤東的一些名言奇怪地令她想起父親的告誡（例如「我們應該謙虛，謹慎，戒驕，戒躁。」），她完全認同那些說法。那些年，他們就是這樣生活與保護自己的。沒有人會懷疑她是西藏公主，她可以低調地矇騙過去。

她的父親慢慢地走出自閉，恢復了說話與社交的能力。他繼續當人頭，參與代表大會。他也常去北京，獲得額外的食物配給——六張糧票，而不是一般的四張——他總是與家人及僕人分享。但華爾功成烈不再是國王了，他不僅不再擁有權力，也不再擁有國王的架勢，變得更像關愛孩子的慈父，而不是高高在上的權威人物。他堅持檢查貢寶措的家庭作業，那些作業主要是練習中國書法。他其實看不懂漢字，但他發現紙上有多餘的小墨跡時，會叫她重寫一張。他對數學也一竅不通。

貢寶措在學業及社交上都表現出色。她因成績優異，進入北京中央民族大學的附中就讀。這所學校的目的是培養未來少數民族的幹部。貢寶措知道自己的貴族出身可能引起嫉妒或衝突，所以已經學會在必要時隱而不露，但她也知道在需要脫穎而出時，如何善用才智與天賦。她有一副好歌喉，高音清亮，充滿自信，所以獲選為學校文化社團的團長。她想辦法撐過了共產黨的各種運動，例如「訴苦運動」、「高潮」、「反右運動」、「民主改革」、「大躍進」

5 徹底漢化的女孩
A Thoroughly Chinese Girl

——這些運動就像充滿破壞力的夏季風暴一樣，接連不斷地席捲青藏高原。不過，在中國，總有另一場風暴在遠方醞釀。即使一個風暴沒把你擊倒，你也不見得可以安度下一個風暴。

一九六六年的夏天，是貢寶措這輩子記得最幸福的時光。她從北京返家，和家人共度暑假。姊姊卓瑪當時就讀解放軍部隊醫院的衛校，接受軍醫培訓，她也回家度假。父親看到兩個女兒都長大了，相當開心。他在共產黨的徹底洗腦下，或至少是假裝被洗腦下，滿意地對貢寶措說：「《毛語錄》對你有很好的影響。」

他們全家一起去野餐，還去相館拍了全家福的照片。女孩穿著高領印花的中式旗袍，父母穿著乾淨俐落的白襯衫。照片中，她的父親看起來不像以前那麼清瘦，臉頰豐腴了一些。他堅持每個人拍照時都要面帶微笑，他們也照做了。

八月的第三週，貢寶措接到電報，要求她「火速返校」繼續學習。全家去火車站為她送行，那天父親的心情很好，忙著在月台上幫她採買點心。她要離開時，父親在她手裡塞了一大包米花糖（用糯米做成的爆米香，在中國是一種很普遍的零食）。

「跟車上遇到的人分享吧。即使你只有一塊糖，也應該分享。」他說道。

火車駛出成都車站時，貢寶措心滿意足地坐了下來。她從未見過父親如此關愛孩子，後來她才想到父親想必已經知道接下來會發生的事：文化大革命開始了。

大躍進失敗後，毛澤東擔心失去領導權。大躍進期間，太多人不幸餓死，再怎麼有才華的宣傳高手也難以把這場慘烈的失敗包裝成好事。一九五〇年代末期以來，中國與蘇聯的關係持續惡化。當時的蘇聯領導人赫魯雪夫譴責毛澤東的前盟友史達林的過激行為，那也等於暗批了毛澤東。為了先發制人對黨內那些真實與假想的敵人發動攻擊，毛澤東任命曾是影星的妻子江青開始整肅共產黨。由於毛澤東喜歡年輕女性，江青也感受到自己的地位受到威脅。

貢寶措在成都享受愜意的暑假之際，毛澤東正準備在黨內作戰。北京市長、中國人民解放軍的總參謀長、中央宣傳部的部長都被整肅下台了。毛澤東也刻意泳渡長江（俗稱「毛主席暢游長江」），以展現自己的身強體壯。八月八日晚上，共產黨中央委員會正式發表《關於無產階級文化大革命的決定》，那是一份十六點的聲明，先在廣播中宣讀，並發表在翌日的報紙上。

> 我們的目的是鬥垮走資本主義的當權派，批判資產階級的反動學術「權威」，批判資產階級和一切剝削階級的意識形態，改革教育，改革文藝，改革一切不適應社會主義經濟基礎的上層建築，以利於鞏固和發展社會主義制度。

八月中旬，天安門廣場連續出現好幾場集會，有上百萬名學生參加。官方告誡他們要「破四舊」：破除舊思想、舊文化、舊風俗、舊習慣。

貢寶措搭火車到北京時，已經可以感受到那股熱度。車站裡擠滿了學生，他們都穿著寬鬆的軍裝，勒緊腰帶，戴著帽子。那些青少年與她的年紀相仿，才十五歲或年紀更小，他們都是聽毛澤東的命令，集體來到北京。這是她第一次看到紅衛兵，這些年輕人不久就把中國搞得四分五裂。

他們在車站各處設立臨時檢查點，檢查乘客的證件，以了解他們的階級背景。她看見他們攔住幾個女人，正使用大剪刀粗暴地剪她們的頭髮。她猜想，那些女性可能是「階級敵人」。八月氣溫悶熱，但貢寶措幸好穿了外套，他把濃密的辮子塞進衣內，迅速從側門溜了出去。

喇叭大聲地播放著宣傳內容，牆上貼滿了愈來愈大字的大字報，這一切都預示著暴力即將席捲全國。

炮打司令部
向舊社會宣戰
誰反對毛主席，就砸爛誰的狗頭

貢寶措回到學校時，發現自己的地位變了，但不是變好。那裡的多數學生出身名門，但很少人像她那樣身世顯赫。在那之前，他們一家人仍保有一些特權。共產黨的策略是拉攏以前的貴族，提供他們物質上的享受，以免他們製造麻煩。此刻，她的世界再次遭到顛覆，貴族身分成了她的最大包袱。文革之初，《人民日報》的一篇社論鼓勵紅衛兵「橫掃一切牛鬼蛇神」，貢寶措就是其一。她被迫辭去文化社團的團長身分。以前她習慣每天大部分的時間都在唱歌，無論是走路、洗澡、還是做飯，但現在這些都被禁止了，連大笑與微笑也不行，她必須露出悲慟的樣子。

她的行動日益受到限制。下午同學在球場上打籃球時，貢寶措不得加入。她的階級背景使她無法加入紅衛兵，但加入紅衛兵是學校所有學生的夢想。當時的青少年流行穿著寬鬆的紅衛兵軍服，但她不准有那種裝扮。有一次，貢寶措借了一套軍服，同學立刻在上面塗了紅漆。她也不准佩戴印有毛澤東頭像的紅色徽章。這點讓貢寶措很難過，因為她和同學一樣崇拜毛澤東。

一九六七年一月，貢寶措聽說，十五個來自阿壩的學生組成一個代表團，要來參觀學校。當時在毛澤東的鼓勵下，紅衛兵在中國各地旅行，散布文化大革命的消息，肅清可疑的敵人。貢寶措得知家鄉的學生要來的消息，非常高興，幾乎難掩興奮之情。她感到很孤獨，希望那群人中有她認識的人，或認識一些來自家鄉的新朋友。她沒有歡迎他們的禮物，但他們抵達那晚，她在宿舍的爐子裡生了火，讓他們在嚴冬中取暖。

貢寶措排隊上廁所時，一位蒙古同學把她叫到一邊。那個女孩是紅衛兵，自豪地把毛澤東的徽章別在軍裝上，她在學校很受歡迎，但是對貢寶措一直很好。其他女孩開始與貢寶措反目成仇，但她一直很保護貢寶措。他們站在女廁外的通道上交談時，女孩摘下她的毛澤東徽章，遞給貢寶措。

「你可以把這個別在裡面的衣服上，這樣就沒人看見了。」女孩告訴她。

貢寶措照著她的話做，把徽章別在厚厚的外套下面。貢寶措還沒來得及思考對方為何突然對她那麼大方時，注意到那位蒙古同學露出憐憫的神情。那女孩輕聲對她吐露了一個祕密，她不該洩露她偶然間聽到的祕密，但她覺得應該讓貢寶措知道。

「你的父母都不在了。」女孩告訴她，接著建議她：「不要哭，他們是反革命分子，你不該為他們傷心。」

在一九六〇年代的中國，消息傳播得很慢。那件事是發生在三個月前。貢寶措的母親扎西試圖回阿壩。共產黨要求國王簽署一些文件，把一些財產的所有權讓與政府，他的妻子自願前往簽署。對於王室剩餘的事務，國王與王后常一起合作處理。她回阿壩的途中，中國當局把她攔了下來，並告訴她不得繼續前進。她別無選擇，只好在理縣（Lixian）過夜。理縣介於成都與阿壩之間，是個山城，坐落在水流湍急的雜谷腦河（Zagunao River）邊緣。她告訴隨扈，她會給國王發一份電報，詢求他的指示。翌日早上，隨扈發現旅館房間的門半掩著，沒有王后的蹤影，只見她的長袍腰帶留在浴室的地板上。

國王聽到妻子失蹤的消息，驚慌失措，馬上趕去成都尋找妻子。儘管他們兩人是靠媒妁之言成婚，但國王始終把妻子視為最好的朋友、夥伴，以及唯一的盟友。

他搜尋了一整天，毫無斬獲，完全找不到失蹤妻子的蹤跡。國王不知怎的，知道再繼續尋找下去也是徒然，他確信妻子已經死了。他擔心留在理縣太危險，便開始折返成都，最遠抵達汶川（二〇〇八年這裡因位處史上最大地震的震央而聞名）。當晚，國王從橋上跳河自盡，只留下gyasha（錦繡的西藏帽子）。家人後來告訴貢寶措，國王早在妻子失蹤之前，就已經陷入重度憂鬱。共產黨對他施壓，要求他譴責達賴喇嘛並到北京任職，那將導致他變成共產黨的傀儡。

「我起不了什麼作用了……再也無法為我的人民做什麼了。」幾天前他這樣告訴妹妹。家人推測他是自殺，但有些藏人私下說他是被推下河的。

至於貢寶措的母親，她和她的屍體都沒有找到。

得知父母已逝的翌日早上，貢寶措在校內被找去參加批鬥大會。學生聚集在禮堂裡，身穿制服的紅衛兵站在前面，喊著革命口號。

他們齊聲高喊：「坦白從寬、抗拒從嚴。」貢寶措謹記蒙古朋友的建議：不要哭，假裝妳什麼都不知道，就順其自然吧。於是，貢寶措也加入人群，大聲地喊口號以掩飾悲傷，後來她才意識到這場活動的目的：她是批鬥大會的目標。

來自阿壩的代表團，也就是她渴望結交的那群學生，對她提出一長串指控。

「你父親的家裡有台電報機，他和達賴集團有聯繫。」此時，達賴喇嘛已經在印度建立總部，西藏流亡政府正在那裡成形。

「你爸殺了很多人，還用那些人的頭蓋骨吃飯！」另一人指控道。

貢寶措知道她應該坦白，但她可以誠實地說，她根本不知道他們在說什麼。

「我年紀太小了，沒見過電報機，不知道那是什麼。」她結結巴巴地回應。對於另一項指控，她則是堅決否認：「我父親絕對不可能用別人的頭蓋骨吃飯，我以毛澤東的名義發誓。」

來自阿壩的代表團接到指示，他們必須把貢寶措帶回去批鬥。幸好，校長堅稱她不准離開學校，她覺得校長的干預可能救了她一命。但是繼續待在北京太痛苦了，在那之前，她承受的虐待還可以忍受——頂多比校園霸凌稍微嚴重一點。但現在變得很嚴重，反對者對她吐口水，打她耳光，踢她的小腿。她被迫低頭站著，雙手舉在身後，還必須爬回宿舍。現在大家都知道她是誰了——國王的女兒——那導致她成為眾矢之的。他們說她有「黑骨頭」，意指她爛透了。連在學校對面開小店的人，也不願賣東西給她。她根本無法逃脫這個煉獄。

批鬥大會又持續了一年。有時，貢寶措是大家批鬥的目標，有時她是旁觀者，甚至在無意間成了參與者，被迫為施虐者加油。文化大革命有一個典型的形象是，被批鬥的人戴著尖帽子、脖子上掛著標語牌。但貢寶措看到的情況更糟，她記得有一個女人被指控為反動分子，她的先生是師範學院的教授。那個女人幾乎無法走路，必須被押來參加批鬥大會。在人群中，貢寶措正好站在那女人的兒子附近，可以聽到他們的對話。一個男孩大約十二歲，另一個約九歲。他們手牽著手，在旁邊看著。

「哥哥，我好怕。」她聽到弟弟對哥哥輕聲說。

那位教授的妻子被指控是蔣介石的支持者。他們宣稱，有人曾聽她說，如果國民黨贏了，而不是共產黨贏了，情況會比較好。

學生們高喊：「坦白從寬。」

那名遭到指控的婦女站不起來，癱倒在人行道上。指控她的人踢她的後背與頭部。當她再也不動時，他們向她潑了一桶冷水，她依然毫無動靜。於是，現場的口號改換成新的主題，威脅著旁觀者。

「不說實話的話，下場就跟這個女人一樣。」

貢寶措認為她已經死了。

貢寶措得知自己要被流放到西北，到中國最偏遠、最寒冷的地方做苦役時，她反而覺得如釋重負。這下子她可以遠離北京了，她覺得那很適合她。

CHAPTER

6

紅城

Red City

焚燒佛經，拉薩，一九六六年。

在所有接納紅衛兵的人中，德勒似乎是最令人意外的，畢竟他的家人曾遭到劫掠團體的可怕虐待。但文化大革命後來的演變，卻出乎意料地吸引了一些藏人。

文化大革命開始時，德勒十七歲。這時他已經長得身強體壯，有一雙招風耳和特別突出的鼻子。雖然個子依然不高，但他比多數的同儕強壯，那是在山裡工作的結果，因為在山裡可以找到較多的食物。他設法在麥爾瑪的一所新小學裡，接受了幾年教育，授課內容都是中文，因此他擁有不錯的中文讀寫能力。由於學業優異，校方也給他紅色條紋的袖章以示獎勵。他也很喜歡《毛語錄》，家裡掛著巨大的毛澤東肖像，學校也掛著史達林與列寧的肖像。

在這個動盪時期，德勒密切地關注著新聞。一九六八年，也就是文化大革命的第二年，中國城市都處於近乎戰爭的狀態。紅衛兵在剷除真實與假想的階級敵人後，開始互相攻擊，每個人都宣稱他才是毛主席理念的真正擁護者，都指控對手是反動分子。他們從軍方掠奪了夠多的武器，足以構成嚴重的破壞。敵對的黨派領導人開始煽動分裂，號召紅衛兵派系以求自保。

成都興起了一個紅衛兵派系，名叫「紅城」，獲得張國華的支持。張國華曾是將軍，之前被免除西藏自治區黨委書記的職務，調任四川省。紅城的許多年輕領袖是解放軍軍官的兒子。有人介紹一個來自阿壩的年輕藏人給成都的一些紅衛兵。那個藏人才二十出頭，他誓言在阿壩為紅城開設一個分支，後來大家稱他為紅城扎西（Hongcheng Tashi，藏人常多加一個名字來顯示其工作或家鄉）。由於許多與軍方有關的知名漢人加入了紅城，這使一些藏人相信，加入紅城在政治上是正確的。

一九六八年三月，成千上萬名藏人從鄉村與周邊的城鎮聚集到阿壩，以宣誓支持紅城。他們來自西藏社會的各個階層，包括公社雇員、游牧民、農民，甚至還有以前的僧侶（寺院關閉後，他們多了許多時間）。他們選出四位領導者，並在該區四處招募新血。

這是一個質疑權威的時代。在混亂席捲中國之際，感覺任何事情都有可能發生。大家目無法紀，沒有人是不可侵犯的。權力階級已遭到徹底顛覆，共產主義傳說中的偶像人物（例如長征時期占領格爾登寺的將軍朱德，以及在四川戰勝國民黨的部隊指揮官彭德懷）都已遭到肅清。其他的紅衛兵派系也驅逐了阿壩比較低階的黨內幹部，其中一人在浴室裡上吊自殺。

巧合的是，一九六八年，從法國巴黎到美國柏克萊，世界各地學運紛起；蘇聯的坦克開進了捷克斯洛伐克，去鎮壓布拉格之春。全球各地都瀰漫著叛亂的氣氛。

中國輿論的一個特色是，人民往往不會責怪皇帝。大家通常覺得，皇帝是個不該責怪的仁者，任何過錯一定是下屬造成的。民眾對毛澤東的態度也是如此，藏人不相信毛澤東——他們的神、開國元老、新中國崛起的門面——是他們痛苦的來源。他們心理上無法承認，過去十年學到的一切都是謊言。

當毛澤東宣稱「文化大革命」是中國共產黨根除腐敗的運動時，大家都相信了。藏人甚至一廂情願地以為，那表示共產黨承認一九五〇年代以來共產黨做的一切都是錯的。所有的虐待、殺戮與鎮壓、任意逮捕、強迫飢餓、寺院毀損等等，都違背了毛澤東的初衷。

「那不是毛主席幹的，是他下面的黨派領導者幹的。我們要批鬥他們，依循毛主席指引的正確道路前進。」紅城的領導者對藏人這麼說，「這是黨內腐敗的左派幹的，並沒有獲得藏方的批准，也沒有獲准成立合作社及沒收大家的財產。」

他們援引一九五一年的《十七條協議》，說共產黨承諾尊重西藏的傳統與宗教。

「從現在起，你可以自由地信教，不受限制。這始終是毛澤東的立場。」

這種說辭令人難以抗拒。楊嶺多吉（Yangling Dorjee）是該區共產黨中，級別最高的藏人幹部。他後來接受訪問時表示，該區幾乎每個藏人家庭都支持紅城運動。

阿壩的藏人受夠了集體經濟，他們被迫加入公社已近十年，而且幾乎看不到放鬆的跡象。他們仍像奴隸一樣為公社工作，公社拿走了他們生產的肉類、牛奶、酥油、乳酪與獸皮，只把渣滓分給工人。

一九六八年六月，共產黨要求阿壩每個村莊的代表，到阿壩市區會見共產黨的領導人。那些代表大多是老人，他們禮貌地提出各自的要求。他們想要解散公社，把牲畜發放給人民，並獲得重新開放寺院的權力。不出所料，共產黨的領導者拒絕了他們的要求。他們回家後，便開始組織民兵。

一九五八年，阿壩周圍的多數寺院皆已遭到摧毀，或改作其他用途。一九六六年與一九六七年，紅衛兵中的漢人派系搗毀了碩果僅存的幾座寺院，甚至直擣藏人家中的小神龕。如今阿壩的紅城派（藏人主導）推動一百八十度的逆轉。僧侶開始回到寺院的廢墟，在廢墟裡誦經，他們也拿出藏了多年的深紅色僧袍。

藏人騎馬到郊外的監獄去釋放政治犯，迫使一些漢人經營的農業公社關閉，並把動物歸還給十年前失去牲畜的游牧家庭。一位共產黨幹部的報告顯示，他們從五個養殖場帶走了兩萬六千九百四十五頭牲畜。

「阿壩一團亂，他們掠奪公共財產，傲慢自大。」一位駐青海省久治縣（阿壩的西北部）的共產黨幹部抱怨道。

西藏的紅衛兵在上述成果的鼓舞下，開始往高原周邊擴散行動。他們無法占領阿壩市中心，因為當時那裡是由敵對的派系（名叫「兵團」）所把持。「兵團」主要是由漢人組成，獲得軍方的支持。但是，叛亂勢力穿過泥濘的草原向東蔓延，也向西蔓延到果洛地區（阿壩的許多藏人都有親戚住在果洛）。

不久，共產黨的官員宣布，紅城那些反叛者不是真正的改革者，並指派解放軍去鎮壓叛亂。於是，紅城叛軍逃離阿壩中心，把行動轉移到麥爾瑪。一九六八年的夏天，他們遷入山區，跟隨著那些原本就要趕著犛牛與綿羊出去吃草的牧民。麥爾瑪有既定的夏季牧場，那牧場的中間是一片開闊的牧地，他們稱之為「曼達拉平原」。那裡變成紅城的新總部，他們在那裡搭起一個大帳篷，做為臨時寺院。僧侶公然穿上深紅色的僧袍，帶大家祈願。他們焚燒杜松枝，向保護者獻煙供，那是他們多年來不敢做的事。阿壩的六個鎮及周圍的縣都有戰士自願前來。到了夏末，叛軍已組成一支千人軍隊，並制定突襲中國政府辦公室的計畫。

那年夏天，德勒白天照顧馬匹，下班後自願為叛軍服務。他和另一位馬夫負責照顧一百二十四馬，他們答應把那些馬交給叛軍。他們騎在馬背上作戰時，和他們的父輩與祖父輩為美額國王出戰時所使用的戰術一樣。

至於武器，一些西藏人擁有原始的滑膛槍，那是用來保護牧群，避免牲畜在夜間遭到野狼傷害的工具。德勒沒有槍，但他與裝馬蹄鐵的鐵匠關係很好，所以他收集了一些農具，請鐵匠把那些農具鍛造成長釘，自己把一塊木板雕成把手，自製了一根長矛。他為自製的武器感到自豪，其他的青年都只有刀劍。

叛軍的下一步是挖壞汽車使用的道路及切斷電線。一九六〇年代初期，麥爾瑪已經通電了，但電線大多是通往漢人的辦公室與行政大樓。隨著電力與道路的中斷，當地的中國政府將無法尋求外援。

「我們游牧民不需要電，只有中國人才需要。」德勒記得叛軍領導者如此告訴軍隊。

進攻計畫把軍隊分成三個師，其中兩師負責占領麥爾瑪的鎮公所，第三師是負責最危險的任務：占領塞爾達山上的一個水泥掩體。德勒與外祖父母曾住在那裡。

那個掩體是一九五八年強制推行人民公社之初，由解放軍建造的。（現在依然在那裡，多年後麥爾瑪的孩子用它來玩捉迷藏與戰爭遊戲。）

一個秋高氣爽的日子，叛軍從夏季牧場的指揮所疾馳而下。德勒後來也不禁質問，他們為什麼不等天黑再出擊。那些戰士原以為他們可以衝進行政樓，出其不意地襲擊，到了現場卻赫然發現，那裡早已騰空，到處都是手榴彈。

他們巧妙地避開了陷阱。但是，當他們接近糧倉時（另一個目標），地面開始爆炸。中國人在草叢裡埋了絆線，使手榴彈像地雷一樣爆炸。馬匹消失在塵土、彈片、鮮血混雜的煙霧中，排在後面的馬嚇得揚起前腳，甩落背上的騎手。在混亂中，子彈開始從山上大批落下。

被派去占領掩體的第三師失敗了。中國狙擊手潛入掩體，他們從掩體可以清楚看到下面的藏人。砰！砰！砰！砰！藏人一個接一個中彈落馬。

藏人才仁．當高（Tsering Dhonkho）潛入掩體，抓起中國狙擊手的槍管，並拿劍刺向他。這個英勇的舉動後來使他變成了傳奇，但終究徒勞無功。他的手被冒煙的槍管燙傷，後來死於感染。

身為馬夫，德勒次駐紮在穀倉附近。他奉命等待戰士下山，以照顧他們的馬。他站在那裡等著，手裡握著他自製的長矛，心想他是否有勇氣用它來對付中國人。他從來沒有機會驗證那個想法，他站在比較安全的位置，驚恐地看著大屠殺在眼前發生。藏人騎著馬在街上亂竄，喊著戰鬥口號，但子彈如雨點般落在他們身上。山上到處都是倒下的人馬屍體。「簡直像射擊場一樣。」德勒後來說，「那群游牧民遇到中國人，毫無勝算。」

槍戰持續了三個多小時。德勒有好幾個朋友與親戚都中彈了。一位同事腿部中彈，一個表親從馬背上向後倒下，叔叔貢卻（Konchok）肩部中彈。德勒把半昏迷的叔叔抬到一匹馬上，以便回到安全的地方。

現場一片混亂。有些戰士想衝進掩體，但那也等於衝進槍林彈雨，與自殺無異。沒有人可以提供指引。德勒所屬部隊的指揮官躺在地上，臉上流了太多血，已經認不出來了，而且一條腿已經炸斷。一個女人用繩子綁住他的另一腿，開始拖著他回去辦葬禮。沒想到他突然大喊一聲：「我還活著，給我拿一些水來。」那個女人拿起一隻塑膠鞋，去河裡舀水，送進他的嘴裡。

夜幕降臨時，他們以麻布做成擔架，先把指揮官抬到他母親的房子裡，接著抬到他們撤退的夏季牧場。紅城的資深領導人阿拉．晉美．散丹（Alak Jigme Samten）以通靈著稱，他為指揮官的轉世誦讀了禱文。他知道他們都喜歡菸草，於是他點了一根菸斗，把煙吐進奄奄一息的指揮官嘴裡以示祝福。指揮官不久就過世了。

那場戰役中，總共死了五十四人與一百匹馬。藏人通常把馬匹的死亡數量也納入死亡數字中。

後來，德勒成了阿壩的非官方史家。他反思文化大革命是如何演變成西藏叛亂的，他表示：「由於許多人是文盲，大家覺得這與更廣大的民族主義鬥爭無關。他們認為藏人一直以來被剝奪了基本權利，這是他們爭取基本權利的機會。回顧過往，我覺得是魯莽導致我們輸了那場戰役。我們熱情有餘，但戰備不足，一群過度狂熱的暴徒自然會有那樣的反應。」

盧里（Louri）是那次行動的領導人紅城扎西的弟弟，他為那場叛亂提出了進一步的見解。盧里與德勒的年齡相仿，是十幾歲的戰士中性格比較急躁的。他記得在槍林彈雨中往山上衝。他的馬中彈時，他身上也有七處槍傷，但他設法抓住另一匹失去騎手的馬，跳上馬後，逃到山裡。如今盧里已七十出頭，但身材魁梧，五官突出。我們在成都見面時，他也很難解釋為什麼他願意衝向槍林彈雨中。

「我沒有武器，連刀都沒有。」他自嘲地笑著說。

盧里與德勒不同，他來自一個目不識丁、沒有土地的農家——正是共產黨財富重分配時理當受益的藏人。賽寺的僧侶遭到驅逐後，他們被遷出阿壩市中心的破舊棚屋，進駐賽寺裡的一間堅固房子。但是，寺院遭到褻瀆的罪惡感，遠遠超出了他們對新屋舍的滿意感。

「我們非常生氣。身為佛教徒，我們敬拜的一切都被摧毀了。寺廟被焚燬，佛像被砸碎，所以老百姓才會加入叛亂。」他說，他的哥哥讓他和其他的年輕人相信，他們加入紅城是毛澤東批准的，是文化大革命試圖推翻建制派的一部分。

「大家都認為這是非常正統的，我們覺得這是有組織的行動，我們搞混了。」盧里說。

倖存下來的紅城領導者都受到嚴酷的對待。主導那次運動的四名領導者中，一人死亡，兩人遭到處決。遭到處決的是阿拉・晉美・散丹與噶嗶・永丹・嘉措（Gabe Yonten Gyatso）。盧里的哥哥紅城扎西因為與成都的權貴有關係而免於死刑，但被判十四年的監禁。約有三萬人被捕，德勒被關押在鎮公所內審問了三個月。阿壩方圓一百六十公里內，幾乎每個藏族家庭都有一名男子入獄。這是文革期間規模最大的藏人叛亂行動之一，也奠定了阿壩叛變造反的聲名。

儘管這次叛變以失敗告終，但那六個月期間，藏人可以飼養自己的牲畜，在寺院裡自由地朝拜，吟誦禱文，舉行儀式，僧侶也穿上了僧袍。這讓藏人嘗到了自由的滋味，那種自由的記憶是難以磨滅的。

CHAPTER

7

放逐
Exile

貢寶措與小兔。

一九六九年，貢寶措來到新疆。幾個世紀以來，新疆就相當於中國的西伯利亞。在開往新疆主要城市烏魯木齊的火車上，一群學生認出她來，並揚言把她扔下行駛中的火車。貢寶措在火車上來來回回走了三天，躲在車廂之間，以閃避那些折磨她的人。當她終於抵達新疆時，周遭的環境嚇壞了她。她得知自己要被放逐時，要求被送到游牧區，她以為那裡像阿壩一樣。

抵達新疆後，她對於自己陷入的處境感到絕望。這裡的確實像她想像的那麼遼闊，但一點也不像家鄉。天空不像西藏那樣透亮，舉目所及，只有沙塵、空曠與荒涼。她所屬的農場位於靠近蘇聯邊境的青河縣（Qinghe county）。它出名的唯一原因是一八九八年一顆流星墜落在那裡，那裡其實非常偏僻荒涼。

新疆與西藏一起占據了中國地圖的整個西半部。新疆位於中亞的邊緣，是哈薩克族、蒙古族、維吾爾族的家園。維吾爾族屬於突厥少數民族，他們稱這個地方為東突厥斯坦（East Turkestan）。新疆雖在北方，但與西藏之間有高山與沙漠的阻隔。貢寶措放逐新疆期間，完全沒遇過藏人。

貢寶措被派往一個軍方經營的大型綜合企業工作，那裡有一個農場、一個酪農場、一個養牛場。那裡本身就是一個城鎮，人口約三千人，幾乎所有人都是漢人。除了像她這樣的政治流放分子以外，那裡也有數百名被毛澤東派到農村的「下放」青年，表面上是為了學習艱苦勞動的經驗，但同時也是為了緩解紅衛兵之間日益激烈的打鬥。那裡地位較高的是退役的解放軍，他們主要是擔任領導階層，但他們都是共產黨派往西部去開發邊疆的先驅。

貢寶措因其階級背景特殊，被分配到最困難的工作。她必須挖溝、種地、擠牛奶。一天結束時，其他的農場工人都結束幹活了，她還得打掃馬廄。她的宿舍離她每天早上報到的工作站有十一公里遠。她必須先走過五公里的沼澤地；獨自穿越那區很危險，因為那裡有棕熊與狼出沒。她通常在黎明前出發，幸運的話，走到主要道路時，可能會看到經過的馬車，可以搭個便車。夜裡，氣溫降到攝氏零下三十度。在某個特別寒冷的冬日清晨，她的腳嚴重凍傷，治療方法是把腳泡在冷水裡。這還不算嚴重，另一個女孩用手捂住耳朵，導致手部嚴重凍傷，一隻手不得不截肢。

中國政府決心不計人工成本或環境成本，把貧瘠的沼澤地改造成耕地。新疆到處都是蒸發的湖泊，它們都變成了鹽鹼地，對主要作物玉米來說，土地的鹹度太高，無法栽種。中國人發明了一種在地上挖溝的技術，讓融雪沖走鹽分。那種挖溝任務極其繁重，貢寶措挖到肩膀脫臼。但上司不讓她就醫，並堅稱她的階級背景沒資格就醫。於是，腳與肩膀的毛病就這樣困擾了她一輩子。

那個合作社也經營了一個酪農場，畜養由荷蘭牛與中國黃牛雜交的黑白乳牛。貢寶措不挖溝時，就是在擠牛奶，每天擠兩次。合作社也要求她必須把牛奶賣掉，要是銷量達不到配額，就從她的工資扣款。她的工資是每月十八元人民幣（約折合四美元），但她需要自己支付伙食費。如果工資遭到扣減，她就可能挨餓。幸好，她交了一個朋友。那個年輕男子會買下她賣不出去的牛奶，也要求其他的朋友幫忙買，他也會給她額外的糧票。

那個男人的綽號叫小兔，因為他是兔年出生的，那綽號也很符合他的性格。小兔是個活潑開朗的年輕人，他似乎把流放新疆視為一場大冒險。他比貢寶措小一歲，但看起來比貢寶措大。他十幾歲的時候就被送來農場，已經很熟悉這個體系，知道如何在裡頭自由穿梭。他和貢寶措一樣，也是因為階級背景不好，屬於政治流放人士。他來自中國東部的南京（蔣介石的首都就在那裡），祖父是國民黨的支持者。國民黨內戰失敗後，他的多數家人都逃到了台灣。他的祖母因病得太重，無法逃到台灣，他的父親是兄弟姊妹中唯一留下來照顧年邁母親的。貢寶措聽到那個故事時，覺得小兔遺傳了父親的慈悲心，對他產生了好感。

小兔在農場上的任務很輕鬆，他是在廣播部門工作，負責操作電影放映機。農場上只有幾部畫質粗糙的舊影片，他經常拼接那些影片。最熱門的電影是革命劇《沙家濱》（*Shachiapang*），講述一個茶館老闆娘祕密資助共產黨抗日的故事。另一部熱門影片《賣花姑娘》（*The Flower Girl*）是來自北韓，描述一個貧窮的賣花姑娘和虐待其家人的房東。儘管這些都是明顯的宣傳片，也重複播放無數次了，但每次播放時，還是吸引了大批觀眾，因為農場提供的娛樂很少。

為了找點事做，農場裡的年輕人組成歌唱小組，但貢寶措並未受邀加入，因為她的身分低賤。不過，農場上也有一個共產黨贊助的宣傳團，他們沒那麼挑剔，因為能唱高音的合格女高音很少。小兔也被分配到那個宣傳團，他一個調子也不會唱，但貢寶措唱歌時，他就在一旁跳舞。那些歌曲都是歌頌毛澤東的，無論你是否認同那些政治觀點，它們都有琅琅上口的曲調，任誰都會忍不住哼上幾句。

貢寶措以其清亮的高音，熱情地唱著長征——當然，她沒提到祖母為了阻止紅軍使用他們的宮殿而放火燒了宮殿。另一首歌曲是歌頌共產黨解放西藏。

北京的金山上
光茫照四方
毛主席就是那金色的太陽
多麼溫暖，多麼慈祥
把我們農奴的心兒照亮
我們邁步走在
社會主義幸福的大道上！

一九七〇年代，文化大革命在自身矛盾的重壓下崩解了。共產黨的領導人知道，一個國家若要正常運作，需要有受過教育的公民，所以他們悄悄地允許一些一九六六年以來關閉的大學重新開放。新生是由工廠、農場、村莊、軍隊推薦入學。中央民族大學是重新開放的學校之一，以前貢寶措是讀那所大學的附屬中學。

貢寶措打算參加入學考試，她認為那是她離開新疆的唯一方法。小兔請父母從南京給她寄來準備考試的書籍。貢寶措不敢在宿舍裡讀書，擔心室友可能舉報她。當時她的工作比較輕鬆——看守番茄，驅趕想要偷吃番茄的鳥兒。小兔想到一個主意。他拿出一件舊襯衫（那裡很難買到衣服，所以要拿出舊衣也不容易），在裡面塞了稻草，再掛上一頂帽子，裝在一根棍子上，讓那根棍子隨風擺動。結果，稻草人成功了。貢寶措可以坐在番茄田裡埋頭讀書，鳥兒也不敢來偷吃番茄。

她去縣府參加考試，並以高分通過，但校方發現她是國王的女兒時，就否決了她的申請。她並未放棄，又找到她可以參加的其他考試，盡量利用工作時間苦讀。一九七三年，她通過上海醫學院的入學考，卻再次遭到拒絕。她成績優秀，普通話講得完美無瑕，所以一九七五年她申請了北京大學，再次高分通過考試，但也再次被拒絕入學。

「我乾脆把這些書扔了吧。」她對小兔說。

小兔耐心地聽她訴苦，溫和地把她從絕望中拉出來。貢寶措很高興她終於交到一個朋友，她不僅仍為失去父母而悲傷，來到新疆一年後，她得知在軍醫院工作的姊姊死於從小折磨她的胃病。現在貢寶措真的是孤身一人了，她認為小兔的善意主要是出於憐憫。

當貢寶措得知小兔對她有情愫時，她比任何人還驚訝。她自認長得不漂亮，兩頰的酒窩與門牙之間的牙縫，給人一種活潑可愛的少女氣息，掩蓋了她那可憐的孤獨感。她的眉毛向上彎，彷彿永遠抱著疑惑。以中國的審美標準來看，她的膚色本來就太黑，在田裡勞動久了，又讓她的膚色更黑了。她也不覺得自己特別有女人味，平時都是穿著有襯墊的寬鬆軍裝，胸前有兩個口袋，腰部下面也有兩個口袋。

小兔是農場裡最受歡迎的單身漢之一，鼻子又長又挺，像滿族的太子，膚色白淨。他不僅舞跳得好，也是大家最想搭檔的對象，常上舞台表演喜劇。他出身教師家庭，儘管共產黨試圖根除階級特權，但是說到交往對象，教育與背景還是很重要。

「你想挑誰都行，為什麼偏偏挑這個？」朋友問他，「為什麼挑藏人？」

在中國承認的少數民族中，有些人同化很深，幾乎和占人口九成的漢人毫無區別，但藏人並非如此。儘管共產黨積極宣傳民族和諧，偏見依然根深柢固。漢人常蔑稱藏人為蠻夷，說他們「落後」，現在依然這麼說。在漢語中，西藏簡稱「藏」，字面意思是「倉庫」或「寶藏」，但漢語有時會使用同音字「脏」，意思是「髒」。而且，那個年代民風保守，大家比較不認同異族通婚。在以穆斯林為主的新疆，一九七九年以前，當地維吾爾族女子與漢族男子通婚是非法的。

要小兔回答「為什麼」這個問題並不難。貢寶措在那群關注他的年輕女子中特別突出。她不裝腔作勢，不矯揉造作，不跟他搞曖昧調情，也不會戲弄他。她非常直率，而且他覺得貢寶措有其他人所沒有的坦白真誠。她直言不諱地說出心裡的想法，不會刻意調整用字遣詞以引起他的反應。他完全信任她，她也信任他。他們之間雖然沒有年輕戀情中常見的熱戀火花，但兩人形影不離。

小兔的家人也沒有異議，小兔的祖母在革命前是虔誠的佛教徒，她贊成最愛的孫子娶一個有重要信仰的女人。他們也喜歡貢寶措的勤奮好學，一直以寄書的方式默默地支持她學習。至於貢寶措那邊，她已經沒有家人可以反對他們交往。小兔的特質已經遠遠超出他對伴侶的想像，但是把終身託付給他之前，她還有一件重要的事情要做。

一九七五年的夏天，貢寶措和小兔獲准離開新疆，第一次離開農場度假。他們搭公車去烏魯木齊，接著轉搭火車去成都。到了成都，他們搭上一輛向北開往青藏高原的巴士。公車在山路上蜿蜒行駛時，一路顛簸，愈爬愈高，小兔因高海拔而感到不適，幾乎站不住了。一名護士在路邊幫他打了靜脈點滴。他們在阿壩州的首府馬爾康（Barkham）停留，讓小兔先去醫院接受檢查。這種突發狀況很麻煩，因為貢寶措想盡量迴避不必要的關注。他們此行是為了前往阿壩，那是她七歲以後就再也沒見過的家鄉。

他們終於又重新上路時，貢寶措愈來愈緊張。她開始轉為嚮導，向小兔解釋她所見的一切。他們從青藏高原的東部進入，穿過麥爾瑪，那是她的祖先放牧的地方。那條路比她童年時騎馬走過的路好多了，不過看上去還是很熟悉，彷彿那裡的群山及山坡上吃草的犛牛都是老友似的。雖然主要道路已經搬到離河川更遠的地方，但房子還是她記憶中那種低矮的泥磚建築。

「我們快到了，」她指著車窗對小兔說，「這應該是鎮上的十字路口，等一下會看到格爾登寺。」

車子接近阿壩的主要路口時，她迷失了方向，風景在她眼前重新排列，她從小記得的那個市場消失了。她伸長脖子，從周圍房屋的屋頂眺望，尋找寺院優雅的屋簷。她知道寺院應該在那裡，大門應該在那裡，就在過了十字路口的右手邊。門的後面，應該有一個大莊園，她的家人到寺院朝拜時，就住在那裡。她告訴未婚夫，應該在那裡。當她意識到她追尋的東西已不復存在時，心裡有說不出的苦。

記憶中的童年畫面完全打亂了，使她頓時失去了方位。難道是記憶在捉弄她嗎？那裡只剩碎石及半毀的牆垣，彷彿地震摧毀了地貌。塵土飛揚也擋住了她的視線。

貢寶措下了車，試著辨別方向。她確信自己是在正確的地方，她已經回到家鄉了。儘管人事全非，她依然可以感受到這是家鄉。她發誓不哭的，卻還是哭了起來。她靠在一堵牆上，或者說是半堵牆上，因為有半堵牆已經不見了。她感覺自己快暈倒了，緊抓著缺了一扇門的門框。此時，一位老婦人路過並停下腳步，回頭看了貢寶措一眼，繼續往前走。

突然間，恐懼取代了悲傷，貢寶措再次感覺到背脊僵硬，難道有人認出她了嗎？她想起那些到北京的阿壩學生指認她是貴族成員，害她經歷了數月的批鬥大會。現在的政治局勢雖有起色，但好轉了多少？她不禁懷疑，她和小兔回阿壩是不是落入了圈套。

貢寶措決定先到政府的辦事處登記，以免出事。她聽說父親的一個親戚在縣府工作，所以她決定去縣府找她。到了縣府，裡面的人告訴她那個女人不在那裡，但一個在櫃檯後面工作的藏族男子對貢寶措感到好奇，因為來阿壩的陌生人不多。

「您是哪位？」他問道，「來這兒做什麼？」

貢寶措試圖解釋——她用中文解釋，因為她無法用藏語適切地表達——她只是和朋友一起來旅遊。那個男人很友善，但追問個不停，最後貢寶措終於脫口而出。

「我是最後一任美顙國王的女兒。」

那男人一聽，大吃一驚，接著開始大喊，讓每個人都能聽到。貢寶措看到外面有很多人跑來迎接她。一位老人騎著單車搖搖晃晃地來到辦公室，激動到差點從車上摔下來。其他人跑進辦公室，有的哭，有的笑，為了擁抱她，幾乎絆倒在一起。貢寶措意識到，沒錯，她終於到家了，而且在這裡很安全。

他們兩人在阿壩待了一個月。他們本來要住旅館，但一位西藏官員邀請他們住在他家。那一個月裡，來探望她的人絡繹不絕，多數人她都不記得了，但他們都認得她。她以前的保姆、警衛、管家、園丁都來了，並帶著酥油與青稞來送她。貢寶措和小兔都穿著中國工作服來，但很快主人就改變了他們的裝扮，送他們西藏長袍做為禮物。他們兩人對於怎麼穿藏服都一樣困惑，貢寶措費了好一番工夫才在腰間纏上精緻的飾帶，小兔搞了很久才穿上男人的斗篷，遮住一邊的肩膀。

一個年老的穆斯林乞丐來了，他帶著一條哈達和一個小袋子來，小袋裡裝著幾枚硬幣。那些是他僅有的家當，但他想把它們送給公主。另一個人告訴貢寶措，她的父親在他身無分文時，幫他取得土地與房子。他帶著所有的孩子來看她。

「要不是您父親的大恩大德，就沒有這個家庭。」他告訴貢寶措。

大家對貢寶措的崇敬，令小兔相當驚訝。他就像其他在中國學校接受教育的人一樣，從小一直聽到封建貴族把平民當作奴隸對待。

幾週後，鄉親的熱切關注使他們筋疲力竭。他們也必須返回新疆，去過他們卑微的農活。他們把大家送的禮物——酥油、青稞、硬幣——捐給了寺院。

如果說那次阿壩之旅是對他們關係的一次考驗，小兔成功地通過了考驗。但他們需要先經過層層的許可才能成婚。首先，他們需要獲得所在「單位」的批准，接著再得到農場各級主管的批准。他們也不准舉行任何形式的婚宴，那是共產黨禁止的，所以他們與同事及主管在食堂中吃了一頓簡單的飯。貢寶措沒有直系親屬，但小兔的弟弟從南京搭火車與公車，長途跋涉而來。他們喝了幾杯白酒，以慶祝他們成婚。小兔穿著中山裝，貢寶措的準公婆送她一件綠色的絲綢外套，讓她搭配自己的褲子，增添了幾分優雅。公婆也用火車運了整個床架與床墊過來，讓他們能在自己的家裡安頓下來。

他們結婚四個月後，又出現了一個轉捩點。

一九七六年九月九日下午，北京廣播電台中斷了正常節目，向「全黨全軍全國各族人民」宣布，毛澤東於當天上午逝世，享年八十二歲。

對任何關注毛澤東的人來說，毛澤東過世不是什麼令人震驚的消息。他已經多年沒在公開場合露面了，那些見過他的人都說他的健康每況愈下。毛澤東是老菸槍，有心臟病與肺病，據傳也患有帕金森氏症及漸凍人症。不過，毛澤東過世依然代表著一個重要時代的結束。他生病但依然在世時，他的存在就足以阻止新興領導階層擺脫文化大革命的枷鎖。

「中國人民的一切勝利，都是在毛主席的領導下取得的。」共產黨的領導高層如此宣告。儘管共產黨敦促全國「繼續執行毛主席的革命路線」，但此時共產黨正準備收回他做的許多事情，枷鎖終於解開了。

但首先，悼念儀式必須遵循適切的禮儀，全國宣布進入為期八天的哀悼日。毛澤東的遺體是安放在天安門廣場人民大會堂的木棺上供人瞻仰。全國各地都分發了黑色臂章。

新疆合作農場的氣氛顯得異常緊張。他們不僅為九月十八日的葬禮預作準備，也擔心這個不穩定的過渡期可能引發蘇聯邊境入侵。

貢寶措因丈夫的工作而變得更加焦慮。高層指派小兔去設置喇叭，以便把北京的喪禮同步轉播到整個農場。喇叭很舊，電線磨損，電力供應不穩。貢寶措擔心，萬一轉播失敗，小兔可能坐牢。轉播葬禮期間，貢寶措與其他人立正站著，聽著為紀念這位領導人而響起的槍炮、鳴笛、哨聲與號角，隨後是一支樂隊演奏〈國際歌〉（The Internationale）。她非常擔心廣播設備能否正常運作，緊張到幾乎忘了為毛澤東的過世感到悲傷。

PART

2

權力真空期 1976–1989年

CHAPTER

8

黑貓與冬蟲夏草
The Black Cat and the Golden Worm

藏族女性拿著冬蟲夏草。

一九七六年毛澤東過世時，阿壩已變成一座陰沉沉、寂靜無聲的鬼城。共產黨長達二十五年的統治，對阿壩造成的破壞遠多於創造。剩下的大多是低矮的土屋，顏色暗褐，與腳下的土地幾乎融為一體，難以分辨。政府決定在這個城鎮上打造秩序，因此開闢了一條新路，貫穿阿壩的中央——亦即後來的三〇二省道——但還沒考慮鋪設柏油。街道上滿是灰塵與淤泥，路邊的排水溝成了露天的下水道與茅廁。

寺院遭到摧毀後，地面上沒有什麼東西能減少環境的單調乏味感，也沒有賞心悅目的風光。當初美顙國王設立的市場，吸引商人特地繞道前來阿壩交易，如今市場已不復存在。這裡也沒有私人商店或街頭小販，因為共產黨規定，任何商業活動都違反社會主義的戒律。文革期間，唯一持續營業的店家是一家製作農具的商店。國營超市裡，空蕩蕩的貨架上積滿了灰塵。

私人買賣是非法的——這是阻礙農村經濟發展的一大障礙。在農村，牧民與農民需要用牲畜產品來換取糧食才能生存。連街頭擺攤也是禁止的，因為毛澤東認為攤販是「資本主義的尾巴」。

藏服的一個優點是，長袍夠大，裡面可藏匿商品。如果你想買東西，只要去找一個朱巴鼓脹的藏人就行了，那是商人的特徵。有一個年輕人從十二歲開始就做這種黑市生意，後來他從這片經濟沙漠中崛起，變成阿壩的頂尖商賈。

8

黑貓與冬蟲夏草

The Black Cat and the Golden Worm

諾布（Norbu）生於一九五二年，是個楞小子，有一顆蒜頭鼻及一雙大耳朵。他的父親曾是僧侶，但愛上諾布的母親後，就放棄了獨身誓言。他們結婚後，迅速生下三個孩子：諾布是老大，他的下面還有一個妹妹與弟弟。諾布的弟弟仍在襁褓階段時，某天早上，他的母親早上醒來發燒，當晚就過世了。那是一九五八年，也是西藏最可怕的一年，共產黨在西藏發動了所謂的「民主改革」。諾布一家人被共產黨列為「資產階級」，或許是因為諾布的父親偶爾會賣草藥及羊毛來賺外快。但諾布永遠無法理解那歸類的邏輯，因為他們家除了有一間破舊的小屋及身上的衣服以外，幾乎一無所有。

那歸類導致諾布一家成了大家欺負的對象。共產黨的積極分子（西藏同夥人）可以為所欲為地從他們家拿走想要的任何東西。諾布最早的記憶之一，是看到有人恣意拿走他的羊皮長袍，交給另一個小男孩。那個小男孩在門口的陽光下快樂地旋轉，諾布只能從屋裡往外看，哭了起來。接著，他們又拿走他的鞋子。在漫長的冬天裡，諾布的腳因為在冰上行走而流血。不久，他們一家人已經一無所有，只剩一張木床，孩子只能依偎在床上與父親一起取暖。最後，連那張床也被搬走了，他們全家只能睡地板。某些夜裡，有人會擅自進門踢他的父親，沒有什麼特別的原因，只因為他們已經沒有東西可偷而心生不滿。

諾布身為長子，又是家中最強壯的孩子，常被派出去乞食。當時沒有餐廳，只有公社的食堂，所以他拿著錫餐盤在食堂外面等候。善心人士會把各種殘羹剩菜給他，例如剩湯、剩粥、剩餘的糌粑。幸運的話，還有軟骨與碎骨可啃。他把那些不太可口的混合物帶回家，填飽自己及弟妹的肚子。有一次他偷香腸被警察逮到，警察把他的頭按進裝滿四川辣椒的桶子裡，使他淚流滿面好幾天。

儘管營養不良，但諾布長得又高又壯，十幾歲時已經比許多大人高大。他像馱獸一樣，可以拉犁耕作好幾個小時，或扛起超大袋的青稞。但孩子的工分比成人少，為了買食物及支付生活費，他不得不借錢，每年年底總是積欠債務。十幾歲時，他試圖加入解放軍，卻因階級背景而遭到拒絕。

這造成了一種兩難的局面。諾布必須養家，他的父親又沒有能力賺錢。諾布後來說，父親的身體不夠強壯，不能做體力活，再加上個性太老實，做生意賺不了錢。由於沒有合法的賺錢途徑，諾布很自然地朝黑市發展。

以前共產黨的幹部與公務員會收到「糧票」，可用來購買肥皂到大米等各種日用品。這些糧票有現金價值，但私下販售不能被發現，所以他們會找孩子來幫忙賣糧票。諾布幾乎不識任何藏文與中文，猶如文盲，但精通數字。他很快就搞懂了糧票的運作邏輯，知道那些糧票可以買什麼，以及如何把糧票轉換成現金。

這種交易可能被貼上「反黨」和「反社會主義」的標籤。要是被逮到，可能吃牢飯或受到更嚴重的懲罰。此外，諾布也冒險逃避為公社下田工作的義務，但他不在乎，反正他已經被貼上「資產階級」的標籤了，他覺得那還不如去賺錢比較實在。

二十二歲時，諾布因擔心被捕，搭上超載的巴士，翻山越嶺，來到成都，那是他第一次從青藏高原來到平地。許多中國人在高海拔地區呼吸困難，諾布則是覺得城市悶熱的空氣令他窒息。他看到中國青年穿著短袖襯衫，漫步經過棕櫚樹與榕樹下；他也盯著女人猛瞧，在成都看到女人露出的腿，比以前在阿壩見過的還多。中國人也反過來盯著這個汗流浹背、身材魁梧、穿著羊皮長袍的年輕人。

晚上，諾布睡在橋下，以鞋子當枕頭，這樣就沒人會偷走鞋子了。他結交了其他遊蕩到成都的藏人，他們也在橋下安營紮寨，想辦法賺錢，平日以便宜的麵條果腹。

他在成都又重操舊業，做起買賣糧票的生意，但在大城市賺得更多。不久，他就攢夠了錢，離開橋下，在平價旅館租了一個房間。他添購了一件俐落的白襯衫，以免在人群中顯得格格不入，但他的頭髮還是留得比多數的中國男人長，放任頭髮在領子上隨意卷翹。他開始天天洗澡——多數藏人迴避這個習慣，認為天天洗澡有害健康。他也養成了中國人抽菸的習慣。他常去旅館附近的一家商店消費，那裡的店員很友善。某天，他去那家店買白酒，但拿不出糧票，一位店員微笑地送他一瓶。他邀她一起共進晚餐，吃完飯後，兩人在公園裡散步了很久。

小華覺得諾布稱不上帥氣（他的鼻子與耳朵占頭部的比例過大），但她喜歡諾布走路的樣子。小華身材嬌小，身高不到一五二公分，有一張心形臉。她覺得身邊有個高大的男人很有安全感，諾布比任一個追她的中國人都高了一個頭。當這位魁梧的藏族青年探頭進來接她去約會時，朋友與同事都很震驚，她喜歡看他們震驚的表情。

「有什麼問題嗎？妳是找不到中國男人了嗎？」一位朋友嗤之以鼻地說。她對朋友的說法一笑置之，但父親的看法就比較難以置之不理了。父親對於她和藏人交往非常憤怒，動用了各種方法阻止她。

「少數民族都是粗人，他們很瘋狂。」父親喊道，「妳要是嫁給那傢伙，我晚上會睡不著。」

問題不只在於諾布是藏人，當時異族通婚已經沒那麼罕見了——事實上，共產黨的宣傳還標榜中國所有民族的共通性（貢寶措和小兔是在諾布和小華相識的前一年結婚的）。另一大問題在於他們的階級背景不同。小華是來自共產黨定義的「好家庭」，父母都是工人，骨子裡毫無資產階級或地主等污點。她曾是紅衛兵，文革後期城市青年下放農村時，她被分派到陝西省的延安，那裡是毛澤東以前的總部，是大家普遍推崇的革命發源地，因此她可說是根紅苗正。當時，在國企擔任店員也有一定的地位，俗稱「鐵飯碗」。她甚至擁有一支上海表，那是當時中國最有名的機械表品牌，也是重要的地位象徵。

諾布不得不承認他確實配不上她。他比小華小兩歲，幾乎沒受過正規教育，不僅出身貧寒，階級背景差，還有阿壩的警察等著逮捕他。

他對小華坦言：「我知道我無法給妳什麼。但是慢慢地，我會賺到錢，我們可以一起過好日子。」

這對小夫妻不久就受到歷史的眷顧。毛澤東的遺體尚未經過防腐處理，中國就已經展開自我改造了。毛澤東過世不到一個月，包括毛妻江青在內的「四人幫」就因文革的瘋狂行為而遭到逮捕。他們被控造成三萬四千三百七十五人死亡及迫害七十五萬人。一九八一年受審期間，江青辯稱她只是聽從毛主席的命令（她有句名言：「我是毛主席的一條狗，叫我咬誰就咬誰！」）。

一九七八年的三中全會上，中共中央宣布，中國必須把「現代化」擺在階級鬥爭之前。翌年，共產黨批准設立經濟特區，做為市場經濟的試驗。不久，中國南方開始取代台灣，成為廉價消費品的來源。

中國共產黨也不能與毛澤東完全撇清關係，畢竟他是開國元勳，是把大家團結在一起的靈感與象徵。他的遺體經過防腐處理後，陳列在天安門廣場的陵墓中，直到今日仍是神聖不可侵犯的最高領袖。但毛澤東的繼任者（以華國鋒為首，他在一九七六年至一九八〇年間擔任中共中央委員會的主席）拋棄了毛澤東的許多經濟與社會政策，同時提出了保全面子的理由：國家必須先經歷資本主義階段，才能達到真正的社會主義。於是，中國進入了新時代。

在這個新時代裡，致富是光榮的，階級背景無關緊要。誠如一九八〇年代中國「改革開放的總設計師」鄧小平所言：「不管白貓黑貓，會捉老鼠就是好貓。」

諾布就是典型的黑貓，他在童年時期就搶占了先機。儘管說不出個所以然，但他憑直覺就知道，隨著中國從嚴格定義的社會主義經濟轉型，他以前交易的糧票很快就會失效。以後，像他那樣聰明的年輕人將會有很多機會。

打從諾布抵達成都的那一刻起，他對於當地可選的消費品種類之多，就覺得目不暇給。起初，那些東西是從香港引進的，但後來製造業開始向廣東省擴散。那些鞋子與衣服都是他不熟悉的形狀、顏色與材質。有些產品是他從未聽過，也幾乎無法想像的，例如汽水、爆米花、運動服、計算機、錄音機。諾布知道，他可以在阿壩以更高的價格販售那些東西。農業公社正在解散（這個流程到一九八二年才完成），並把公社的資產分給農民和游牧民。例如，在麥爾瑪，每個人可分得十頭犛牛、八頭綿羊與兩匹馬。藏人終於有一點可支配收入，還有壓抑已久的巨大需求。之前，公社沒收了他們的居家用品。毛澤東為了提高中國的鋼鐵產量，推動全民土法煉鋼計畫，很多人把家裡的工具拿到後院熔化。如今百姓必須添購新的東西，來取代那些遭到沒收或鎔毀的工具。

諾布買了一個大旅行箱，裝滿了商品，搭巴士回到阿壩。他開始頻繁地往返於成都與阿壩之間，帶著藏民想買的東西回阿壩販售。瓷杯與瓷碗是銷量最好的商品。

一九七九年，小華第一次造訪阿壩。諾布待在阿壩做生意的時間愈來愈長，她很想他，也想看看他的家鄉長什麼樣子。於是，她買了一張票，搭著巴士，翻山越嶺來到阿壩——就是當初諾布第一次搭去成都的巴士。現在兩地之間的車程只需一兩天，不像以前需要三天，因為中國人開始在山中開隧道以縮短距離。

就像其他剛從中國過來的人一樣，小華不太適應高原的生活。高海拔令她頭暈，強烈的紫外線把她曬得又黑又皺，嘴唇不僅乾裂，還起水泡。她無法消化糌粑，也吃不慣藏人的主食（酥油與乳酪）。

這並不是說成都在一九七〇年代是多先進的城市，而是阿壩的落後令小華震驚不已。下水道沒加蓋，民眾當街便溺。路上有長滿疥癬的黃狗狂吠。藏人身為佛教徒，反對捕殺野狗，所以中國人也不敢射殺牠們。夜裡獨自出門時，必須隨身攜帶一塊石頭，以免遭到野狗攻擊。男人也很可怕，身穿羊皮朱巴，使他們顯得比普通人壯大。他們走起路來趾高氣揚，一副好戰的模樣，好像衣服裡藏著刀。

她深愛的未婚夫在成都養成了都市禮儀，但回到家鄉後又粗魯了起來。小華抵達阿壩不久，諾布就被捕了。他和幾個朋友出去喝酒，酒後起了爭執，大打出手。在警局待了幾天後，他懇求警方釋放他，因為未婚妻要來看他。此時的諾布已從逃亡者變成積極努力的生意人，他有一些朋友當警察，他們也同情他，甚至把辦公室的椅子借給他，讓小華來探望他時有地方坐。一九六〇年代諾布一家被偷光家具後，就沒再添購家具了。

比較膽小的人可能會逃回城市，但小華不是那種弱女子，她不容易被嚇倒——那也是她吸引諾布的地方。她愛諾布，諾布又與阿壩密不可分，她只能愛屋及烏。儘管阿壩有諸多不便，但她在阿壩看到了其他東西——商機。

諾布與小華開始一起做生意，他們最早做的生意之一是賣米花糖，那是中國每個火車站都有人兜售的爆米香。貢寶措當年回北京時，父親也是買了同樣的點心給她。沒想到，藏人特別喜歡米花糖。諾布和小華後來從成都回阿壩時，整個行李都裝滿了米花糖。之後，他們開了一家茶館與一家超市，成了漢人與藏人的首批合作實例之一。他們一起經商有成，小華的家人對這段戀情的反對，也隨著他們銀行戶頭的持續膨脹而逐漸消失。

某天，諾布回到成都，坐在一家茶館裡，驚訝地看到小華的父親走進來找他。

「我希望你已經挑好餐廳了。」她的父親告訴他。諾布聽得一頭霧水。

「當然是為了婚禮啊。我們已經邀請家族親戚，你們明天就要結婚了。」小華的父親說道。

阿壩的藏族商人往往是這種怪咖。有些是僧侶，僧侶的優勢在於他們比多數藏人更有文化，而且寺院關閉期間，他們也失業了。其中最成功的一位，或許是從僧侶變成商賈的貢噶（Kunga），他原本是賽寺的僧侶。

「共產黨不准我們當僧侶後，我們不得不以俗人的身分謀生。」貢噶回憶道。

一九五八年共產黨關閉了賽寺並驅逐了所有僧侶，貢噶因此無家可歸，變成無業遊民。對他來說，當時連留在阿壩都很困難。他的父親曾在美顙國王的宮殿裡當官，後來被捕，死在獄中。貢噶的家人深受排斥，甚至無法到公社的食堂用餐，也不能和鄰居說話。於是，貢噶開始上路，沿途以搭便車的方式，輾轉來到與香港接壤的深圳。他在那裡購買從香港走私進來的相機、錄音機、手表、外套與衣服，再帶回青藏高原販售。無論是在阿壩，還是在拉薩，只要他在地上鋪一張毯子展示商品，就有藏人購買。藏人特別喜歡在沉重的朱巴下面穿棉質與絲質的內衣。

文革結束後，貢噶又回歸僧侶身分。他賺夠了錢，有能力資助賽寺的多數重建工作。

一九八〇年，阿壩的寺院開始重新開放，但這是一個逐漸發生的過程。以前的僧侶陸續回到廢墟，開始舉行儀式。

格爾登寺是一九八〇年底第一批獲准重啟的寺院之一，但仍受到限制。僧侶只能在為期一個月的藏曆新年誦經。由於寺院內唯一完好無損的建築是儲藏室，他們以儲藏室做為誦經大廳。一九五八年前約有一千七百名僧侶，後來僅三百人倖存下來。有些僧侶是最近剛出獄，渾身傷痕累累，內心飽受創傷。有些人還俗結了婚，過著俗人的生活。一九八二年，班禪喇嘛獲准造訪阿壩，他是共產黨接受的最高等級西藏喇嘛，最近才恢復地位。他說服當地政府把沒收的資產歸還給寺院，好讓寺院重建。

大部分的建築是由在地的志工完成的。資金來自近年經商致富的藏族貿易商與商賈，其中包括一位名叫凱徹（Karchen）的商人，他坦言一九五〇年代他曾是共產黨的青年積極分子之一，參與摧毀了寺院。

「我毀損了格爾登寺，所以我必須重建它。」他向鄰居吹噓道。

一九八〇年代中期，阿壩看起來像一個急速發展的邊境城鎮。人民解放軍幾十年前開闢的主要道路終於鋪好了。街道兩旁矗立著氣派的新建築，讓阿壩終於有了縣城該有的樣子。中國政府試圖以盡可能俗麗的方式來強行推動現代化。公安局打造了一個氣派的新總部，氣勢與警方的權力相稱。公安局對面建了一所容納千名學生的中學。阿壩人民醫院有一個四層樓的正廳及藍色玻璃的立面，可說是八〇年代中期中國現代主義的巔峰。諾布拿了一些錢給弟弟，讓他為父親蓋了一棟新房子，現在他們真的過得像資產階級了。

一切都往上成長。沿著主要道路，低矮的土屋已經夷為平地，或擴建成三四層樓的建築。一樓店面像車庫一樣打開大門，展示商品，商品多到擺滿了人行道。藏人開了許多茶館，以享用酥油茶。茶館是男人最愛閒聚及談生意的地方，但諾布有個朋友打破傳統，開了一家咖啡店，引進這種阿壩幾乎無人知曉的飲料。這家店的後面還設了一個撞球間，後來撞球開始流行起來，不久附近也開了其他撞球間。

共產黨禁用三輪車數十年（三輪車是類似人力車的交通工具，由一名男子騎著單車拉動），因為他們認為三輪車有階級壓迫的意味。如今三輪車又開放了，載著乘客與行李到處跑。汽車仍是新奇的東西，但藏人紛紛買了摩托車，因為摩托車比汽車更適合越野，穿越山丘。懷念馬匹的藏人會在摩托車上安裝羊毛鞍。

藏人也發現一種幾乎是他們獨有的利基市場：收集草藥。中藥與藏藥普遍使用草藥，許多珍貴藥材長在青藏高原上。貝母是一種高山百合，用來治療咳嗽，長在海拔三千公尺以上的地方，非常適合西藏游牧民族採集。

最珍貴的是*Cordyceps sinensis*，一般認為它可以提高免疫力、耐力、腎肺功能。藏人稱之為yartsa gunbu，意指「冬蟲夏草」，或簡稱bu，意指「蟲草」。那蟲其實是一種真菌，寄生在昆蟲的幼蟲體內。以前，蟲草很常見，藏人拿它去餵行動遲緩的馬或犛牛，但後來中國人開始收購蟲草後，價格開始飆漲。放眼金牌的中國教練會叫運動員吃蟲草，上了年紀的商人也會吃蟲草來增強性能力。品質最好的蟲草一度要價堪比黃金，每盎司高達九百美元。

西藏人對蟲草擁有先天的獨占權。非藏人欠缺在地知識，也沒有膽量在這方面競爭。頂級的蟲草是來自阿壩西北部的果洛。游牧家庭會帶著孩子一起去摘採，有時甚至會讓孩子曠課，因為孩子的視力比較敏銳，身形嬌小，更容易在草地與雜草之間找到蟲草。蟲草的產季在初春，約有四十天，那時融雪把依然呈棕色的山丘變成一塊鬆軟的地毯。游牧家族會在山裡露營數週。豐收的時候，一個藏族家庭在短短一季內賺的錢，比一個中國人在工廠裡工作一年的工資還多。

共產黨後來吹噓他們的政策如何促進西藏的經濟發展，但事實是，任何政策都比不上蟲草的貢獻。一位學者指出，蟲草占藏人現金收入的百分之四十。蟲草收入是直接進入藏人口袋的現金，不像礦業與林業收入是由中國人主導。游牧民族藉由採集蟲草，獲得了支持新商店與餐館的消費能力。蟲草是推動經濟循環的部分動力。

一九八〇年代以前，青藏高原與中國南方之間的貿易一直是單向的。藏人非常愛買中國新工廠所生產的新奇電子產品與成衣，但漢人對西藏盛產的乳製品與羊肉沒多大的興趣。經常往返於西藏與深圳（或其他中國南方城市）的藏人，如今前往南方購物時，可以在行李箱裡塞滿草藥，帶去中國販售。

久而久之，阿壩商人的足跡開始擴大。他們掌握了從廣東省（工廠集中地）到尼泊爾邊境的貿易路線。在珠峰附近，西藏的最後一個城鎮Dham（漢語叫樟木），幾乎完全被阿壩人占據了。他們透過所謂的「友誼橋」，向尼泊爾運送各種商品。阿壩人在那裡打造了一個非正式的互援網，互相提供資金，也互相運輸商品。

阿壩商人也成了拉薩經濟的中流砥柱，他們開餐廳、酒吧、卡拉OK，有些商店是以阿壩命名，藉此向家鄉致敬。「拉薩有六十個阿壩商人，他們常聚在一起喝茶，交換生易經。他們互信互賴，所以才那麼成功。」曾是僧侶、還俗經商後又恢復僧侶身分的貢噶這麼說。

就像美額國王設立市場時期一樣，阿壩再次以創業精神聞名。

眼看青藏高原有財富可挖掘，不久野心勃勃的中國人也把青藏高原視為賺錢的地方。就像中國版的「年輕人，向西行」[1]一樣，這些新移民帶著幾千元的積蓄，從成都或西寧搭巴士過來。他們在市場上開小吃攤，賣新鮮的農產品，或煮餃子、賣火鍋（四川特產）。

藏人與漢人就像諾布與小華一樣，經常在商業上合作。藏人會說在地語言，了解在地喜好。漢人與東方的批發商及製造商有聯繫。一名從良的藏族妓女和一名來自成都的中國商人，在軍事基地附近開了一家妓院，生意興隆。妓院裡同時僱用藏族與漢族的女子，是民族合作的完美例子。

過去，很少中國人長期住在阿壩，偶爾才出現幾個怪咖，例如一九三五年長征期間來到這裡並留下來的前紅軍；一個娶了西藏女人並住在麥爾瑪的木匠；還有一個回族社區（回族

1 譯注：美國西部殖民統治的口號。

是華人穆斯林，他們有自己的清真寺和墓地）。但這裡的漢人大多是共產黨的幹部、官僚、工程師與教師，他們在這裡待幾年後，就會調到新單位。然而，現在城鎮周圍住了更多的漢人。建築工人幾乎都是漢人。林業公司僱用到阿壩東南部伐木的工人也都是漢人。年長的藏人抱怨，不講中文就無法購物。

藏人對中國人有一些偏見。多數漢人很窮，以藏人盛行的財富衡量標準來說（以擁有的犛牛、綿羊、馬匹數量來衡量），漢人甚至比藏人還窮。一直有謠言聲稱，中國餐廳供應狗肉，那是藏人無法接受的。

最令藏人不滿的是，政府吸引中國人到藏區的計畫。有些地方開始為漢人提供原本只為藏族及其他少數民族提供的福利。例如，大學申請者在高考中可獲得加分——這項福利原本是為了彌補藏人的母語不是漢語的劣勢。此外，中國人搬到一些藏族城鎮也可享有另一項豁免——最初只有少數民族享有這項權利——不受一胎化規定的限制。

到了一九九〇年代，中國政府發起連串的活動，打出「西部大開發」等口號。政府的目的，是為了縮小中國西部開發不足的省分與上海、深圳、廣州等東岸新興城市之間的收入差距。但藏人認為這是一種土地掠奪，同時又可以把人口從過度擁擠的中國東部轉移出去。到一九九〇年代中期，青藏高原上的漢人數量已超越了藏人。西藏流亡政府發布的中國統計分析顯示，在安多（包括阿壩在內的地區），估計有兩百五十萬名中國人，但藏人只有七十五萬人。

這段期間，政府開始沒收土地，以便在市區的河川對面推動新的住宅開發案。那裡不是城裡最好的土地（藏人稱為「河陰」），但那些開發案依然令人擔憂。儘管開發細節保密，但街頭巷尾流傳的消息指出，那些住房是為六萬名漢族工人設計的，他們將會帶著配偶進駐，使當地的漢族人口增加十萬人。

「那會徹底改變阿壩的人口結構。」貢噶後來回憶道。

這不僅攸關藏人的自尊而已，西藏商人眼看著中國競爭對手的到來，內心也相當驚恐。由於中國的土地不是私人所有，開發通常是從競標承租政府的土地開始，但藏人都被排除在競標流程外。他們無法得知招標時間，有時甚至被禁止參與。無論是建築、還是伐木，最後得標的都是中國公司。貢噶指出：「我們一直遭到不公平的對待，他們的招標方式刻意讓藏人無法參與。」

在尼泊爾邊境，軍方把土地出租給中國企業去開設店鋪及批發倉庫，排擠了曾在當地主導商業的阿壩商人。

諾布看到中國的競爭對手砍價競爭，因為他們可以直接與中國南方的製造商簽約。他也指控他們吃定藏人不夠精明，刻意向藏人傾銷劣等品與瑕疵品。

「我們無法與中國人競爭。」諾布抱怨道，「他們做事不講道德，因為他們沒有宗教信仰。

他們什麼都不在乎，只在乎錢。」

儘管如此，諾布卻常為漢人與藏人調停。由於他熟悉兩種語言，再加上妻子是漢人，每次發生麻煩的協商或爭端時，常有人找他去調解。例如，中國司機不小心撞到一個藏人時，諾布幫忙確保司機支付醫療費及賠償，以免打官司。他覺得自己還算平易近人，跟任何人都處得來。

唯一的例外是一位中國商人，他當初來阿壩，是解放軍的年輕士兵，後來在這裡開了一家店。

他名叫彭永凡，但是藏人叫他「刷頭」，因為他留著士兵的平頭。彭來自毛澤東的故鄉湖南，所以講起話來有一口類似毛澤東的口音。從軍時期，他愛上高原的氣候及開闊的空間（他告訴我：「那裡很安靜，夏天也涼爽。對我來說，阿壩就像天堂。」）。多年來，他的店鋪不斷擴大，最終發展成永立百貨城，座落在市場與格爾登寺附近的主要路口，地處黃金路段。永立賣電器、鍋碗瓢盆、男裝與皮帶，可說是鎮上最好的商店，店員都穿制服，全是中國人。他在樓上開了金帝賓館。彭的店裡還提供阿壩罕見的東西：付費電話。

當時幾乎沒有藏人有電話，他們會來這裡排隊打電話。爭吵幾乎是一觸即發，藏人會抱怨電話通訊不良，他們說如果聽不到電話另一端的聲音，就不該付費。彭為了阻止這些抱怨，乾脆叫軍隊裡的老友來解決。

諾布記得有個藏人走進他的茶館時，瘸著腿，一眼黑青，嘴唇也割傷了。

「在刷頭的店裡受傷的。」那個被打的藏人告訴他。

「為什麼不還手？」諾布問道。

「我打不過他們，他們有十個，有的還是軍人。」他回答。

諾布很憤怒，他知道彭永凡有軍隊撐腰，所以沒有人敢對他怎樣。這只是一件小事，但是那怒火持續了很久。

CHAPTER

9

西藏教育
A Tibetan Education

才嘉

一九八三年，知識覺醒伴隨著經濟改革興起，西藏中學在此氣氛下成立。這是阿壩有史以來首度提供優質的藏語世俗教育。

文革期間，中國陷入學術上的黑暗時代，全國的中學與大學都關閉了。即使後來學校重啟了，有些學校看起來比較像無人管的日托中心，而不是教育機構。學校裡常不見教師的蹤影，放任學生在校園裡打架。家長抱怨孩子小學畢業，連名字也不會寫。一九六〇年代與七〇年代寺院關閉後，導致一個世代的藏人對藏文一竅不通，也幾乎無法使用漢語。

那所新中學是一座宏偉的建築，規模僅次於寺院，是阿壩的最大建築，巍巍聳立在主要道路的東端，蓋在河岸。建築本身是對西藏美學致敬，梯形窗戶的邊框是黑色的，還有一個巨大的庭院，人們可以從一扇裝飾著佛教符號的紅色大門進入。

它看起來比較像大學，而不是高中。許多學生因年幼失學，如今都二十幾歲了。許多學生來自鄉下家庭，通學太遠，所以住校。學校宿舍容納了約一千名學生。

這所中學的一位教師是個有抱負的詩人，名叫才嘉，後來他改變了阿壩的人文生活。

一九六四年，才嘉出生在一個栽種青稞的家庭中。他看來溫文儒雅，弱不禁風，戴著眼鏡，額頭較長，日後隨著髮際線漸高，額頭顯得更加突出。他的父母幾乎都沒受過教育，但他們發現這個二兒子很會念書。由於寺院的學校依然關閉，他們請一位格爾登寺的失業僧侶來當家教，以藏語輔導他。才嘉後來進入國營的第二小學就讀，他的座位就在毛澤東肖像的底下，照片裡的毛澤東還很年輕，腋下夾著一把雨傘。才嘉很快就學會流利的中文，童年的多數時光，他都在阿壩到處尋找藏文或中文讀物。

才嘉的無盡好奇心促使他開始思考西藏的形勢。由於這是敏感議題，缺乏相關讀物，他很注意觀察周遭發生的事情。他最鮮明的一次記憶，是發生在一九七一年三月的某個下雪天，當時他七歲。當地的藏人被召去觀看一場公開處決，地點恰好在後來興建西藏中學的地方。遭到處決的兩名男子是一九六八年紅城叛亂的領導人。才嘉認出其中一位是來自阿壩的名人：阿拉．晉美．散丹（Alak Jigme Samten）。他在一九六九年麥爾瑪那場不幸的抗爭中擔任指揮官，是大家眼中的「成就者」（siddha），亦即會通靈的俗人。當時有上千人在場圍觀，行刑隊開槍後，大家開始嚎啕大哭。

才嘉站在田邊，看到屍體被放上卡車。這時阿拉．晉美．散丹的弟弟從人群中衝出來，想把一個小小的佛教護身符塞進死者的口袋。一名中國士兵攔住他，奪走護身符，扔到雪地裡。對才嘉來說，丟棄護身符是比處決還要殘酷的事情。那件事令他永生難忘。

五年後，才嘉十二歲，他犯下第一次政治錯誤。那時毛澤東剛過世一週，全國仍在哀悼。全校學生都必須配戴黑色臂章，並到禮堂參加追悼會。儘管許多藏人私下對於毛澤東過世感到開心，但他們不敢展現出來，每個人都知道這時應該裝出悲痛欲絕的樣子。才嘉與朋友不願偽裝，在莊嚴肅穆的儀式中，他們都在嬉鬧，因此激怒了老師。這種可能遭到退學的行為，所幸在寫了悔過書之後就沒事了。

這種紀錄上的小污點並未影響到他的職涯。後來阿壩州首府馬爾康的一所教師培訓學校錄取了他，那裡有一個文學社團，他成了早期社員。他從十幾歲開始，為當地的中文報紙《阿壩日報》寫詩與散文，也為西藏兩本新出版的文學雜誌撰稿，一本是《細雨》，另一本是《新草原》。他回到家鄉阿壩時，大家都認得他。在這片養犛牛、種青稞的落後地區，他是最稀有的生物——真正的知識分子。

在中國，這時是成為知識分子的好年代。幾十年來，中國人與世隔絕，這時大家開始吸收新知、書籍、音樂、電影，第一次嘗到西方現代文化的滋味，例如披頭四、傑克遜．波洛克（Jackson Pollock）。才嘉獲准去成都的西南民族大學參加為期六個月的研討會，來自北京的客座教授在那裡講授西方哲學與民主。幾年前那些主題仍是禁忌話題，如今已經開始公開討論。中國的藝術家與作家首度獲准表達他們在過去幾十年間所經歷的苦難，促成了一種名為「傷痕文學」的新流派。

一九八〇年胡耀邦成為中共中央委員會的總書記，為了與毛澤東的獨裁統治所留下的污點保持距離，他取消了「主席」的頭銜，改以「總書記」之稱做為中共最高領導人。胡耀邦是少數真正出身貧寒的共產黨領導人之一，十四歲時逃離務農的父母，加入共產黨，成為長征中最年輕的領導人之一。他在文革期間兩度遭到肅清，後來獲得鄧小平的提攜，並成為中國自由主義的領導人物。有人問他毛澤東的哪些理論適用於現代中國的生活時，他回應：「我認為沒有。」

在胡耀邦的領導下，共產黨最接近為其對待藏人的方式道歉的時候。一九八〇年，胡耀邦在拉薩發表了一次引人注目的演說，雖然他沒有確切承認藏人受到的磨難與摧殘，但他表示：「西藏人民的生活沒有多大提高。」他承諾宣傳西藏文化與自治。「你們藏族同志喜歡吃酥油糌粑，我這個南方人吃飯喜歡吃大米，你取消他吃糌粑的自主權，你取消我吃大米的自主權，我們就團結不了嘛！」他呼籲共產黨「大力地、充分地發展藏族的科學文化教育事業」。他批評在西藏工作的共產黨幹部，只曉得西藏的傳統問候語「扎西德勒」(tashi delek，意思近似「吉祥如意」)，並敦促他們學習藏語。「要熱愛少數民族不是講空話，要尊重他們的風俗習慣，尊重他們的語言，尊重他們的歷史，尊重他們的文化。」

這是西藏中學依循的指導精神，但它畢竟還是政府機構，仍把馬列主義、毛澤東思想列為必修課。才嘉受過中國教育，有充分的資格教授這些學科。他很快就獲聘為教師，儘管當時他才十九歲，甚至比許多學生還要年輕，但他很快就升任為副校長。

才嘉認為，這份令人稱羨的工作最令他振奮之處，在於他有機會傳授藏文閱讀與寫作。這個科目在政府的教育體系中還很新，沒有固定的課程，教師享有很大的自主權。中國的教育部無法確切監控才嘉的授課內容。儘管胡耀邦敦促大家學藏語，但很少人願意費心學習。

儘管如此，才嘉依然謹慎地備課。他很喜歡這份工作，希望能留住這份教職。他為學生編寫閱讀教材時，細心地加入一些有關佛教哲學與西藏占星術（藏曆的基礎）的短文。高層特別指示不要教西藏歷史，那是最敏感的議題，但他想辦法偷渡了一些內容。在語言課上，學生學到了藏文字母的原理，以及成千上萬本以藏文出版的書籍。那些書籍的內容包羅萬象，從詩歌到醫學、再到物理學，你能想到的任何學科都有。他想推翻華文學校傳授給學生的錯誤資訊——漢語是文化用語，藏語只是老人與僧侶使用的鄉土語言。

在音樂課上，學生上演了一齣歌劇，內容是描述西藏最偉大的國王赤松德贊（Trisong Detsen）的治理。在表演過程中，學生得知他於西元七六三年攻打中國，並占領唐朝的首都長安十五天，迫使中國皇帝退位。學生得知這些資訊時，都非常興奮，熱切地唱出他們的台詞。

「我們想讓西藏學生知道，他們的種族有多強大。」才嘉後來解釋道。

才嘉住在校內的一個房間裡，他把那個房間改裝成臨時的圖書館，每個角落都堆滿了書。他可以輕鬆地閱讀藏文與中文書籍，所以很容易找到讀物。他的朋友出外旅行時，只要一靠近書店，就會幫他買一些新書。

他有一位好友是商人兼僧侶，常去印度。印度有大量的流亡藏人，是購買藏文書籍的最佳地點。朋友那次旅行歸來，送給才嘉一份非常特別的禮物：達賴喇嘛的回憶錄。《我的故鄉與人民》出版於一九六二年，是達賴喇嘛逃往印度三年後出版的，但西藏境內的藏人很少有機會讀到那本書。那本書對才嘉來說有如天啟。首先，他很少讀自傳，而這本自傳又是這類書籍的經典：達賴喇嘛以真實樣貌呈現，謙虛自牧，甚至懂得自嘲。他承認自己被召去領導西藏時，對世俗事務一無所知，也承認自己在治理上犯了錯誤。儘管那本書比較像回憶錄，而不是宣言，但達賴喇嘛寫的是西藏做為一個獨立王國的光榮歷史。「西藏是個獨特又古老的國家，數百年來一直與中國保持相互尊重的關係。」

才嘉把他的這本書借給一位他信賴的同事，但那位同事不夠謹慎小心，導致那本書遭到沒收，同事也承認那本書是才嘉借他的。才嘉因此被傳喚審問，他說他讀那本書是出於文學理由，而不是政治理由。他們問他那本書的來歷時，他撒了謊，說出另一個朋友的名字，那個朋友恰好前一年過世了，因此無法受到懲罰。才嘉是阿壩的重要人物，當局一直希望他最終能加入共產黨，所以他沒受到懲罰就獲釋了。那件事讓才嘉變得更大膽，他請那位僧侶朋友再幫他帶一本回來。

那本書在他的圈子裡廣為流傳。對受過教育的年輕藏人來說，達賴喇嘛想傳達的訊息很有吸引力。他們斷然拒絕幾十年來強制推行的毛派共產主義。另一方面，他們也吸收了共產黨灌輸的一些觀念：西藏封建社會的不平等。達賴喇嘛的話引起了這些藏人的共鳴，他們努力想要闡明一種立場：把關於財富公平分配的社會主義思想，與關於民主和人權的新思想，融合在一起。

在那之前，阿壩的藏民對達賴喇嘛目前的活動所知甚少。大家把他奉為精神領袖，但他幾乎像神話一樣——一位藏人後來向我解釋：「就像聖誕老人一樣。」現在他們了解到，他不僅是一個真實的人，而且是整個西藏流亡政府的領導者。

一九五九年逃離西藏後，達賴喇嘛在印度定居，最終在印度北部達蘭薩拉（Dharamsala）一個叫麥羅甘吉（McLeod Ganj）的山頂村莊找到了歸宿。藏人組建了一個流亡政府，包括議會、行政機構與其他的官僚機構，還有他們自己的國旗，旗幟的背景是太陽與紅藍條紋的天空，前方是一對雪獅。他們生產徽章、汽車保險桿貼紙、人權文學，其中一些東西開始慢慢流回西藏。才嘉那位僧侶朋友和其他四處遊走的商人回到阿壩時，常在行李中夾帶那些違禁品。

約莫這個時候，西藏的困境開始在世界各地獲得關注。「國際聲援西藏運動」（The International Campaign for Tibet）、「自由西藏運動」（Free Tibet）、「西藏資訊網」（Tibet Information Network）皆成立於一九八〇年代末期。幾年後，演員李察・吉爾（Richard Gere）利用奧斯卡盛會的機會，譴責中共對藏人人權的侵犯。《新聞週刊》（*Newsweek*）指出，達賴喇嘛開始以「全球喇嘛」的身分出現。

藏人因此大受鼓舞。他們從遠方看到，他們推崇的精神領袖在世界舞台上獲得讚揚，受到議員及電影明星的愛戴。他們不熟悉西方民主進程的微妙之處，所以不理解利益集團、非政府組織、國會委員會、國家政策之間的區別。一九七二年，美國總統尼克森的歷史性訪華前夕，美國撤回了中情局為西藏抵抗運動所提供的資助，但達賴喇嘛在美國獲得的超人氣迴響，導致許多藏人誤以為美國政府全力支持西藏的理念。那促使他們做出不夠審慎的抵抗，也給了他們一種不符合政治現實的信心。

一九八七年九月，達賴喇嘛首次在華盛頓露面，向國會人權小組（Human Rights Caucus）提出把西藏變成「和平區」的五點建議。當時，他已經放棄了絕對獨立的要求，轉而主張在中國境內的真正自治，這就是他所謂的「中間道路」。

中國對達賴喇嘛的言論表示憤怒，譴責他是企圖摧毀中國的「分裂分子」。沒有什麼比譴責達賴喇嘛更能激怒藏人的事了。更糟的是，中國當局還出動大批群眾到拉薩體育場，去觀看西藏囚犯的判決，其中兩名是即將處決的囚犯。僧侶以示威遊行來表達對達賴喇嘛的支持，他們很快就遭到逮捕。抗議活動愈演愈烈，警方向人群開槍，因此激發了更多的抗議活動。這種惡性循環持續了兩年，直到戒嚴令開始實施才結束。

阿壩的藏人默默地為拉薩的抗議者加油。他們不敢上街遊行，因為中國擔心發生動亂，已在城鎮周圍部署了更多的軍隊，但他們也想表達對達賴喇嘛的支持。

他們先在「風馬旗」(lungta)上寫下資訊，風馬旗是手帕大小的方形經幡，通常是淡粉色，像五彩碎屑一樣拋向空中，隨風飄散。有時上面只寫一個字「Rangzen」(藏語的「獨立」)，或只寫「達賴喇嘛萬歲」。這是表達叛逆精神的簡單方法，也比較安全。

才嘉想要更進一步。他的住所位於中學的三樓，可以俯瞰阿壩的主要街道。某個週六深夜，他放下窗簾，拿出從辦公室影印機偷來的紙。他為自己偷拿那些影印紙感到內疚，但是對於他打算用那些紙做的事情，則問心無愧。他拿出墨汁與毛筆，顫抖地以中文與藏文寫下他想傳達的訊息。

自由西藏
中國人離開西藏
帶回達賴喇嘛尊者

才嘉的字沒有文革期間那些到處張貼的大字報那麼大，但他的字跡清晰顯眼。他以書法優美著稱，所以他刻意加入一些錯誤與污跡，以免警方立即認出書寫者的身分。

才嘉寫完時，已是凌晨兩點，阿壩的街道空無一人，多數學生都入睡了，只剩兩個才嘉找來張貼海報的人還沒睡。他們悄悄地騎單車到他的門口，把海報與膠水瓶一起塞進大型的信差包裡。他們趁著夜深人靜，把海報貼在電線杆上、磚牆上、商店櫥窗上、大廣場的布告欄上。學生已事先找好張貼海報的地點，前一晚，其中一人帶著彈弓，騎著單車在鎮上穿梭，射壞選定地點上方的街燈。儘管如此，他們還是很緊張，其中一名學生後來向才嘉坦承，他可能把一些海報貼反了。

但中國當局已經收到消息。週日黎明前，他們派出第一批清潔工去刷牆。才嘉睡到早上十點以後才起床，他出門去散步時，海報已經不見了。但城裡的人看見了，大家議論紛紛。他認為那次任務是成功的。

才嘉低調了近一年。一九八九年的年初，事跡敗露。其中一名學生曾被警告，警方盯上他了，他想辦法逃離了阿壩，最終逃到了國外。另一名叫達傑（Dargye）的學生就沒那麼幸運了，他被逮捕，送到警局。在警局裡，警察以繩子綁住他的手腕，把他吊在橫梁上，接著對他又踢又打，還用趕牛棒電擊他，直到他終於崩潰，說出才嘉是寫海報的人。達傑被捕一週後的某個早晨，警察來找才嘉，把他送到阿壩縣拘留中心。

他們沒有逮捕令，無權逮捕他，但才嘉覺得他受到的待遇還算公平。警方再次看在才嘉的地位、學歷、以及曾加入共青團的份上，勉強對他展現尊重。但審訊的過程令他筋疲力竭，他從早上八點被審問到中午，之後又從下午兩點審問到五點，再從晚上六點審問到八點。他很快就承認海報是他做的——事實上，他還挺自豪的——但他們想知道更多。他們質問他與西藏流亡政府的聯繫，想知道他為什麼想要張貼海報，又是怎麼決定那些標語的。他們問他對社會主義、資本主義、蘇聯政治制度有何看法。他們想知道他是否學過心理學，並叫他解釋一些基本原理。才嘉覺得，警察彷彿把他當成私人家教似的，只是想滿足他們對外面世界的好奇。

在一次休息時間，一位警官小心翼翼地接近才嘉，問他是否願意成為政府的線民。他告訴才嘉，只要透露他知道的一切，就可以得到金錢及政府高階職位。

他說：「你是老師，是學者，受過教育。目前為止，你一直受到中國政府的照顧，現在是你為我們做點事情的時候了。」才嘉拒絕了那個提議。

當時，後毛澤東時代的喜悅開始消散。現代中國呈現出兩極人格，積極開放之後，幾乎一定都會出現壓抑的反撲。多年來，共產黨內的教條主義左派一直對胡耀邦的改革深感不滿，並密謀扯他下台。他們把西藏及中國其他地方的大眾示威歸咎於他的縱容。一九八七年，他被免除中共中央總書記一職，雖然未遭到全面肅清，但後來失勢，變得無人聞問。

才嘉坐牢時，設法弄到一台收音機，竭盡所能地關注政治動盪，收聽中文廣播，因為他聽不懂美國之音以拉薩方言播放的西藏廣播。每天似乎都會發生令人震驚的事情，拉薩的衝突依然持續。一九八九年三月八日，中國政府在拉薩宣布戒嚴。

胡耀邦於一九八九年四月十五日過世，數千名學生聚集在北京的天安門廣場，獻上花環及哀悼橫幅，稱頌胡耀邦對自由與改革的承諾。後續幾週，隨著集會演變成民主示威，集會的人數增至一百多萬人，而且全國各地都出現抗議活動。直到六月初坦克開進北京後，學生才離開天安門廣場。六月四日結束時，或許已有數千人死亡。

同年晚些時候，電台終於報導了一些好消息。在挪威的奧斯陸，諾貝爾委員會把和平獎頒給達賴喇嘛，以表揚他對非暴力的投入。才嘉當時正處於保釋候審的狀態，他覺得自己有必要向藏人解釋那是世界上最重要的獎項。雖然多數藏人沒聽過諾貝爾獎，也沒聽過挪威，但他們知道那是一項極大的榮譽。

不久之後，警方再次逮捕才嘉，這次他們先拿到逮捕令，他被指控進行反革命宣傳及煽動民眾。他的審判是在一九九〇年三月進行。當局希望以這個案子達到殺雞儆猴的效果，讓藏人了解政治行動主義的危險，所以開放審判程序，讓民眾旁觀。那天法庭人滿為患，連走廊上也擠滿了人。擴音器在大街上播放了三小時的審判過程。他們不准才嘉請律師，但他積極為自己辯護，一度他還高呼：「達賴喇嘛萬歲。」

三位法官討論十五分鐘後，裁定他有罪，判他入獄一年。

才嘉出獄後，找不到工作。他早就被中學開除了，以前發表其詩歌與散文的雜誌，不敢再刊登他的作品。身為一個才智過人的文人，他也無法回老家幫父母耕種。由於失業又無法就業，他只好四處遊走及讀書，並於一九九二年偕同曾是其學生的妻子偷偷溜進印度。才嘉很清楚，阿壩沒有他這種人容身的地方。後來，他開始為西藏流亡政府工作，最終成為達賴喇嘛的私人祕書。

CHAPTER

10

來自西方的孔雀

A Peacock from the West

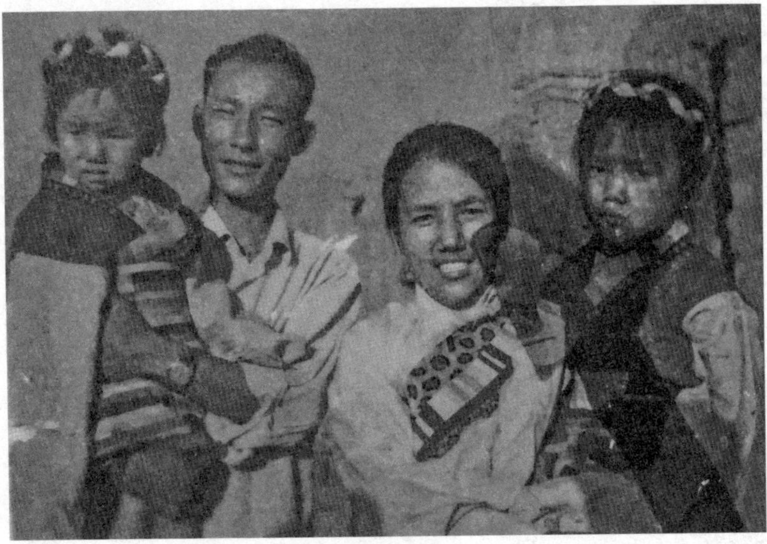

在這張貼補的照片上，是貢寶措與先生及兩個女兒的合影，
他們四人很少團圓。

直到一九八一年，貢寶措與小兔才獲准結束新疆的流放生活。這時他們已結婚五年，有兩個女兒。他們在小兔的故鄉南京定居下來，那裡離上海約三百公里。南京是中國最宜人居的城市之一，陽光明媚，寬闊的大道兩旁有高大的梧桐樹，形成傘狀的遮蔭。貢寶措與小兔回到了中國的懷抱，再次獲得家人與國家的擁抱，過往的政治罪孽已獲赦免。

國家不再禁止他們接受高等教育，他們雙雙錄取進入師範學院就讀。小兔的母親正要從教育部退休，按照當時的中國習俗，她可以把職位傳給兒子。貢寶措則是獲聘為小學教師，負責教音樂。

貢寶措在南京過得很愜意，夫家和同事都很接納她。她已經完全掌握普通話，學校很快就拔擢她去教六年級的閱讀與寫作。她想起父親的忠告：「要表現得像人民公僕一樣。」她性格開朗，善於合作，做事很小心，從不惹麻煩。在新疆的農場工作十幾年後，她已習慣做苦工。不勞動時，反而覺得無所事事。放學後，即使有人要求她打掃教室，或清掃幼童如廁時所造成的髒亂，她也毫無怨言。學生生病時，她主動背著學生就醫。她的任勞任怨，使她獲得了模範教師獎。

在家裡，她留著一幅達賴喇嘛的小肖像，但除此之外，她的行為舉止完全看不出來她是藏人。她圓潤的五官與酒窩讓她看起來像中國人。在新疆，她甚至取了一個中文名字：玉青（意指「清澈的玉」）。同事知道她是藏人，但她覺得無須小題大作。況且，她流放新疆數年，也不是什麼非比尋常的事，因為文革期間有數百萬中國人遭到流放。老是惦記著過去的創傷也不好。除了丈夫以外，她沒和任何人談過她的背景，沉默低調很適合她。成年後，她變得特別內斂，少女時代的活潑大方早已在逆境的摧殘下消失無蹤了。回想起失去的東西，就令人痛苦。儘管文化大革命已經結束，但出生西藏的貴族家庭——帶有奴隸制與農奴制的意味——也不是什麼值得拿出來吹噓的事情。

某天放學後，貢寶措正在收拾東西，一位同事衝進教室告訴她一件重要的事情。他說有一個南京市府的人來參觀，他有一輛黑色的大轎車，要貢寶措跟他一起去市府。

貢寶措一聽，開始焦慮。根據她的經驗，如果政府派車來接你，那肯定是壞消息。但她馬上整理儀容，把亂髮塞到耳後。一位同事借給她一套備用的衣服，讓她看起來更體面一些。

她抵達市府時，知道有人認出她來了。無論你多努力掩飾個性，無論你是否改名，你都不可能在中國完全隱藏起來。原來，中國政府裡有個藏人叫阿沛・阿旺・晉美（Ngapo Ngawang Jigme），位處高階，他來南京出差，聽說末代美顙國王的女兒住在這裡。阿沛是最出名的藏族官員之一（有些人可能會說他聲名狼藉）。他曾代表達賴喇嘛去跟中國談判，結果簽下了讓西藏放棄獨立的《十七條協議》。其他的西藏幹部後來紛紛與共產黨交惡，但阿沛一直受到共產黨的青睞，而且是全國人民代表大會的成員。他的職位很高，所以地方官員完全聽他的指示。

阿沛一邊說話，一邊把手放在貢寶措的肩上。她強忍著尷尬，盡量不露出局促不安的樣子。

他告訴南京市府的官員：「你們應該好好照顧這位女青年，她是模範教師，也是族人代表。」

貢寶措的匿名生活就這樣結束了，她被任命為南京人民代表大會、南京人民政治協商會議、婦女協會的代表。這些職位大多只需要去開會，聆聽冗長乏味的演講，並適時禮貌地鼓掌就行了。中國共產黨總是喜歡找少數民族來參加這些會議——最好是戴著醒目頭飾、穿著五顏六色長袍的婦女——以便拍照展現中國的多元化。這些職位大多只是人頭，沒有實權，但確實帶來不少好處。

當地政府提供她一間公寓，那是很大的福利。在那之前，貢寶措與先生及年幼的女兒一直住在各種不太舒適的環境中。有一陣子他們是住在學校教室的部分空間裡，接著他們搬到一間簡陋的小屋，而且因缺乏壁紙，牆上貼滿了報紙。政府提供的新公寓有兩間臥室，一間客廳，一條裝爐子的煤氣管。最重要的是，還有一間有廁所及淋浴設施的浴室。那間公寓位於南京一個便利的住宅區，在一棟六層公寓的頂層，而且整棟樓還很新。透過大樓正面的混凝土格子，可以俯瞰綠樹成蔭的十字路口與小商店。儘管按一九八〇年代的中國標準來看，不是每個人都覺得那間公寓很豪華，但是對一個小家庭來說，那確實是養育幼小子女的完美家園。貢寶措想到他們可以搬進那間公寓就很興奮，對她那一代的中國人來說，住公寓比住老式住宅好。

他們正準備在某週日搬進新家，卻突然接到市府的通知，說要分配另一套公寓給他們。那一間公寓的格局很相似，但是在四樓——由於那棟公寓樓沒有電梯，住低一點其實比較好。貢寶措已經愛上那間六樓的公寓，但公公建議她接受新的提案。

「有得拿的時候，趕快收下。黨的情緒就像夏天的天氣，時時刻刻都可能生變。」他建議道。小兔也認同這種說法。

於是，貢寶措在三十幾歲的時候，開始過著她從未想過的舒適生活。先生深愛著她，她也很愛先生；公婆也寵她，她還有兩個聰明健康的女兒；她在自己選擇的職業中，擁有一份穩定的工作；還有幾個擔任人頭的職位帶給她社會地位。貢寶措當然很清楚共產黨是利用她來粉飾他們的民族政策。她是模範教師、妻子與母親，是那個體系的完美宣傳工具。但她並不介意遭到利用，她不是嫉惡如仇的人。就像許多需要在中國生存的人一樣，她學會了原諒與遺忘。她不再多想那些導致父母雙亡的迫害，也不再提起她在新疆的鹽沼裡辛苦工作多年。

儘管如此，有時她還是會感受到一股強烈的失落感。不只是因為失去了雙親和姊姊，也因為她的藏人身分。畢竟，她隸屬一個曾經顯赫的王朝，如今卻是那個王朝的最後倖存者之一。她有一種感覺，覺得她有責任遠離她在南京打造的生活。

毛澤東過世後，共產黨開始為一九五〇年代與六〇年代遭到肅清的數百萬人洗刷罪名。這個流程稱為「平反」，大致上相當於一種赦免，亦即幫他們消除政治罪名。例如，被開除黨籍的人，恢復了黨員資格；有些人可以返回以前的家園與工作崗位。一九七八年，貢寶措的父親靠著鄧小平親筆簽名的一封信，獲得了平反。但為時已晚，那已無法挽回他的生命。不過，貢寶措看到父親的遺澤重新獲得肯定時，依然很高興。在後來阿壩州出版的官方史書中，美額國王被譽為「為民服務」的領導人，那是共產黨對他的最高讚譽。

雖然貢寶措是國王唯一在世的孩子，但她並未因為財產遭到沒收而獲得賠償。她只得到一件貂皮大衣，那是她父親出席正式場合穿的，一個僕人把它收在一個舊皮箱裡，貢寶措把那個舊皮箱放在新公寓的衣櫃上方。不過，貢寶措對失去的宮殿、土地、珠寶、珍貴的雕像也不眷戀。她已經謹記社會主義，甚至比許多中國人還要認真。她只想確保父親獲得妥善的佛教喪禮。

她母親的屍體一直沒找到，她的死亡依舊成謎。據推測，她是被推下理縣的河川，或自己跳下去的，但沒有目擊者。國王的死亡比較明確，妹妹頓珠措陪他去尋找妻子，並看到他從汶川的一座橋上跳下去。坐在河邊的中國村民也看到他跳河自盡。幾天後，下游的村民從河裡撈出一具高大的男屍，身穿藏服，大家認為那應該是國王的遺體。遺體被放在一個簡單的棺材裡，就地下葬了。

一九八〇年，國王的親屬開始請求中國當局讓他們挖出國王的遺體，卻始終得不到明確的答案，但國王的妹夫強巴・桑波（Jamphel Sangpo）肩負起這個家族義務。他與統戰部的一位藏族官員關係良好（統戰部是負責管理共產黨與少數民族的關係），並獲得了批准。後來，他告訴一位口述史家，他去挖掘遺體時，正值盛夏，過程特別辛苦。

> 我從村裡僱了三個人開始挖掘，但很難找到遺體掩埋的地方。當我們終於找到並挖出遺體時，它是裝在棺材裡。遺體上的肉都腐爛了，只有一隻腳上穿著鞋子。棺材裡還有兩個瓷盆，裡面盛滿了枯死的蛆。

強巴・桑波開始禱念經文，並為多年來未能取出遺體致歉。「您被迫在如此遙遠的地方待了那麼久的時間。今天，我來這裡收起您的尊體，帶您返鄉。」他向一個中國村民買了柴火，儘管當時下著毛毛雨，他還是設法生了一堆火，自己進行火化。翌日，等遺骨冷卻後，他租了一輛車，開往阿壩。半路上，車子拋錨了，他帶著遺骨走完最後的二十四公里。一到格爾登寺，他就把遺骨藏在新會堂的角落，以便妥善保管。

貢寶措從新疆搬回南京後，就馬上安排喪禮。經過幾次失敗的嘗試後，一九八四年堪布（abbot）[1]格爾登仁波切（Kirti Rinpoche）造訪阿壩時，貢寶措終於成功了。格爾登仁波切身為格爾登寺的負責人，前王室的所有成員都把他視為精神導師，也就是藏人所謂的「根本上師」。他也是貢寶措母親的表親。格爾登仁波切曾與達賴喇嘛一起逃到印度，但是在這段前所未有的短暫開放時期，他獲得了返國參訪的許可。

貢寶措與先生再次前往成都，然後搭巴士翻山越嶺來到阿壩。這趟旅程一年比一年快，一年比一年容易。工程師在山中挖了隧道，把之前讓他們坐到暈頭轉向的蜿蜒公路拉直了。阿壩的狀況也比以前好多了，城鎮與寺院大多已經重建。鎮上開始有計程車服務，遊客的行動限制也減少了。

這是一次輕鬆的旅程。貢寶措與小兔搭計程車去看她小時候住的宮殿。那裡曾被當成政府倉庫，但現在用木板封上，也上了鎖。他們進不去，只能在門口拍照留念。他們也去參觀麥爾瑪，那裡曾是國王軍隊及牧群的所在地。她在德勒家吃午餐，德勒是那個小時候老是流鼻涕的男孩，他的父親曾是國王麾下的一位將軍。貢寶措與德勒屬於同一世代，此時都是三十五歲左右。雖然她曾是公主，他只是馬夫，但他們都明白，他們從孩提時代開始，都經歷過許多相同的恐怖。

「我們以同樣的方式成長，我們有共鳴。」德勒後來如此描述他們會面的情況。

國王的葬禮是在格爾登寺舉行，三百多名僧人聚在一起誦經祈福。一張家庭照片顯示貢寶措、小兔，以及姑姑頓珠措站在會堂前，脖子上掛著絲質的白色哈達；數十名穿深紅色僧服的僧人在他們的旁邊鞠躬。

至於遺骨，寺院最初打算把遺骨放在格爾登寺的佛塔裡，那是用來安放高階喇嘛和其他達官貴人遺骨的地方。但僧侶擔心，中國當局可能在未來某個時點變卦。目前共產黨允許他們安放遺骨，但他們永遠無法掌握共產黨的多變立場。

後來，他們決定把遺骨磨成細粉，撒在寺院周邊。有些粉末製成黏土，用來製作「嚓嚓」（tsatsa）。嚓嚓是一種裝飾著小雕像的供奉牌匾。這樣一來，國王與寺院就形影不離了，而寺院正是他生命的熱情所在。

貢寶措已經為父親竭盡心力了，這應該可以幫她了結一番心願，但她依然感到不安。她對於自己在阿壩的行為感到失望。她在自己的家鄉，卻感覺像個陌生人。她從小就認識格爾登仁波切，但是她開口對他說話時，卻說不出話來。由於喇嘛不會說中文，他們必須透過口譯溝通。每次她聽到母語，腦中就浮現回憶與畫面，但她無法理解那些字詞的具體含義。她能講的少數幾句藏語，聽起來像牙牙學語。當她見到寺院的官方吹仲（一個高階職位）時，吹仲問她，知不知道他是誰，她不記得他的藏語頭銜，所以她像小孩那樣回應：「你是那個吹喇叭的人。」

1 譯注：堪布是寺院首要的導師與主席，是透過寺院普遍的特殊傳統習俗挑選的。

其他藏人都笑了。這很好笑，但貢寶措覺得很羞愧。她身為國王的小女兒，卻無法好好地代表她的族人。

貢寶措曾試著用別人給她的版型，為自己縫製一件朱巴。但阿壩地區的朱巴是一種非常複雜的服裝。它看起來像一件袖子過大的長袍，從肩上滑下繫在背部，像裙撐一樣，並用腰帶固定。貢寶措的朱巴做得很失敗，一位親戚不得不從拉薩幫她帶一件更簡單的衣服。

辦完父親的葬禮後不久，貢寶措在北京見到了班禪喇嘛。這時班禪喇嘛五十幾歲了，腰圍與權力都使他看起來更顯得與眾不同，現在他是中國政治體系中級別最高的藏族宗教人物。之前，他寫了一份譴責共產黨虐待藏人的萬言書，結果遭到監禁及軟禁十三年。獲釋後，他還俗，娶了一名中國女人，並在系統內擔任各種人頭角色。他跟貢寶措一樣，存在於漢族與藏族的重疊領域，融合了兩邊的語言與文化。他們是以中文交談。

「妳這個可憐的姑娘。」班禪喇嘛責備她，「妳是藏人，但除了中文，妳什麼也不會說。妳必須學習自己的語言，自己的文化。」

喇嘛建議她去印度學藏語，西藏流亡政府在那裡設立了許多學校。她可以去朝聖，同時覲見達賴喇嘛。他主動表示願意幫忙處理相關文件。

「下次見面時，我們就說藏語。」他承諾。

在班禪喇嘛的協助下，貢寶措拿到中國護照。她十一歲的大女兒旺貞（Wangzin）央求同行，所以女兒也拿到了中國護照。當時，中國百姓出國旅遊仍然很少見，尤其是去與中國關係緊張的印度。但一九八八年，兩國關係有所緩和，拉吉夫．甘地（Rajiv Gandhi）成為首位造訪北京的印度總理，這使貢寶措更容易獲得簽證。班禪建議貢寶措先飛去香港，再轉往印度，但她決定先經西藏去朝聖。

一九八八年十二月，貢寶措和旺貞離開南京，阿壩是他們旅程的第一站。未完成的任務之一是處理家族的資產。貢寶措不可能收復主宮殿，宮殿依然落在政府手中，但她把土地還給了格爾登寺，包括一處部分毀損的家庭住屋，那曾是王室朝聖時居住的地方。貢寶措欣然同意格爾登仁波切的建議，把房子翻新，做為供奉其父母的神龕。他們家族最珍貴的資產之一，是達賴喇嘛送給國王的觀世音菩薩雕像。那座雕像也保留了下來，將放在神龕的中央。

接著，她們母女倆前往西南方的拉薩，路程近兩千公里。她們打算在那裡停留一段時間，好好觀光一番，再向西前往尼泊爾邊境，那是進入印度最方便的路線。但是一場大雪堵住了珠峰基地營附近的山口。她們等啊等，等積雪融化，一等就等了三個月。當時中國新年剛過，也是藏曆新年假期的開始，這個時間點正好是漢族與藏族的家庭團聚的時刻。貢寶措非常想家，心裡很矛盾。她想念先生與小女兒，她很清楚自己對南京的家庭有責任，不是只對父母留下的遺產以及他們曾經統治過、但不復存在的王國有責任。她覺得生者比往生者更重要，所以她決定回南京，並安排了行程。但是，回家的前一晚，她做了一個孔雀夢。那隻孔雀非常巨大，開屏的時候，羽毛在整個空中布滿了炫麗的藍色與綠色。孔雀是從西方飛來的，那也是印度的方向。

貢寶措覺得那是一個預兆。翌日早上，她又充滿了繼續前進的決心。儘管有人警告她，積雪依然堵塞道路，她還是僱了一名司機，開著吉普車，帶著雪鏈，出發前往尼泊爾邊境。他們差不多快到目的地時，才因山上積雪落到吉普車的引擎蓋上，無法繼續前進。她們下了車，在雪地裡徒步走完剩下的路程，女兒覺得這體驗很新鮮，走得興致勃勃。由於路面結冰，嚮導不得不繫上繩子，以防她們滑落。他們接近樟木（Dham）時，看到輕煙裊裊升起。那個邊境城鎮住著數千名阿壩人，他們是來這裡向尼泊爾與印度出售中國商品的商人。他們聽說末代阿壩國王的女兒要來了，所以點燃杜松枝來迎接她。貢寶措激動到不慎滑倒，差點滑落懸崖。

當時貢寶措並沒有料到，這是一趟單程的旅程。一九八九年是決定性的一年，幾個月後，天安門廣場發生大屠殺，寬容的時代戛然而止。從北京到阿壩再到拉薩，到處都可以感受到那場鎮壓。那起事件也為一九八〇年代的太平十年畫下了令人失望的句點。一九八九年一月，班禪喇嘛因心臟病發過世，他們終究沒有機會以藏語對話。班禪喇嘛的轉世爭議也為藏人與共產黨之間的關係增添了敵意。貢寶措與女兒順利地抵達達蘭薩拉（dharamśālā），並覲見了當年稍後榮獲諾貝爾和平獎的達賴喇嘛。但是，當時中國的政治氣氛使回國變成不智之舉，貢寶措因此再次流放異鄉。

PART
3
1990–2013年

CHAPTER

11

野生的小犛牛
Wild Baby Yak

麥爾瑪的男孩，2014年。

一九九〇年代，麥爾瑪周邊山上的爆裂物都已經清除了。孩子在山上赤腳玩耍，他們喜歡衝進衝出搖搖欲墜的水泥掩體。那掩體是人民解放軍在一九五〇年代末期建造的，用來對付美顙國王的軍隊中最後一批頑強的對抗者。十年後，藏族紅衛兵自組的騎馬民兵團在這裡遭到槍林彈雨擊潰。孩子把這裡稱為sokhang，意為「間諜屋」，是玩捉迷藏及戰爭遊戲的好地方。孩子對於父執輩與祖父輩在同一地點打過真正的戰爭所知甚少。他們只知道有人死在這裡，天黑後不該繼續逗留，以免撞鬼。

這是城市裡的中國人開始吃麥當勞、在沃爾瑪（Walmart）買電器的年代。但在麥爾瑪這種西藏村子裡，生活幾乎不受現代化的影響。儘管這個村莊十年前就通電了，但電力只夠讓每戶人家點一盞燈及使用收錄音機。一般家庭幾乎沒有電器，婦女是蹲在河邊洗衣服。

這裡有許多孩子跑來跑去。藏人享有的福利很少，不受一胎化限制是少數的藏人福利之一。這些孩子沒有中國南方工廠量產的塑膠玩具，他們是去垃圾堆翻找可拿來自製溜冰鞋的木材，把乾燥的犛牛皮做成雪橇。夏天，他們在河邊戲水，那是他們一年中少數幾次把身體洗得清潔溜溜的時候，因為藏童沒有沐浴的習慣。

這群男孩中，有個男孩的綽號叫唐塔（Dongtuk），意思是「野生的小犛牛」。他身形瘦小，有一雙招風耳與塌鼻子。唐塔從小就視力不好，但這點似乎沒有阻礙到他。他總是像孩子王一樣，帶著大家去垃圾堆掏寶——例如廢棄輪胎——然後在路上玩滾輪胎。

11 野生的小犛牛 Wild Baby Yak

唐塔在女人圈中長大，他是非婚生的子女，母親有殘疾。他與母親、妹妹、外婆一起住在泥磚屋裡，院子四周有牆，牆上掛著經幡。那間房子位於主要道路附近的黃金地段，坐北朝南，但家具很少，因為唐塔的母親一直過得很拮据。家裡有一把扶手椅，填充物已經冒出來了；還有一個木板拼裝的廚櫃，裡面放著破損的青花瓷杯。一面牆邊放著一張木凳，地板是水泥地，牆壁上貼著剝離的塑料布，那其實是用來鋪貨架或抽屜的塑膠墊。廚房旁邊有一個小房間，裡面有一張臨時的床，床上鋪著乾草與細枝做成的床墊。

唐塔的母親索南（Sonam）是村裡的美女。她有輪廓分明的高顴骨，笑容燦爛。笑逐顏開時，潔白的牙齒幾乎在黑暗中閃耀著光芒。但十三歲的一場高燒，導致她全身癱瘓。退燒後，雖然恢復了行動，但左手與左腳失去了力量。村裡沒有醫生，也沒人診斷出那是什麼疾病。

「是惡靈。」她的母親說。

索南認為她的不幸際遇是她永遠不該結婚的預兆。西藏的妻子需要承擔繁重的家務，負責擠奶、製作酥油、收集犛牛糞當燃料，還要煮飯與打掃家裡。即使她有過人的美貌，但癱瘓無力的左手使她難以成婚。再加上父親早逝，需要有人留在家裡照顧母親。照顧母親原本是哥哥的責任，可惜他是敗家子，帶著家裡的積蓄跑了。

然而，單身並不意謂著獨身禁欲。西藏婦女衣著保守，但她們在性事方面並不拘謹（只要不涉及僧侶即可）。一夫多妻與一妻多夫制在西藏農村是可接受的，尤其是基於務實的理由、而非縱欲使然。在麥爾瑪，兩兄弟可共擁一妻，如此一來就可以避免分家產，讓一個男人去做生意養家，另一個男人負責照顧家裡的土地與牧群。未婚生子的藏族婦女也很常見，事實上，一位人類學家研究了一個藏族村莊，發現半數的未婚女性生過孩子。未婚生子的藏族女性，不會像中國女性那樣被貶抑為情婦或小妾，一般認為她們自己就是戶長。索南的情況正是如此，因為她繼承了父母的房子。

索南是典型的單身母親，她飼養乳牛、犛牛、犏牛。她把無用的左手塞進斗篷的口袋裡，到山上尋找珍貴的冬蟲夏草與貝母。唐塔喜歡吹噓他的母親用一隻手摘採的草藥，比多數人用兩隻手摘採的還多。夏天那幾個月，她會在牧地上搭帳篷，帶著牲畜去吃草。

在吃早餐及開始一天的工作以前，索南會先去村裡的小神龕膜拜。那裡有三尊觀音菩薩的佛像，披著格爾登仁波切戴過的念珠。她也會定期齋戒，以淨化身體。

以同齡農村婦女的標準來看，索南受過良好的教育。她可以用藏語讀寫，講一些基本的漢語，也懂基本的算術，所以販賣草藥時不至於受騙。然而，對一個有殘疾的單身母親來說，養家糊口依然不容易，所以他們一家人的生活過得很拮据。他們吃很基本的糌粑，混著乳酪與酥油，或是吃一種叫thenthuk的藏式麵疙瘩。家裡的桌上總是擺著一大塊黃油，使屋內充滿一種略帶酸臭的味道。但是對唐塔來說，那就是家的味道，聞起來令人安心。

家裡的孩子都只有一雙鞋，他們會在鞋裡塞草禦寒。索南要求唐塔夏天赤腳走路，以免穿壞了鞋子。家裡沒有電視或收音機，晚上他們是播放佛經音樂的錄音帶。那節奏幫他們放鬆下來，忘卻夜晚的噪音，以及野狗的嚎叫與狂吠。

唐塔後來說：「雖然我們家徒四壁，但我總是可以獲得溫飽，一點也不覺得窮困。」

如今麥爾瑪的聲望，不如當年許多居民為國王的宮廷與軍隊效勞的年代。有些孩子甚至不知道他們的村莊是以那個沒落的王朝命名的，但老人都知道誰是誰，他們都很尊敬昔日的英雄。唐塔有個好友比他大幾歲，名叫彭措（Phuntsog），他的祖父鄧多（Dhondor）是一九五〇年代抵抗解放軍的戰士，鄧多在獄中活了十八年，是當地的英雄。彭措也是當地孩子中最身強體壯的一個。他的臉色蒼白，肩膀寬闊，笑的時候，嘴角可拉到寬闊的顴骨。他喜歡舉重與摔跤，唐塔雖然不喜歡那些活動，但他很喜歡和彭措的大家庭在一起。彭措家有六個男孩與兩個女孩，非常熱鬧，不像他只有一個妹妹，有時覺得很孤單。

唐塔的母親雖有殘疾，沒有丈夫，也沒錢，但她的地位比一般預期的單親媽媽還高。索南的叔叔生在她現在擁有的房子裡，被判定是某個小宗派的第十五任喇嘛轉世。西藏有數百個這樣的活佛（tulku，亦即「轉世化身」），從舉世聞名的達賴喇嘛與其他的高階佛教領袖，到小寺院的堪布都是。索南的叔叔阿洛克喇嘛（Alok Lama）在藏傳佛教中是比較次要的人物，但大家還是把他視為轉世助人的菩薩。他使索南一家變得像小貴族一樣，也使她家變得像聖地。

唐塔家的院子邊有個小佛堂，那是獻給叔叔的。那個佛堂是家中唯一以真正的木材建造的房間，木材在高原上是很珍貴的建材。牆壁上裝飾著多位重要喇嘛的肖像。一個精緻的金邊相框裡，放著阿洛克喇嘛的黑白照。照片中的他有一張麻子臉，留著山羊鬍，臉頰瘦削。達賴喇嘛的肖像鬆散地掛在釘子上，以便必要時馬上取下。肖像前擺著黃銅油燈，下方的架上擺了七個盛水的小碗，分別象徵著飲用水、淨身水、鮮花、香水、食物、熏香、音樂等供品。房間裡有一張窄床（有木質床架的真床），那是專門為名僧來訪時預留的。那個佛堂一直是上鎖關著，但唐塔有時會從廚房拿鑰匙，開鎖進去，躺在床上休息。那是他唯一的獨處時光。

二〇〇〇年，劇組人員來麥爾瑪拍一部以長征為主題的電視劇。他們的陣仗很龐大，有數十位容貌出色的演員，開著閃閃發亮的汽車抵達，還有好幾輛卡車運來攝影裝置與馬匹。知名演員唐國強飾演毛澤東，下巴黏了一顆假痣，身穿卡其色棉襖，搭配同色的帽子，帽沿上有一顆紅星的圖案。他騎著一匹高大的白馬，那匹駿馬遠比麥爾瑪的孩子所見過的馬還要俊俏挺拔。唐塔和其他人從遠處觀望，看到拍攝過程時非常興奮。他們覺得那是麥爾瑪近來最令人振奮的事情之一。

但是，大人就沒那麼高興了，他們都聽過——有些老人還記得——一九三五到一九三六年間紅軍在阿壩的所作所為。紅軍不僅洗劫寺院，也掠奪糧食。長征不是什麼值得慶祝的事，更討厭的是，不久這裡就會成為中國遊客的熱門觀光景點，遊客喜歡循著長征路線，參觀他們認為足以紀念早期共產黨英勇事蹟的景點（所謂的「紅色旅遊」）。對阿壩的藏人來說，那些地方令人回想起失敗與屈辱。當劇組人員表示他們將到小巧高雅的朗措瑪寺（Namtso Monastery）拍攝一幕時，寺院的僧侶深感不悅，但又不敢拒絕，因為劇組是來自中國中央電視台。朗措瑪寺是座落在麥爾瑪上方的一個山坡上，天黑後，僧侶找來一些村裡的少年，遞給他們鐵鏟。翌日，通往寺院的土路上布滿了溝道，導致載著攝影裝備的卡車無法通行。不過，這樣做只延緩了拍攝，最後劇組人員是以徒步的方式把攝影裝置扛上山。

孩子不明白老一輩為什麼對劇組人員那麼不滿。歷史對藏人來說是個禁忌話題。他們學到任何有關二十世紀西藏的資訊，都和共產黨如何把西藏從農奴制中解放出來有關。他們的父母往往不願談論往事，也許他們自己也不知道。或者，他們擔心這些集體創傷的故事可能會激起反華的情緒，以後為孩子帶來麻煩。有親身經驗的長者，身上往往還留著傷疤，他們只會偶爾吐露一些記憶。如果他們從未餓得半死、從未挨打、從未坐過苦牢，那表示他們以前做的事情也令他們感到羞愧，難以啟齒。你要不是遭到折磨，就是曾經折磨同胞，沒有人能全身而退。

唐塔小時候對歷史的了解是來自外婆。以前母親在牧地上搭帳篷放牧時，夏天的夜晚他常和外婆一起睡。他和妹妹會依偎在外婆的身邊取暖，並央求她講故事。她講了一些英勇戰士騎馬出戰的故事，也講了死亡與戰敗的故事。她提到一九六〇年代的饑荒，也低聲提及女性共產黨員如何折磨與羞辱僧侶，其中一名特別殘酷的積極分子甚至強迫僧侶喝她的尿液。

「外婆，妳那樣做過嗎？」唐塔瞪大眼睛問道。

「當然沒有。」她反駁。

童年早期，唐塔鮮少與父親見面。他的父親是鐵匠（gara），屬於最低階級，或許是因為鐵器與武器有關。但他靠著手藝提升職業地位，不只打鐵，也製作銀質的腰帶扣與耳環。他來探望子女時，會帶一些食物給唐塔和他的妹妹，也會送索南一些新飾品。唐塔總是很期待父親來訪，「我一直覺得我爸媽是真的深愛彼此。」

唐塔知道他的父親有另一個家室與妻子，後來他開始造訪他們。那是一個大家庭，有三個男孩與兩個女孩，住在麥爾瑪二號村的山上。他們一大家子擠在一棟破舊的水泥屋裡。唐塔家的位置比那裡好多了。他的父親不是排行老大，所以成家立業時毫無地產或家產，是藏人所謂的「新家庭」。但他是優秀的牧民，有足夠的犛牛與綿羊，可確保家人有充裕的肉食。唐塔父親的元配名叫旺姆（Wangmo），她對唐塔特別友善，從來不會為難他。她會幫唐塔盛裝特別多的饃饃（藏式餃子），擔心他比自己的孩子瘦弱。不過，唐塔每次去父親家時還是有點緊張。他會特別注意自己是否遭到冷落，他擔心父親比較關愛他與元配生的孩子。

11 野生的小犛牛 Wild Baby Yak

父親那個家庭的老么是個男孩，名叫仁增多吉（Rinzen Dorjee），幾乎與唐塔同齡，但高大許多。大家總覺得他們會成為玩伴，但他們除了父親相同以外，幾乎沒什麼共通點。唐塔從小就很愛說話，仁增多吉比較喜歡與動物為伍，不愛跟人打交道。他會在河邊蹲好幾個小時，抓青蛙與蝌蚪，也會跟那些動物說話，彷彿牠們是他的玩偶。男孩喜歡把空氣吹進青蛙的肚子裡，使青蛙像氣球一樣膨脹起來——有些男孩會把青蛙吹破，儘管那樣做違背了佛教的教義。但仁增多吉只會觀察青蛙吐氣時，身體推進的樣子。唐塔覺得那種娛樂很愚蠢，也覺得這個同父異母的兄弟有點呆，但他還是很感謝有仁增多吉在身邊。唐塔的個性好鬥，口無遮攔，偶爾會因此惹上麻煩，所以有個高大的兄弟可以罩他，對他比較有利。

每年六月，唐塔父親的那個家庭會打包日用品——糌粑、乾乳酪、肉類、毯子、炊具——前往牧場放牧。他們在牧地上搭起犛牛毛做成的傳統黑色毛氈帳篷。每個地方停留幾週，之後再把牧群移到新草原上。

唐塔七歲那年，父親決定帶他一起去放牧，那表示他需要騎馬。對藏族男孩來說，騎馬是從小就會的技能，但唐塔竟然還沒學會。他的父親有十幾匹馬，他為唐塔挑了一匹最小的灰棕色母馬。但父親把他放上馬鞍時，唐塔驚恐萬分。坐在馬背上，他第一次看到同父異母兄弟的頭頂，但他不喜歡那種感覺。

那匹馬起初是走在其他馬匹的旁邊，還算規矩，但後來突然加快速度，衝到前面很遠的地方。那些避免羊群遭到野狼攻擊的棕色大狗在他的身後狂吠。他騎著馬穿過草原，朝著依然積雪的山上前進。唐塔覺得自己好像在逃離村莊，再也回不了家了，他將會前往荒野，在世界上找到自己的出路。

但突然間，他一屁股跌落在地，渾身痠痛，頭暈目眩。狗的吠叫聲愈來愈響，其中一隻灰褐色的狗抓住他的小腿，跳到他身上。唐塔覺得那隻狗大到足以把他整個吞下去。

第一個找到他的人是旺姆，她一邊幫他拍除身上的灰塵，一邊喃喃祈禱。其他的孩子都笑了，但旺姆要他們安靜下來。她說，幸好，唐塔的腳沒被馬鐙卡住，否則可能會被拖死。

他的父親從未跟他談過那件意外，顯然這個不會騎馬又近視的男孩天生就不是牧民的料。

CHAPTER

12

僧侶生活
A Monk's Life

格爾登寺，2014年。

唐塔的母親建議他出家時，他很開心。那時他年紀還小，沒想過禁欲與戒酒的誓言，但他知道沒有比出家更榮耀的事了。他從小就看著來他家做客的人拜倒在叔叔（轉世喇嘛）的肖像前，一位信徒甚至激動到哭了起來。「僧寶」（sangha，意指出家沙門）是藏傳佛教最珍視的「三寶」之一，是社會學習與靈修的寶庫。唐塔覺得僧侶有如半神，出家當僧侶就不需要騎馬了。

「僧侶生活很好，你可以獲得教育。」索南對兒子說，「而且不必承擔養家的責任，不會像其他人那樣受苦。」唐塔無須多加說服，已心嚮往之。

像索南這樣的單身母親，沒有人指望她把獨子奉獻給寺院。家有數子的家庭通常會指派一人出家，藉此為家庭累積功德，也確保家中有人識字，同時減少家產的競爭。索南沒有先生，又身負殘疾，其實非常需要一個年輕人來幫她畜養動物及養家。但她把個人需要擱在一邊，她知道兒子不適合村裡的生活。此外，她也看出兒子有一絲求知欲，很適合在寺院裡成長茁壯。

麥爾瑪的許多家族與美顙王國的統治者有很深遠的淵源，所以屬於格爾登寺。由於格爾登寺在阿壩的西部，麥爾瑪在阿壩的東部，索南送兒子出家，感覺就像送走兒子一樣。她以計程車送唐塔去格爾登寺時，不禁眼眶泛淚。

唐塔抵達格爾登寺後，脫下破舊的衣服，在一個冒著熱氣的大桶裡洗了澡。僧侶把他身

12 僧侶生活 A Monk's Life

上累積七年的游牧積垢刷洗乾淨，直到他的皮膚變成乾淨的粉紅色。他們幫他洗了指縫，剃了頭髮。這是唐塔有生以來第一次沐浴，實際上就像洗禮一樣。他也被賦予一個新名字：洛桑（Lobsang），意指「高尚心靈」，那也是格爾登寺所有僧侶名字的一部分。他穿上一件乾淨的深紅色僧袍，對唐塔來說，那是男子氣概的象徵。

一九八〇年代格爾登寺重建後，規模比以前大，占地數百英畝。一九九〇年代新建的金色屋頂，似乎反射了整個阿壩的耀眼陽光。寺裡有圖書館、運動場、教室、藝術室、住所。地面上最高的結構——其實也是阿壩最高的結構——是四十九米高的佛塔，下層是圓的、閃著白光，像佛陀盤坐在方形法座上。每層樓的佛堂裡都有圖畫與雕像。靠近頂層有一個圍著欄杆的平台，牆上畫著佛陀的巨大杏眼，俯瞰著阿壩。從那個制高點可以從南部的河流一直眺望到北部的群山，以及通往果洛（蠻荒西部）的道路。

最重要的儀式是在大經堂舉行，那是一座兩層樓的建築，有寬闊的外廊及鍍金的斜屋頂。入口上方掛著分裂的門簾，門簾上裝飾著法輪及兩隻面對面的雄鹿，那是佛教中常見的象徵。上面掛著格爾登仁波切的肖像。雖然他流亡印度，他仍是西藏境內每一座格爾登寺——從若爾蓋的原始格爾登寺，到現在阿壩這座規模較大的格爾登寺——的精神領袖。

大經堂的前面是一個巨大的石板廣場，那是公開活動的主要聚所。在舉行儀式與辯論期間，僧侶會戴著狀似雞冠的亮金色帽子（格魯派的象徵）聚在那裡。在一條流過寺院的小溪邊，有一家雜貨店，裡面擺滿了糖果、餅乾、冰淇淋。

寺院聽起來像一個簡樸的環境，但是對唐塔來說，那猶如一個超大的遊樂場。佛塔附近有一大堆沙土，那是未完工的建築工程所留下來的。孩子看到沒人費心把那些沙土鏟走時都很高興。你只要付錢給年長的少年（他們自封為那些沙丘的看管者），就可以從沙土頂端滑下去。由於那些小孩都沒有錢，他們是使用雜貨店取得的果汁空包做為通貨。佛堂裡燈光昏暗，散發著熏香與酥油燈的氣味，每個角落都可以好好探索一番，牆上掛滿了菩薩與神祉的畫像。有些畫像是描繪可怕的惡魔，瞪大著紅色的眼睛。這裡充滿了無限的神祕。大經堂的後面是用來供奉國王的神龕，裡面展示著一九五六年美顙國王去拉薩造訪達賴喇嘛時所獲贈的佛像。小溪對面的小寺院裡，供奉著甲青嘎瑪巴哲（Palzel）。甲青嘎瑪巴哲是格爾登寺及其僧侶的守護神，大家相信他能在瞬間移位到世上任何地方。對西藏男孩來說，那就像一個專屬的超級英雄守護著你一樣。

許多麥爾瑪的男孩都被送來格爾登寺出家，所以唐塔不必想念好友，彭措比他早來幾個月。他們不常在一起玩，唐塔喜歡打籃球，彭措喜歡舉重，但唐塔覺得見到村裡熟悉的面孔很安心。他的同父異母兄弟仁增多吉來得晚一些。他們來到寺院以後，才開始變成朋友。唐塔一直有點嫉妒仁增多吉的運動天賦，以及父親對他的明顯偏袒。但是在寺院裡，唐塔有一個優勢，他的學業比較優異，這為他們的關係帶來了一些平衡。

寺院學校常因教育方式過時而飽受批評。他們要求學生死背，學生因課程無聊而打瞌睡時，常遭到棍子伺候。不過，格爾登寺比較像高級的寄宿學校。這所學校成立於一九九四年，除了有佛教哲學、藏語等傳統課程以外，也教數學與科學。達賴喇嘛因年幼時接受的教育不足而深感遺憾，他曾呼籲西藏的寺院提供更現代的課程。許多西藏的作家、導演、學者都受過寺院教育。格爾登寺也培養了一些著名的人物，例如國際筆會（PEN International）流亡西藏作家協會（Tibetan Writers Abroad）的副會長洛桑・卓冊・曲扎（Lobsang Chokta Trotsik），以及散文家兼部落客果・喜饒・嘉措（Go Sherab Gyatso）。

年輕的僧侶常做一種儀式化的辯論，那就像塔木德學者一樣，對他們的學習是不可或缺的一部分。辯論進行時，一組僧侶必須為一篇論文答辯，其他人則是負責提出質疑——中間以響亮的拍手聲做分隔。如果一個僧侶答題的時間太長，其他的僧侶會以三次拍手聲抗議。大家覺得答辯很成功時，則會以用力踩踏地面的方式來表示認同，這個動作形同僧侶間的擊掌。課程本身可能是探討存在主義（例如佛法是什麼意思，或世間現象的無常），但課程是以這種熱情的方式進行，讓學生可以同時鍛鍊身體與心靈。辯論是在大經堂前面的戶外廣場舉行，大眾也可以旁觀。有時辯論會持續到晚上十一點，唐塔在午夜過後才筋疲力竭地躺在床上，但內心充滿了喜悅，他很喜歡這項活動。他是同齡的僧侶中最優秀的辯手之一，儘管他個子矮、運動能力差、視力也不好，但能言善辯讓他在同儕間脫穎而出。

唐塔的母親來探望他時，稱讚自己把唐塔送來寺院真是明智之舉。寺院是一個讓他感到放心又快樂的地方。索南忙於生計，無暇關注政治，因此不知道格爾登已經變成共產黨左派鎖定的攻擊對象。

西藏政策是由中國的統戰部負責，統戰部的成立靈感是來自蘇聯，目的是協調黨與外界（包括少數民族）的關係。一九九四年，在第三次全國西藏工作座談會（Third National Forum on Work in Tibet）上，共產黨指示統戰部加強約束西藏的宗教生活。座談會發布的一份內部聲明寫道：「我們與達賴集團的分歧，不是信教與不信教、自治與不自治的問題，而是維護祖國統一和反對分裂的問題。」他們聲稱，寺院是醞釀行動主義的溫床。

新政策把西藏文化與宗教的許多方面列為違法行為。過去，共產黨員禁止參觀寺院，也禁止在家設置佛堂，如今這些禁令擴及所有的公務員。在共產體制下，公務員占勞力的比例很大，包括教師、公車司機、售票員、國有企業的數百萬名員工都算在內。所有的僧侶與覺姆（亦稱女僧侶）也成了所謂「愛國教育」的目標，愛國教育是為了培養大家對黨忠誠的教化課程。

起初，這些新政策只適用於中國指定的「西藏自治區」（以拉薩為中心）。阿壩位於四川省，仍享有十年前開始的知識與文化復興。但是，到了一九九〇年代末期，統戰部決定擴大行動。他們鎖定的第一個目標就是該區最大、最具影響力的寺院之一：格爾登寺。

由於一切來得非常突然，過程充滿了戲劇性，僧侶都記得那個確切的日期：一九九八年六月十五日。一個由統戰部和國家宗教事務局（State Administration for Religious Affairs）的官員所組成的工作小組，突然來到格爾登寺。他們在大經堂的入口處，擺了一張長桌和幾把椅子。大經堂是一座金色尖頂的長型建築，比地面高約一米，所以入口那張桌子給人一種擺在舞台上的感覺。他們要求格爾登寺的所有僧侶（其中一些年紀很大了）像孩子一樣盤腿坐在前面的廣場上——年輕的僧侶看到這種違反禮儀的行為時都相當震驚，因為他們從未見過有人以這種高高在上的方式對待長輩。共產黨的幹部各個菸不離手，他們的菸癮之重，也令僧侶震驚。藏人抽菸不像漢人那樣多，當然更不可能在寺院裡抽菸。

早上，共產黨的幹部坐在大經堂的前面，優雅的木簷遮蔽了陽光。但是，到了中午，日正當中，直接照在桌子上。接著，突然出現一道閃光，發出一聲巨響，白色的桌布起火燃燒。某個胖臉幹部的打火機爆炸了，僧侶頓時開始鼓掌、歡呼、大笑，甚至笑到在地上打滾。共產黨掌控了中國，這點無庸置疑，但太陽顯然也站在西藏這邊。

後續十年的多數時間裡，格爾登寺的僧侶斷斷續續地接受這些愛國教育的灌輸。集會大廳裡裝設了擴音器，播放著譴責達賴喇嘛的內容，那些內容的基本主旨都是：「你必須先愛國，才能擁有宗教自由。」典型的作文題目是「如何成為愛國、愛宗教又守法的模範僧侶或覺姆？」另一本小冊子主張：「所謂的西藏獨立，是帝國主義勢力為了分裂中華人民共和國的邪惡目的所創造的。」

這類教化課程從上午九點持續到下午六點。放學後，高階的僧侶會被召去私下面談，但面談最後會變成審訊。共產黨要求僧侶取得登記證，但僧侶只有在簽署效忠政府及譴責達賴喇嘛的誓詞之後，才能取得登記證。許多僧侶拒絕簽署並離開了寺院。

格爾登寺成了動盪不安的溫床。年輕的僧侶變得焦躁不安又憤怒，他們不時捉弄共產黨的幹部，一開始只是惡作劇，最終演變成蓄意破壞。幹部常把汽車與摩托車停在雜貨店的前面，某天他們上完愛國教育課程，準備回家時，發現所有的車輛都遭到破壞或偷竊。幹部在寺院的水泥柱上裝了宣傳用的喇叭，僧侶設法爬上水泥柱去拆掉喇叭，並貼上「自由西藏」的貼紙。僧侶也在「風馬旗」（方形經幡）上寫口號，並在寺院各處散布。不久，就有成千上萬片小旗子在寺院的空地上飄動。強風把它們吹進了杜松樹叢及屋頂上，有的卡在泥地裡，有的在河裡漂，根本無法完全清除。

這些活動在唐塔加入格爾登寺的前幾年就開始了，起初他沒有注意到，因為他太專心玩耍、探索與學習了。但二〇〇二年，就在他加入格爾登寺一年後，政府宣布學校將關閉。這對格爾登寺與唐塔個人來說，都是很大的打擊。統戰部也開始執行一項存在已久、但大家常置之不理的規定：十八歲以下不得出家。這個規定的理由是，寺院不該干涉世俗教育，但是這與古老的傳統背道而馳。傳統上，藏人是在男孩七歲時，把他送進寺院接受教育。儘管統戰部開始執行禁令，那些未成年的僧侶依然留在寺內，但他們幾乎都沒事做，沒課上，也沒有辯論活動。

理論上寺院是自我管理的，有一個高階僧侶所組成的管理委員會，他們應該遵守宗教事務局的規定。寺院中偶爾會進行突檢，以確保未成年的僧侶不在寺院內。但委員會中通常會有人預先接獲線報，告知突檢快來了。避免衝突，以免破壞中國當局聲稱要維護的「和諧」氣氛，對每個人都好。

小僧侶會在房間裡多準備一套衣服，以便臨時需要離開寺院時可以馬上換裝，那感覺就像消防演習一樣：盡快穿上牛仔褲與T恤，把深紅色的僧袍藏在地板下，拿點錢進城去。西藏中學的對面是運動場，男孩可以去那裡打籃球。

唐塔記得有一次突檢時，他聽到巷裡傳來的聲音，當時他正在住所裡讀書，但他立刻察覺到，要溜走已經太晚了。格爾登寺的僧侶不是住在傳統的宿舍裡，他們是被分配到狹窄的兩層樓土屋，屋子是由他們的家庭擁有及維護的。那些家庭從鄉村來寺院朝聖或購物時，也會住在那屋子裡。小僧侶通常是和親戚住在一起——以唐塔為例，他是和表親住在一起。屋內有廚房，僧侶常自己購物及烹飪。那些屋子幾乎就像聯排住宅一樣，緊密地排在坑坑窪窪的泥巷兩側。泥巷蜿蜒曲折，有如迷宮一般，走在裡面很容易迷路，也很難逃脫。這些屋子

CHAPTER

13

慈悲
Compassion

朝拜者坐在格爾登寺的外面，2014年。

離格爾登寺幾個街區的地方，住著一個名叫貝瑪（Pema）的女人。她在市場上擺攤賣襪子及仿冒的Nike球鞋。說她出奇的虔誠可能有點言過其實，畢竟，阿壩有許多藏人都非常虔誠，但她確實常去格爾登寺。

貝瑪每天早上六點以前，就到寺院轉經輪。由於毛澤東下令把中國的所有時區都調成北京時間（北京離阿壩有一千六百公里遠），貝瑪出門時，天還很黑。一路上，她會遇到朝同方向行進的鄰居。不過，黎明時，大家不會聊天，只會點頭打招呼。轉經輪的路線，有好幾條低矮的走廊包圍著，以保護那些經輪。朝拜者會一邊轉動經輪，一邊誦念大慈大悲觀世音菩薩咒：唵、嘛、呢、叭、咪、吽。這種儀式稱為「廓拉」（kora）。每轉一圈，禱文就會成倍增加，散發到世界上，造福眾生。整條轉經輪的路線約一．六公里長，有數百個經輪。格爾登寺的經輪是彩色的垂直圓柱體。你必須用右手以順時針的方向轉動，轉一下子手就開始痠了。貝瑪俐落地轉動經輪，常超越年老的朝拜者。許多老人拄著拐杖前來，或是拖著孫子一起來。貝瑪可以在九十分鐘內轉完一圈，然後她會再轉一圈，有時會轉第三圈。她是以數念珠的方式來記錄轉經輪的進度。

貝瑪住在離格爾登寺不遠的地方，那裡名叫thawa，意指鄰近寺院的社區。她與鄰居常看到信徒來轉經輪，必要時他們會提供協助。一九八〇年代，她是幫寺院重建的眾多志工之一，當時她幫忙運送磚塊與建材，連懷孕的時候及後來產子後，她也把新生兒背在身上，前來幫忙。

寺院每天充滿了五顏六色的色彩，猶如歡樂的宗教慶典。貝瑪太窮了，買不起珠寶，但許多婦女披著珊瑚與綠松石做成的珠子，辮子綁在背後。男人與女人都戴著有絲帶的帽子，像參加西方復活節遊行的人一樣花俏。每個經輪都是一件藝術品，上面細膩地畫了咒語與佛教符號。在主通道之外，有一些單獨的壁龕，裡面的經輪像旋轉木馬一樣大，需要幾個人一起推才能轉動。他們會一邊推，一邊齊聲高唱。轉經輪需要花很多力氣，老人轉完後往往疲憊不堪。大經堂前方的廣場上擺了好幾張木凳，老人轉完經輪後，往往坐在長凳上度過一整天。他們一邊搖著掌上型的經輪，一邊八卦閒聊，有時也會停下來觀看僧侶辯論。

貝瑪在市場工作，所以無法與長輩一起在寺院裡逗留，但她通常晚上七點會再回來轉經輪。她相信她的虔誠祈禱可以累積功德，確保來世更好，也把福報散布給眾生。不過，即使此時此刻人生充滿了無常，這種儀式也為她的存在帶來了意義。

「我做『廓拉』時，一點也不疲累，那是我最快樂、最平靜的時候。」貝瑪說。

貝瑪成長在河流南岸，那是阿壩地理位置較差的地區。一九八三年，她在父親的安排下成婚，搬到了寺院附近。當時她十八歲，特別勤奮，長得娟秀柔美，身高不到一五二公分，臉頰圓潤，微笑時露出潔白整齊的牙齒。她的頭髮中分，綁成兩條辮子披在背後。這些特質原本可以幫她找到體面的結婚對象，但是基於某些原因（結婚很久以後她才得知原因），父親幫她選的夫婿比她大了幾十歲，而且長年罹患呼吸疾病，常喘不過氣來。況且，那個男人已經結婚了，貝瑪的父親也很清楚這點——因為那個男人的元配是他的姊姊，也就是貝瑪的姑姑。

一夫多妻並非完全合法，但政府並未阻止民間這麼做。貝瑪的父親對於這樁婚事的安排，似乎也感到很心虛。按照傳統，新娘要由父親護送到新家，但貝瑪的父親要求她十幾歲的弟弟代替他。家人甚至沒給她傳統的結婚禮服——她穿的是最便宜的雜毛長袍——只準備了一桌簡單的婚宴菜，吃炸麵包，喝青稞啤酒。

沒想到，貝瑪的先生竟然比她家還窮。他沒有犛牛或綿羊，所以家裡沒有酥油或乳酪，也沒有犛牛糞做燃料。他和他的元配（貝瑪的姑姑）住在一間不到六坪的房間裡，家裡除了靠牆的木椅外，幾乎沒有家具，也沒有被子或毯子，所以晚上是裹著羊皮長袍睡覺。貝瑪是成婚前幾天才被告知那樁婚事，剛結婚那幾週，她天天以淚洗面，蜷縮在小屋子的角落，試圖避免和丈夫發生親密關係。

一九八二年公社解散時，貝瑪的丈夫分配到三畝地（約半英畝），但他的肺病使他無法從事繁重的勞動。他的元配是跛子，與殘疾無異，所以只能靠貝瑪獨自耕種青稞。她黎明即起，喝了紅茶就出去耕田除草，中午回家吃thukpa（藏族的無肉湯麵），之後再回田裡工作。收成的時候，她必須以鐮刀收割青稞，放上手推車，再把手推車推上一條土路，運回家裡。

13 慈悲 Compassion

貝瑪開始感到身體虛弱及噁心時，去醫院檢查，她以為自己累壞了，卻震驚地得知自己懷孕了。她並未成功地避開丈夫的親近，也沒人告訴她性行為會懷孕。

長子的出生給了她一個喘息的機會。生男孩為家庭帶來了榮譽，貝瑪終於明白：丈夫與姑姑長年膝下無子，當初她是被送來傳宗接代的。貝瑪的父親派貝瑪的妹妹去幫她照顧孩子，家人也為她準備了糌粑，這次還加了乳酪，做為任務成功的獎勵。後來，在其他的親戚出資下，他們把房子擴建成兩樓。

不久，那一區通電了，屋外的道路也鋪好了，並重新命名為團結路（Tuanjie Lu）——那是共產黨最愛為全國的街道與公園添加的名稱。

接著，貝瑪很快又生下一個男孩與一個女孩。五年後，當她覺得身體已經大幅消耗，再也生不出來時，又生下一個男孩。那表示家裡開支又增加了，上學名義上是免費的，但每年每個學生需要花約十五美元購買書籍與文具。她設法請當僧侶的小弟幫忙，把長子與次子送進格爾登寺，但還有兩個孩子需要花錢。

貝瑪知道，她支付了丈夫的醫藥費後，根本負擔不起孩子的學費。她種的青稞只能剛好養活全家，所以她決定放棄那一小塊土地，開始做生意。她那塊小地就像中國的許多農田一樣，很快就荒蕪了。她的丈夫有個朋友是毛帽的批發商，他們安排貝瑪在格爾登寺附近的市場裡販售毛帽。她無力承租路邊的店面，所以在下水道的柵欄上搭了一個攤子。那裡的味道有點難聞，但貝瑪戴起中國隨處可見的口罩。

二〇〇五年的某晚，貝瑪的先生因喘不過氣而醒來，她把先生送到阿壩人民醫院。院方說，他需要去阿壩州的首府馬爾康的更大醫院。她連忙借錢以便成行，但先生不久就過世了。他們把他的遺體運到格爾登寺後方的山坡上，進行傳統的天葬，讓禿鷲叼走他的遺體，以便毫無痕跡地回歸自然。接著，身為忠貞不渝的妻子，貝瑪帶著他的遺骨到拉薩祈福。

貝瑪感到心碎。雖然這樁婚姻最初是被迫的，但她的丈夫很善良，他很感激貝瑪為他做的犧牲。由於他有殘疾，無法酗酒、風流與賭博，不像市場上一些朋友的丈夫那樣糟。

不過，丈夫過世幾個月後，貝瑪也不得不承認她的生活確實改善了。身為寡婦，她每月可領到二十美元的津貼，外加大米與麵粉等糧食配給。她不必再為丈夫付醫藥費了，次子被認定為喇嘛轉世（不是很有名的喇嘛），足以提高她的地位。她把原本住的小土屋擴大成三個房間，並增設一個佛堂，裡面擺了達賴喇嘛與格爾登仁波切的肖像。她也買了一台黑白電視機。

丈夫過世後，貝瑪開始天天去寺院。她現在有空了，不必再為丈夫做早餐了。

貝瑪繼續在市場中經營攤位，但她改賣襪子與鞋子。二〇〇六年，達賴喇嘛呼籲藏人停止穿有毛皮裝飾的衣服，以避免參與瀕危野生動物的貿易。令中國政府不滿的是，藏人響應達賴喇嘛的方法，竟然是以篝火焚燒所有的毛皮。貝瑪也響應了達賴喇嘛的呼籲，燒毀了她所有的狐皮帽。每頂帽子售價是五十美元，所以她等於犧牲了大部分的積蓄。後來她改賣仿冒的美國運動鞋，那比較能反映現代的西藏時尚趨勢。每隔幾個月，她會跟著其他商人去成都批貨，在那裡她可以以二十四元人民幣（三美元）的批發價買進鞋子，再拿回阿壩以三十五元人民幣（五美元）的價格販售。

四十幾歲時，貝瑪成了養母。她有一個表親比較富裕，在拉薩開了一家酒吧與商店。他告訴貝瑪，他和十二歲的女兒德欽（Dechen）難以相處。德欽是他第一段婚姻的獨生女，那段婚姻不歡而散，現在他再婚了，對象是貝瑪在市場上認識的一個女人。但德欽老是和繼母吵架，所以那位表親提議，如果貝瑪願意幫他撫養這個叛逆的孩子，他可以在經濟上給予貝瑪一些資助。他預先提醒貝瑪，德欽這個女孩很固執好辯。不過，即使沒有金錢資助，貝瑪也很樂意幫忙撫養這個孩子。丈夫死後，她需要其他關照的對象，她很同情這個遭到忽視的孩子。

德欽和貝瑪一樣嬌小，有一張柔和的心形臉，纖細的娃娃眉，額頭蓋著茂密的瀏海。她留著中式髮型，在後腦杓紮了一根馬尾。德欽不久就很親近貝瑪，也對她傾訴悲傷。德欽出生後不久，父母就離異了，德欽主要是由她討厭的繼母撫養長大。德欽只在十歲左右見過母親一次，她的朋友帶她到母親居住的村莊，讓他們母女團圓。當時，她的母親懷裡抱著一個小孩，她看到德欽時，不禁哭了起來，而且哭到停不下來。德欽無法問她想問的問題，只能默默地看著眼前那個啜泣的陌生人。如此過了三十分鐘後，德欽就回家了。

在阿壩，單身母親扶養孩子很常見，但小孩子沒有母親很罕見。德欽這種不尋常的處境，再加上她個子嬌小，性格剛烈，使她成為同儕霸凌的對象。

「沒有媽媽（mei you mama）。」他們如此嘲笑她。

德欽就讀阿壩第二小學，該校只用中文教學，學生大多是中國人。那時，阿壩的家長可選擇送孩子去讀藏語小學，但德欽的父親決定送她去中文學校，他認為女兒若能說流利的中文，將來比較好在政府單位找到穩定的工作。對於不想當農民或牧民的藏人來說，公務員是比較好的職涯選擇，因為大型的私營企業大多是中國人開的，通常不會僱用藏人。德欽的個性比較叛逆，不愛聽父親的指示，但是關於這點，她倒是很認同父親的觀點。此外，德欽也覺得藏文的書寫系統與文法比中文複雜，可以學中文而不是藏文，讓她鬆了一口氣。

德欽自己也承認，她很愛看電視，但電視上的藏語節目很少。她最愛的卡通片都是中文配音，她也愛看戰爭片。戰爭片是中國電視節目的大宗，幾乎都是不加掩飾的共產黨宣傳內容，通常是描述英勇的解放軍大戰日軍或資本主義敵人的故事。德欽對那些穿著軍服的帥氣演員特別有好感。每次螢幕上有中國軍人遭到殺害時，德欽都會低聲以藏語默禱。她對佛教或西藏傳統幾乎沒什麼好感，不喜歡穿戴藏服或藏人的飾品。在學校，她的朋友有漢人、也有藏人。全班同學高唱愛國歌曲時（「沒有共產黨，就沒有新中國」），德欽總是全心全意地跟著大家高唱。

不過，年輕一代並非都是如此。貝瑪有個年輕的親戚和德欽一樣固執，但觀點與德欽正好相反。

倫珠措（Lhundup Tso）是她丈夫的姪女，比德欽大幾歲。她在西藏中學和貝瑪的么子讀同一班。倫珠措的家離阿壩鎮太遠，使她無法通勤上學，所以她寄宿在學校裡。她想吃家常菜時，就會去貝瑪家。貝瑪總是很樂意為她煮一桌家常菜，尤其她覺得倫珠措看起來營養不良。倫珠措的身材高瘦，臉頰像許多西藏孩子一樣紅通通的，身上穿著太小的舊衣服，父母是種青稞的農民，但比貝瑪更窮困。他們家有四個女兒，大女兒死於一場離奇的車禍，另一個女兒去印度讀書了。

倫珠措是老么，活力充沛，是個喋喋不休的話匣子。這個特質有時容易逗人開心，有時容易使人惱火。她很敢問多數人不敢開口的問題，例如，她問祖父母文革期間的生活是什麼樣子，觸及許多禁忌話題。她想知道有關達賴喇嘛的一切。

「我不懂尊者（她對達賴喇嘛的尊稱）為什麼要離開西藏，為什麼他不能回來？為什麼我們不能獨立？」

貝瑪不見得都認同姪女的觀點，但她很欣賞這個女孩。她覺得倫珠措不像她的長子，滿腦子只想著錢、衣服與電器。

「妳所說的那種自由，我們在中國的統治下怎麼可能得到？」貝瑪質問倫珠措，「中國人太強大了，他們不會允許的。總之，妳不該談論這些事情。我們家沒錢沒勢，萬一妳遇到麻煩，大家可幫不了妳。」

這些孩子不懂他們那一代遭受的苦難。貝瑪回想起以前他們不得不偷偷默念禱文的日子，以及她幫父親在牆上挖了一個壁龕，以便偷點酥油燈。隔壁鄰居因為被逮到家裡有酥油燈，被判三年監禁。

如今貝瑪對自己的生活很滿意，中國政府提供她糧食與金錢補助。她有三寶：佛寶、法寶、僧寶。在她看來，這樣已經夠自由了，她不必再偷偷地默念禱文，還可以天天去寺院。不過，貝瑪也知道，她不能把任何事情視為理所當然。二〇〇七年，阿壩州來了一個強硬派的共黨書記，使當地的氣氛開始緊張起來。大家都認為書記侍俊不喜歡藏人，政府公職都不考慮錄用藏人，只拔擢一句藏語都不會說的幹部。格爾登寺的狀況也令她憂心忡忡，她覺得那裡就像自己的家一樣，是她的一部分。中國當局對寺院的鎮壓，使她的家庭也受到直接的衝擊。她的二兒子（轉世喇嘛）本來在格爾登寺求學，但十四歲時前往印度繼續深造。兒子離開中國的決定並沒有政治考量，但貝瑪擔心，他與流亡政府的密切關係可能導致他無法回國。

另一個令人擔心的問題是，中國在阿壩西北方六十四公里的山區，推動一個建設專案。長期以來，中國政府一直把西藏的冰河與高山湖，視為解決他處水資源長期短缺的辦法。現在，他們正在規畫，把年保玉則（Nyenbo Yurtse，年保山的意思）冰河湖的水引到比較乾旱的地區。這是中國正在進行的諸多大型水利工程之一，這類工程體現了毛澤東的「人定勝天」思想。這種思想與藏傳佛教的「萬物有靈論」對大自然的崇敬，完全背道而馳。藏人把年保玉則視為一座聖山，他們覺得那是果洛部落的發源地，而果洛部落又與阿壩人密切相關。山上湖泊的徑流注入穿過阿壩的那曲河（Ngaqu River），灌溉山谷裡的青稞與蔬菜田。那曲河已經太淺了，旱季時交織的河道之間會出現沙洲。中國工人有時會開採沙子去興建房子。阿壩居民擔心，萬一河流乾涸了，他們的小鎮也會消失。

貝瑪把這種活動視為一種生存威脅。她是在那曲河的南岸附近成長的，小時候在河邊洗衣服。她的家族擁有的土地，就在一九八〇年代勘測員開始勘測地形的地方。中國當局告訴她的親戚，他們不能在自己的土地上種植青稞，也不能建造任何新的建築。有一戶藏族家庭無視禁令，結果房屋遭到拆除，也得不到任何補償。另外，一座大到難以置信的跨河大橋正在興建。貝瑪看得出來，當地有非常重大的事情即將發生。藏人抱怨，他們對於中國當局正在規畫的新專案一無所知。她也聽過政府將為六萬名工人打造公寓的傳言，她聽說其中一些人將會投入引水導流的工程。

怨道。

「中國人口太多了，他們需要我們的土地，以便獲得更多的成長空間。」貝瑪向朋友抱怨道。

貝瑪對中國人的看法很矛盾。她是虔誠的佛教徒，不僅認真看待佛教儀式，也謹守對萬物眾生（包括中國移民）慈悲為懷的教義。許多中國的移民在市場擺攤，她知道她們都是勤奮的婦女，有些是寡婦，和她一樣為了生計而努力。但他們沒有宗教信仰來撫慰心靈，也不相信來世。他們覺得人死了就結束了，只會化為塵土。她對那些中國人的觀感，與其說是敵意，不如說是同情。儘管如此，她也不希望鎮上再來更多的中國人了。

CHAPTER

14

社交動物
The Party Animal

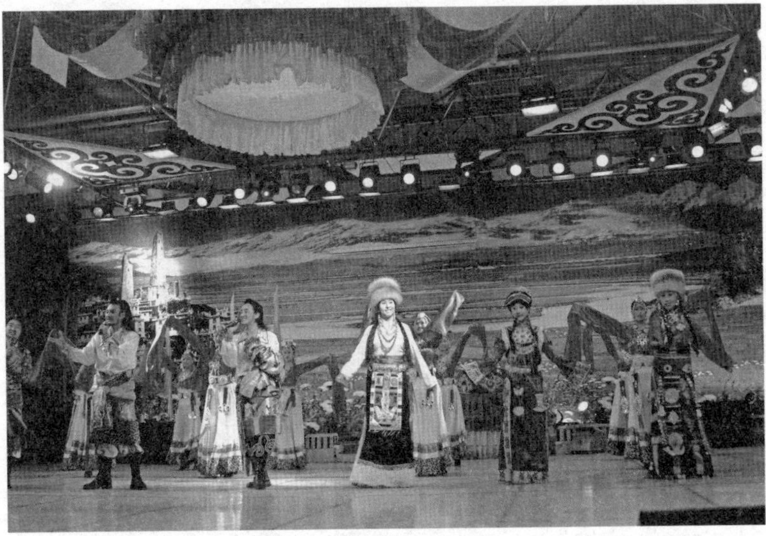

穿著藏服的舞者與模特兒，九寨溝，2007年。

科技向前發展，歷史卻倒退而行。

二〇〇一年，北京申奧成功，成為二〇〇八年夏季奧運會的主辦國，確立了中國成為世界強國的地位。為了迎接奧運的到來，政府展開瘋狂的建設，不只興建體育場，也興建機場、鐵路、高塔、橋梁、大壩、導水工程、環城公路、高架橋與地下道、聯排住宅與公寓。每個省會都變成了大城市。任何工程都難不倒中國那些卓越的工程師。全球海拔最高的鐵路於二〇〇六年開通，穿越一千多哩的青藏高原，連接拉薩與青海省，部分路段是永凍地區，每個座位都有配置供氧設備。中國每年增建四座新機場，光是阿壩州，二〇〇三年就在松潘縣（Songpan）啟用一座新機場，另一座新機場預計設在紅原縣（Hongyuan）的沼澤地邊緣，離阿壩鎮的中心僅四十八公里。那些工程師彷彿扭曲了物理定律，把時間與距離都縮短了。西藏與現代中國的核心地帶之間，鴻溝日益縮小。

藏人的生活理當因此變得更方便，卻反而開始走回頭路，受到更多的限制。隨著經濟發展，愈來愈多的中國軍隊與武警進駐阿壩。一九九九年以來，中國傘兵一直在沼澤地，使用機動滑翔翼進行空降演習。軍隊的存在愈來愈明顯。

格爾登寺以西的一塊飛地，就在車流繁忙的主要道路邊，已經被指定為軍事用地，禁止藏人進入。基地外設立的檢查站特別喜歡找藏族司機的麻煩。如果你的尾燈壞了或沒繫安全帶，而且你又剛好是藏人，你就會被攔下來勒索錢財。一名青海省的僧侶常到阿壩為寺院添購物資，他記得二〇〇七年他搭上一輛麵包車，司機拐錯彎，來到阿壩外的軍事基地入口。士兵命令車上的人都下車，對他們拳打腳踢，還要求他們把口袋和行李中的所有東西都倒出來。那群僧侶恰好身上帶著寺院的公款三千元人民幣（約四百美元），結果都被那些士兵侵占了。後來寺院利用人脈提出抗議，收回了約一半的錢，但這類勒索層出不窮。

在另一次旅程中，那位僧侶搭的麵包車被武警攔下來檢查。武警發現一名乘客持有一個圓形掛飾，上面有達賴喇嘛的肖像。武警抓起那個掛飾，扔到地上，並威脅那個人，不交出兩千人民幣的話，就會摧毀那個掛飾。那個人只好乖乖地付錢。

二〇〇〇年代中期，許多藏人都有拍照手機，所以警察開始檢查手機，以確保手機裡沒有達賴喇嘛的照片。

檢查站的數量激增。從以前開始，藏人就很難取得出境護照，現在他們連在中國境內旅行都有困難。那感覺像時光倒流一樣，回到了以前不准離開公社的年代。每個地方的規則都不一樣，甚至每個月的規則也不一樣，你永遠無法保證抵達你想去的地方。中國當局要求，前往樟木（與尼泊爾接壤的西藏城市）必須取得特殊許可，那樣的限制扼殺了許多商人的生計。藏人去拉薩通常需要先取得通行證，有時光是在阿壩州內通行也需要通行證。一位紅原縣的年輕人告訴我，為了取得通行證以便帶著生病的父親去阿壩人民醫院就醫，他需要先取得縣警局的許可信，縣警局則需要村警局、村長、醫院的醫生出具證明，確認預約的時間無誤，才肯發放許可。

在游牧文化中成長的藏人，不擅長處理文書。這些官僚要求對他們來說很麻煩。沒有戶口（所有的中國公民都必須具備的戶籍檔案），就拿不到通行證，也就買不到火車票或機票。許多西藏嬰兒沒有登記戶口，可能是因為家長擔心違反家庭規模的限制，或只是因為他們在家裡出生，家人覺得沒必要大費周章去登記。一個有十五個孩子的游牧家庭說，多年來他們一直想把戶口弄好，但是當局告訴他們，除非十五個孩子同時出現，否則他們無法取得戶口。那十五個孩子如今已成年，散居全國各地，不太可能同時湊在一起。

儘管有了新機場與新鐵路，藏人仍像以前一樣在高原上漫遊，他們騎著馬或騎著類似的現代工具（摩托車）。那些交通工具可以越野奔馳，不必走馬路，可繞過檢查站。或者，他們會從超載的麵包車下來，繞過檢查點。那些通行限制似乎只適用在他們身上，這點令他們惱火。他們渴望和漢人一樣自由，這些不滿催生了新一代的異議分子。

才百（Tsepey）成長的時期，喜歡聚會社交，對政治沒什麼興趣。一九七七年，他生於沙羅鎮（Charo），那是阿壩縣最東部的游牧社區，在麥爾瑪之外。一九四〇年代，他的父親一家人逃離了回族軍閥馬步芳的暴行後，在沙羅鎮定居下來。才百家有十一個孩子，他排行老九。即使以西藏的標準來看，他們也算一大家子。他的父親經常出外經商，母親常在外頭放牧，所以每個孩子都要負責照顧排行在自己後面的孩子。沙羅周圍的牧草是高原上品質最好的，所以這裡的犛牛與綿羊長得特別壯碩，為游牧民提供豐富的食物。不過，這裡的生活比麥爾瑪那種村莊更原始。在二十一世紀之交，才百一家人彷彿生活在十九世紀。他們沒有電話，沒有電力，甚至沒有蠟燭，只依賴自製的酥油燈，只能以動物當交通工具。最近的公立學校要騎馬一天才能抵達，去阿壩鎮中心要騎兩天。才百直到十幾歲才第一次進城，看到店鋪長什麼樣子，他也不知道中國的領導人是誰。如今，那片土地圍起了圍欄，家家戶戶有自己的牧場。但是他童年時期，他們為了讓牲畜吃新鮮的牧草，每隔幾個月就會搬家一次。

才百與哥哥一樣，小時候就被送進寺院接受教育，但他只待了兩年。才百不是勤奮好學的孩子，除了基本的閱讀技巧以外，他沒有多學什麼。但他有別的優勢：他長得特別帥氣，成年後，他長得魁梧高大，身高逾一八三公分，胸膛寬闊，五官深邃英挺，頭髮開始出現少年白時，看上去有如西藏版的喬治・克隆尼（George Clooney）。

才百的外表與魅力出眾。他有一個朋友是著名的民歌手，幫他跟一個娛樂劇團簽約，在阿壩州北端的國家公園及旅遊勝地九寨溝演出。

九寨溝開發於一九九〇年代，那裡有現代化的西式旅館（例如喜來登、希爾頓），深受中國旅行團的喜愛（他們是搭機飛到松潘的新機場）。中國新興的中產階級隨著可支配所得的增加，再加上有旅行的自由，他們亟欲參觀國內那些充滿異國風情的「狂野西部」。九寨溝除了有壯觀的瀑布、波光粼粼的碧藍湖泊、岩溶山峰以外，也讓旅行團有機會窺見淨化版的西藏文化。中國遊客來到這裡，常穿上藏服拍照，購買念珠當紀念品。

九寨溝每晚都有西藏舞者或穿上藏服的中國舞者上台表演。有時才百也會上台唱歌跳舞，但大多時候，他是負責介紹其他的表演者登場。他也會穿著別出心裁的藏服走秀，例如色彩炫目的朱巴、帶著飄逸絲帶的氈帽、威風的腰帶與刀劍。

才百的家人反對他做那些表演。他的父親說，只有乞丐才會為了錢而表演，但才百熱愛那份工作。畢竟，那裡的給薪不錯，住宿舒適，飲食充裕。才百並不喜歡僧侶那種禁酒禁欲的生活，他喜歡和同事一起喝啤酒、抽菸。多數的同事是漢人或羌人。羌人是與藏人有血緣關係的少數民族，但一般認為他們與漢人的關係比較密切。

九寨溝的晚間節目主要是稱頌祖國各民族的團結，以及藏人活在中國的統治下有多幸福。他們唱道：「藏人與漢人來自同一個母親。」

主持人告訴觀眾：「哦，這些藏人，他們一張嘴，就自然地唱起歌來。他們移動雙腳，就自然地跳起舞來。」

不過，漢人這種高高在上看待藏人的態度，最終還是激怒了才百。他常忍不住咬著舌頭，深怕自己說出內心真實的想法會得罪朋友或失去工作。二〇〇三年，時任中國國務院總理的朱鎔基來九寨溝參觀，他的來訪成了轉捩點。那天中國的表演者興奮得喊喊喳喳，他離開後，

14 社交動物
The Party Animal

他們輪流坐在他坐過的椅子上拍照留念。其中一人看到才百明顯不感興趣的樣子，不禁嘲諷道：「今天換成某個西藏喇嘛來訪的話，你會迫不及待地拜倒在他腳下，坐上那張椅子。」

才百回應，共產黨的官員沒什麼神聖之處。那位同事一聽就生氣了，開始激辯了起來。「中國政府為藏人做了那麼多事情，他們建造房屋，通電，修建公路等等。」他提到新機場及通往拉薩的鐵路。

於是，他們起了爭執。才百說，中國人是為了自己建造那些東西，不是為藏人建的。他們奪走了藏人的土地與天然資源。

「中國政府把我們當小孩子一樣看待。我們哭了，才給糖吃。」才百反駁道。

與其說是爭執，不如說是辯論。他們都沒有辱罵任何人，也沒有大打出手。然而，第二天，老闆召見才百並勸誡他：「你需要表現得更像其他人。」

此後，才百再也感受不到為中國遊客表演的樂趣。劇團還沒解僱他，他就自己辭職了。之前他一直把大部分的薪水寄回去給母親，但他自己也存了一點，他用那些錢買了探索所需的工具。他買了新手機、相機與摩托車，開始在高原上旅行，記錄風景的變化。

才百的村莊離格爾登寺很近。一九三〇年代，貢寶措的祖母領導西藏的軍隊，在那裡與紅軍作戰。那裡是一個戰略要地，在沿著岷江而上的關口旁邊，就在高原起點的林木線之上。那個關口曾經密布著雲杉與松樹，後來被中國的伐木公司砍伐殆盡。國有企業的產出必須符合政府人為設定的高配額，他們採伐的木材之多，連中國的林業官員也抱怨那是無法持久的。中國林業期刊的資料顯示，從一九五〇年代到八〇年代，阿壩州有百分之六十的森林遭到砍伐。阿壩人認為格爾登寺後面的森林是他們的木材庫，但由於高原上樹木稀少，他們很少伐木。而且，山口就像湖泊一樣，是有生命的，有神靈住在那裡。藏人穿越那些地方時，常向那些神靈默禱，以免一些無意的冒犯導致離奇的事故，例如巨石墜落或雷擊。

才百往西前進青海省時，看到礦業對大自然造成更多的褻瀆。長期以來，中國企業一直在開採煤炭、鋁與鈾。最近，科技業的需求引發了淘「鋰」熱潮。那些為電動車及手機供電的電池都需要用到鋰。

才百在高原上漫遊時，看著高原上的新開發，忍不住比較中國新移民的生活與他成長的方式。許多藏人仍活在水電偶爾供應的狀態。在阿壩對面的青海省久治縣（藏語是Chigdril），那裡蓋了許多全新的西式聯排別墅，搭配石雕陽台與優雅的大門。那些精選房產的廣告看板都是以中文寫的，清楚顯示那些房子以後是由中國人入住。西藏牧民則是被迫放棄牧群，住進中國建築工人蓋的兩房低矮水泥屋，裡面是泥地板。

才百的政治觀點逐漸成形，他改變了自己對過去一些經驗的看法。以前他對於自己隨和、熱愛社交的個性感到自豪，對他人的輕蔑對待總是一笑置之。他回想起童年失學及缺乏水電的生活；想起家鄉那些檢查站，任意逮捕，以及警察面對糾紛時總是站在漢人那邊。藏人不敢和中國的店家老闆吵架，因為怕被逮捕或挨打。才百記得他參加過一場由西藏中學的教職員與當地中國警察對打的籃球友誼賽。他的朋友是西藏中學的球員，他指控一名中國球員屢次犯規。

「我們照規矩打球，那傢伙卻一直搶球，推擠我們。」朋友抱怨道。另一名警察抓住他，對他拳打腳踢，還指控他反華。儘管這一切與政治無關，只是打籃球，但賽後警察以顛覆罪的罪名逮捕了那個朋友。

最令才百惱火的是，他的宗教信仰受到了侮辱。雖然他在寺院裡不是很認真的學生，念經時總是坐不住，但他現在自學佛教。他讀書很慢，所以他是以聆聽達賴喇嘛講經說法的錄音來自學。

才百有個朋友創業做小生意，專門把達賴喇嘛講經說法及演講的內容製成CD。他請才百幫忙販售，其中一張CD的內容是關於一種神祕教義的辯論，與多傑雄登（Dorje Shugden）這個神有關。達賴喇嘛反對大家信仰多傑雄登，引起多傑雄登的信徒強烈反對。才百認為供奉多傑雄登的寺院獲得了中國政府的支持，共產黨藉由延續這種爭執來分裂藏人。

其他的錄音是有關班禪喇嘛的長期爭論。一九九五年，六歲的男孩更登・確吉・尼瑪（Gedhun Choekyi Nyima）被認定是一九八九年過世的第十世班禪喇嘛的轉世靈童。中國當局拒絕接受這名獲得達賴喇嘛認定的男孩，改用一種遠溯及清朝的可疑方法（用抽籤方式選定轉世靈童，所謂的「金瓶掣籤」）來冊立另一人為第十一世班禪喇嘛。此後，更登．確吉．尼瑪便失蹤了（負責領導轉世靈童尋訪團的喇嘛也失蹤了），再也不見蹤影。人權組織說他是世上最年輕的政治犯。中國政府聲稱他過著正常的生活，並希望對他的行蹤保密。

才百知道，那個男孩失蹤，預示著達賴喇嘛未來的傳承也是凶多吉少。那顯然是中國當局的一次彩排，目的是在現任達賴喇嘛去世後，冊立中國選擇的達賴喇嘛上任。二〇〇七年，國家宗教事務局發布了一項命令，基本上是說，一個人需要事先獲得中國政府的許可才能投胎轉世。那個命令因為過於荒謬而備受嘲諷（拜託，無神論的共產黨要怎麼決定佛教靈魂的轉世輪迴？），但那顯然是為了加強對藏傳佛教的管控。

在中國，這些都是不能討論的話題。中國共產黨已經把任何公開推崇達賴喇嘛的行為視為犯法。達賴喇嘛的照片、掛飾、書籍、錄音都不能公開販售，但這類物品總是有活絡的地下交易，大家會私下買賣。收集達賴喇嘛的相關物品，有一種隱祕的刺激感。中國當局對此並沒有一致的政策。有時，在某些地方，你掛達賴喇嘛的肖像不會怎樣，甚至掛在商店或餐廳的櫃台後面也沒關係，有時則會惹上麻煩。它就像一枚會跟著情緒變色的戒指，反映著共產黨在任一時刻的不安全感。多數藏人都有達賴喇嘛的肖像，但他們習慣把它鬆散地掛在釘子上，以便必要時馬上藏起來，這種情況是無可避免的。

二〇〇六年，地方官員開始在才百的家鄉沙羅鎮召開「愛國教育」會議。每個家庭都必須指派一個成員去聽那些講座，那些講座主要是講西藏民族主義的危險以及達賴喇嘛的罪惡。在某次會議上，有人告發才百在村裡散發達賴喇嘛的錄音。他因此遭到逮捕，迅速受審，並因煽動分裂罪名，被判處三年監禁。他被送到汶川的監獄服刑。才百的父親靠經商累積了一些錢，他知道該向誰遊說，所以才百在服刑一年後獲釋。

那次經歷本該給他一次教訓，阻止他在未來參與激進的行動。但才百出獄時，並沒有因此收斂言行，反而充滿了憤怒，準備好奮戰到底。

CHAPTER

15

暴動
The Uprising

貝瑪的姪女倫珠措。

週日不必上學，德欽喜歡睡到很晚才起床。但二〇〇八年三月十六日那天，祖母在黎明前就把她搖醒了。那天她在祖母家過夜，而不是住在貝瑪家，因為一早她得幫祖母把大墊子搬到格爾登寺。那天寺院舉行一場特殊的祈禱儀式，祖母不想坐在會堂前的冰冷鋪石上，以免風濕症惡化。她們需要早點到場，才能占到好位置。

德欽乖乖地起床，不發一語，試圖趕走睡意。她其實不想參加祈禱大會，她早已吸收了中國小學灌輸的反宗教思想，鄙視那些把清醒的時間浪費在祈禱上的老人。她只想回來後繼續睡回籠覺或看電視。

她的祖母也住在團結街上，離貝瑪家僅幾戶之隔。團結街沿河而行，與主要街道平行，就在市場與寺院的附近。早上六點，商店還沒開，街上很安靜，只會偶爾聽到幾聲野狗的吠叫，以及前往寺院轉經輪的老人所發出的腳步聲。然而，這天清晨，德欽與祖母經過緊閉的店面時，卻驚訝地發現中國的軍隊正列隊行進。武警在阿壩已經很常見，他們屬於百萬大軍的一部分，任務是平息國內動亂。不過，德欽看到他們時，他們通常在彼此閒聊或是跟路人聊天，尤其是像她這種中文流利的孩子。身為從小看中國戰爭電影長大的女孩，德欽覺得年輕的武警——他們看起來像穿著綠色制服、戴著紅色肩章的普通軍人——是很英勇的角色，所以經過武警時，她都會笑著打招呼。然而，這天看到的士兵似乎不太友善。她是先聽到他們的聲音，才看到他們。他們的靴子整齊地踏在人行道上，他們精確地變換位置時，身上的

15 暴動 The Uprising

步槍發出碰撞聲。他們一邊行進，一邊發出像「嘿呵，嘿呵，嘿呵」的聲音。

「他們為什麼要這樣？」德欽的祖母問道。

十三歲的德欽是家裡的中國通，因為她精通中文，也有許多中國的朋友。

「奶奶，我也不知道。」她說，「好奇怪。」

如果德欽或祖母有關注新聞的話，她們會知道中國軍方正提高戒備。一週前，也就是三月十日，拉薩爆發抗議活動，那天對藏人來說是個充滿象徵意義的日子。一九五九年那天發生的動亂，導致達賴喇嘛流亡印度。藏人認為那天是他們流亡的開始——對藏人來說，那是一場悲劇，就像虔誠的猶太人看待公元六六年第二聖殿（Second Temple）倒塌一樣。每年的這天，流亡的藏人都會示威抗議，中國境內一些勇敢的藏人有時也會發起抗議。

今年，藏人變得更大膽了。這時離奧運會開幕只剩幾個月，局勢緊繃。一向在乎面子的中國政府，希望他們花了五百億美元舉辦的盛會能夠順利進行，不受干擾。這表示他們必須先抓起那些異議分子，在西藏城鎮之類的麻煩地區增派軍隊。與此同時，國外的藏人維權組織也想把握這個機會，讓藏人的理念重新登上新聞。他們計畫在奧運聖火從希臘傳到北京的十三萬公里路程中，展開示威活動。

中國境內的藏人則認為，中國政府為了辦奧運，應該會展現出最好的一面，對和平抗議更加寬容，比較不會讓軍隊以真槍實彈射擊人群。

所以，三月十日上午在拉薩，哲蚌寺（Drepung，西藏最大的寺院之一）的數百名僧侶試圖在市中心舉行和平的遊行。但警方迅速封鎖他們的行進路線，並逮捕了領導人。由於藏人擔心被捕的僧侶遭受酷刑，愈來愈多的藏人走上街頭，最後終於爆發動亂。這次暴動可說是一九八〇年代末期爆發抗議活動，導致中國實施戒嚴令以來，最致命的一次。不過，當時德欽與祖母仍渾然不知。

三月十六日，德欽把祖母送到寺院後，她就回家了。回家的路上，太陽已經升起，愈來愈多人起床出來活動了，大家不安地斜眼偷看經過的士兵。德欽可以感覺到空氣中的緊張氣氛，但她也覺得事不關己。她不太關心時事，快步鑽進祖母家附近那個有圍牆的院子。她打算一整天都窩在電視機前，看她最愛的電視節目：中國版的《美國偶像》（*American Idol*）。

貝瑪盡量每天都去寺院，但她會避開擁擠的日子。那個週日她正好特別忙碌，中午有客人來家裡用餐。而且，格爾登寺舉辦特別的祈禱會時，她也不想錯過在寺院附近擺攤的機會。這種特殊的日子通常會吸引很多人從鄉下前來，她的生意也特別好。

在前往市場的路上，她注意到中國武警的縱隊。她從來沒在鎮上看過那麼多武警，他們的陣仗使她緊張了起來。她不懂為什麼他們不在郊外的軍事基地演習，偏偏要在鎮中心製造那麼大的騷亂，讓每個人看得人心惶惶。她知道他們的出現會惹藏人生氣，但她也只能告訴

15 暴動 The Uprising

自己：希望沒事發生。

貝瑪一直工作到中午，才在攤位上蓋上塑膠布，結束營業。回家的路上，她順道買了蔬菜，以便和剩飯一起炒成午飯。她的大兒子和丈夫的姪女倫珠措也會來共進午餐，他們兩人都是中學生，雖然年齡相差七歲，但兩人是很好的朋友，也是表親。吃午飯時，貝瑪提到他們那天出奇的安靜。就連平時話匣子一開就停不下來的倫珠措，也默默地吃著飯。貝瑪以為他們是週末太累了，中學生週六還要上半天課，住宿生在週日的下午五點前就要返校。他們沒有討論中國軍隊在街上的不尋常部署。貝瑪後來滿心遺憾地回憶道，她很後悔當時沒有告訴那兩個青少年要小心。

吃完午飯後，貝瑪給了倫珠措三十元人民幣，叫她在回學校的路上買麵包與零食。那女孩太瘦了，貝瑪總是叫她多吃一點。倫珠措抱了一下貝瑪就離開了。貝瑪的兒子也應該回學校，但他在拖延時間，搞不定衣服，最後待在家裡。貝瑪猜想他大概很緊張，只是不想在女孩面前展現出來。

三月十六日的早上，格爾登寺的年輕僧侶唐塔醒來時，內心隱約有一種期待感。他確定有東西正在醞釀，只是不知道是什麼。當時他才十四歲，常被排除在寺院比較嚴肅的討論之外。他看到一些年輕的僧侶竊竊私語，覺得自己好像錯過了什麼。此外，未成年的僧侶也不得參與某些儀式。但今天，他將會參與法會（puja），那是象徵節日結束的祈禱活動。在大經堂外，一些僧侶正在進行一場儀式辯論，鎮上的朝拜者拿著坐墊與折疊椅聚集在現場。僧侶聚在大經堂內祈禱，寺院裡的多數人幾乎都在那裡，共有約三千名僧侶。年輕的僧侶盤腿坐在地上，吟誦著「唵嘛呢叭咪吽」。唐塔很快就沉浸在吟誦中，反覆念著同樣的六字真言，直到大廳前方的低語聲打破了節奏。大家指向一個二十幾歲的僧侶，他頭頂上舉著一個東西，那是達賴喇嘛的彩色巨照。唐塔可以看到照片的背景是西藏國旗的紅藍條紋。

那位僧侶喊道：「達賴喇嘛萬歲！」唐塔非常驚訝，畢竟，那不是僧侶該做的事——不僅是因為那樣做可能惹禍上身，也因為他們正在祈禱。他懷疑那個僧侶有點精神錯亂，但隨後他聽到其他的僧侶也跟著高喊「尊者萬歲！」和「西藏是藏人的！」。不久，口號聲已經蓋過了祈禱聲。

僧侶紛紛站了起來，大經堂內一片喧鬧。僧侶湧向院子，接著走向通往阿壩主要道路的巷道。

唐塔也捲入人群中，他毫無異議地跟著年長的僧侶走。他們把厚重的深紅色僧袍扔在人行道上，那表示他們已經準備好抗爭了。在人群的上方，出現更多達賴喇嘛的照片與雪獅藏旗。僧侶湧向寺院的大門，唐塔跟了上去，但他看到門的另一邊出現可怕的灰色煙霧。後來他得知那是催淚瓦斯，以前他從未見過。中國的武警部隊不僅施放催淚瓦斯，也對抗議者投

15 暴動 The Uprising

射碎石。唐塔不在人群的前面，但他可以感受到一塊嘶嘶作響的東西落在他的腳邊——他心想，難道是炸藥嗎？好奇心驅使他伸手去抓那個東西，想像著也許他可以把那個東西扔回士兵那邊。沒想到，那個東西先爆炸了，燒焦了他的長袍底部與手指。就在這個時候，一隻手抓住了他的長袍領子，把他往後拉。那是一名資深的僧侶，也是唐塔的老師。

他說：「你們這些小孩子不屬於這裡。」唐塔聽了很生氣，他覺得自己已經不是小孩子了，但他也沒有立場抗議。他感到噁心想吐，哭了起來，試圖揉掉眼裡的沙。他乖乖地跟著僧侶回到宿舍。

德欽前往父親的家裡，因為那裡有最好的電視機。她和比她大幾歲的堂哥坐在沙發上，連續看了好幾個節目。她的父親在院子的周圍搭了幾個獨立的房間，讓祖母和其他的親戚住。即使是普通的藏族家庭，那也是典型的住屋結構。大門通常是開啟的，讓大家可以進進出出。約莫中午的時候，學校一位女同學順道過來，告訴他們鎮上發生刺激的事情。

「有炸彈爆炸，是真的炸彈，不是電視那種，你們一定要來看看。」她告訴德欽及她的堂哥。

德欽不想離開安逸的客廳，但堂哥堅持要去。於是，他們沿著團結街前進，接著拐個彎，朝主要街道走去。

那天早上她看到的行軍士兵，現在都全副武裝了起來。他們穿著藍黑色的制服及全套的鎮暴裝備。閃亮的黑色頭盔遮住了他們的臉，手裡拿著有弧度的壓克力盾牌。德欽看到他們時，幾乎咯咯笑了起來。他們看起來像《星際大戰》（*Star Wars*）裡的角色，但她不想靠得太近。她和堂哥躲進了樓梯井，二樓是一家藏式小茶館，那裡可以一覽無遺。德欽看到一小群吵吵鬧鬧的藏人向武警靠近，向他們的防暴盾牌扔石塊，但石塊反彈落地。她嚇壞了，也覺得有點尷尬。她不禁畏縮，轉向堂哥。

「藏人怎麼那麼粗暴，對武警扔石頭？」她問道。

堂哥一臉嫌惡地看了她一眼，說道：「妳還不明白嗎？漢人一直在殺害藏人。」

德欽哭了起來，要求回家。

貝瑪吃完午飯收拾飯桌時，聽到人群從她家的前門匆匆走過，腳步聲很急，還有激動的人群發出的刺耳聲音。她的兒子仍留在家裡，她心想：「很好，待在家裡總是比較安全。」但貝瑪按耐不住好奇心，擱下髒碗盤，走了出去，鎖上大門，並繫上一條閃亮的白色哈達。那種禮儀性的圍巾通常是拿來送客人的，但也可以做為一種信號。萬一局勢惡化，那條哈達可以標記那裡是藏人的家。

西藏的抗議活動常以類似的形式展開，幾乎就像古典芭蕾舞的編舞一樣。一開始是僧侶

15 暴動 The Uprising

與覺姆出來抗議，他們犧牲自己讓當局逮捕，因為他們沒有配偶和孩子需要負責。但是，對藏人來說，僧侶社群很神聖——畢竟，他們是三寶之一——因此，信徒覺得保護僧侶是他們義不容辭的責任，所以他們會跟著去抗議，尤其是僧侶被捕的時候。一週前拉薩發生的抗爭就是如此，現在阿壩又上演同樣的情況。

貝瑪出門後，看到鄰里的人紛紛湧向格爾登寺。有些人把達賴喇嘛的肖像高舉在頭上，揮拳向上大喊：

「達賴喇嘛尊者萬歲。」

「我們想要西藏獨立。」

有些人哭了。

人群在轉彎處散開，有些人朝北方的寺院走去，其他人則是繼續直行，朝一棟行政大樓走去。那裡是臨時監獄，用來拘留被捕的僧侶。人們大聲呼喊，要求釋放僧侶。公安與武警組成的封鎖線保護著那棟建築，他們躲在防暴盾牌的後面。由於阿壩一直處於建設狀態，大量的投擲物近在咫尺——磚塊、水泥塊、石塊等等。一般民眾沒有武器，只能拿起鐵鍬與斧頭。有些人帶著彈弓——那是當時普遍用來趕惡狗的工具。投擲物朝四面八方飛去。

大家到處尋找目標以發洩怒火。十幾歲的男孩在市場裡亂跑，打翻了中國人的攤子，打開了關雞鴨的籠子，算是佛教傳統「放生」祈福的延伸應用。在阿壩人民醫院，醫生都是中國人，他們擔心接收受傷的藏人會受到懲罰，所以關閉了急診室，鎖上大門。此舉激怒了藏人，他們紛紛向醫院拋擲石頭。

到了中午，所有的商店都關門了，鋼製的安全門緊閉。貝瑪看到一群年輕人撬開一些商店的大門，洗劫裡面的商品，例如電視機、電器、服飾。貝瑪看了很難過，也覺得尷尬，但有一家店遭到洗劫時，她不禁暗自竊喜。位於十字路口的永立百貨城是鎮上最大的百貨店，整家店已經被洗劫一空，展示櫃遭到砸碎，大樓也被放火了。那家店的老闆彭永凡是解放軍的前軍官，藏人都叫他「刷頭」。藏人常抱怨他對西藏顧客很不客氣。如果藏人進店裡看他買不起的電器，刷頭會把他趕出去。如果你跟他結下梁子，他會叫警察朋友揍你一頓。即使他的店是鎮上唯一可買到洗衣機與冰箱的地方，許多藏人也抵制他的店。貝瑪心想，他活該。

下午三點左右，感覺整個阿壩都捲入了混戰。在抗議的人群中，貝瑪看到許多像她一樣在市場擺攤的女性。她們都是一般女性，多數是中老年人，不是愛鬧事或多嘴多舌的人。她們紛紛在人行道上彎下腰，揀起石塊與磚塊，交給年輕人投擲。一名回族婦女在市場上有一個賣桶子的攤位，一名藏族婦女衝過去搶桶子，那個回族婦人也不敢阻止她。那些水桶很快就傳到了其他婦女的手中，她們把水桶拿到市場的水龍頭前裝水，好讓抗議者洗眼睛，以清

15 暴動 The Uprising

除催淚瓦斯與碎石。貝瑪不想扔石頭，但她很樂於幫忙提桶子。那些婦女組成一條流水線，把水輪送到前方。水桶傳回來時，也傳回前方的消息。監獄發生抗議活動，警察局裡也出現抗議活動，現在中國人開始以真槍實彈對付抗議者。大家正提到中彈者的名字。

一個女人說出倫珠措的名字，然後轉向貝瑪。

「她不是妳丈夫的姪女嗎？」

貝瑪一聽，扔下水桶，朝中學走去。

在沙羅鎮上，才百起得很晚，正打算慵懶地在家裡度過一天。他還在緩刑期間，很少外出，以免惹上麻煩。但他現在有手機，多數的朋友也有手機，手機不斷地叮咚作響，他收到許多有關抗議活動的電話與簡訊。拉卜楞鎮（Labrang）發生抗議，若爾蓋發生抗議，同仁縣（Repkong）也發生抗議。在沙羅鎮上，有人從公安局取下一個標誌，並拿下一面中國國旗。接著，他接到一通來自阿壩的電話，說鎮中心已經陷入瘋狂。他聽了實在難以抗拒，馬上跳上摩托車，急速朝阿壩前進。

以前從沙羅鎮騎馬去阿壩需要兩天，現在騎摩托車只需要一個小時。村裡的其他男人也尾隨著才百前往阿壩，他們是一群摩托車復仇者。警方在阿壩鎮的入口設了檢查站，所以他們把摩托車停在賽寺。那場從格爾登寺附近開始的混戰，像波浪一樣沿著道路蔓延到三公里外，來到他們現在站的地方。才百看到警察與一些藏族男子扭打在一起。他聽到遠方傳來陣陣槍聲與爆炸聲，聽起來像炸彈。

他感到狂飆的腎上腺素開始退散，這比他出發前所想的還要嚴重。前來阿壩的途中，他一直在想，也許他可以喊幾句口號，扔幾塊石頭，不要做太極端的事。他沒有準備好面對槍戰，但他還是想看鎮中心的狀況。才百從主要道路後面的停車場與田地往現場靠近，他走得很慢，因為他不確定自己面對的是什麼情況。在中學與交警總部之間，他抄近路來到了主要道路。

他就是在那裡看到她的。街上那具屍體呈現不自然的角度，引起了他的注意。那是一個年輕女子側身躺著，一條腿掛在排水溝上。她穿著傳統的藏袍（朱巴），但身上沒有其他的飾品。西藏婦女通常會佩戴珊瑚項鍊或耳環之類的飾品，但是那女孩的衣服非常樸素，他猜想她一定是學生。她看起來不到二十歲，頭髮齊肩，還沾著血跡。前額覆蓋著更多的血跡，又濃又糊。從髮際線到鼻子有一道垂直的傷口，他猜想那應該是槍傷。

雖然才百的個頭很魁梧，令人望而生畏，但他的本性不善戰，是個情緒飽滿的人，看悲劇電影會流淚，朋友常因此取笑他。他連看到動物遭到屠殺都於心不忍，從以前就很怕看到屍體。這種恐懼要追溯到他童年祖母過世的時候，他幼稚地以為死者會變成鬼魂，把他抓走。現在，他不得不壓抑恐懼，他知道他不能讓那個死去的女孩躺在街上。人們開始聚了過來，

15 暴動 The Uprising

多數是老人，他是唯一有力氣舉起屍體的人。他小心翼翼地把她從溝裡抬出來，放在遠離街道的一片草地上。他調整了一下她的斗篷，幫她蓋住臉龐。他請老人看好遺體——別讓警察靠近，這樣她的家人就可以為她舉行佛教葬禮。才百還有重要的事情要做，他做好戰鬥的準備了。

才百回到大路後面的小路，從一個院子跳到另一個院子，經過警察局，朝格爾登寺走去。這時人群已經疏散了，許多抗議者已謹慎地返家。藏人都沒有槍，但他們知道如何用手邊的一切來戰鬥。才百拿出一把小折刀，跟著約十名藏人一起占領了警察局後面的一個院子。中國警察向牆外投擲煙霧彈，煙霧彈一落地，藏人就把它撿起來，扔回牆內。

不管是煙霧彈的煙霧、還是那個死去女孩的形象造成的，才百覺得他已經被憤怒沖昏了頭。在那之前，他對中國政府的憤怒還很模糊，並不明確。他討厭中國人高高在上對待藏人的方式。他痛恨中國公司在西藏的土地上濫砍樹木，在聖山上採礦。他討厭你可能因為讀禁書或小冊子而入獄服刑，討厭藏人被迫學習壓迫者的語言，討厭藏人被迫去聽中國政府誹謗達賴喇嘛的講座。但才百不曾對個別的漢人感到憤怒，他有很多中國朋友，也和中國女人交往過。他是尊重生命的佛教徒，現在他瘋也似地戰鬥，根本不在乎自己的死活。他看到自己被四名警察包圍了，直接舉起刀子向他們揮去，像土耳其的旋轉舞（dervish）那樣一直旋轉，直到他被自己的朱巴纏住才停下來。他後來坦言，朱巴不適合城市作戰。他雖然頭昏眼花，但仍繼續奮戰。他的後腦勺有一道傷口，血從背後滴了下來。

「我不再害怕，變成了狂人。」才百後來說，「復仇的情緒凌駕了我。看到這麼年輕的女孩死了，那股報復的衝動是如此的強烈。」

貝瑪沿著主要道路，以最快的速度朝中學走去。她往那裡前進時，看到一群藏人從反方向走來，扛著以工地的木梁及毯子做成的臨時擔架。由於醫院拒收藏人，那天沒有救護車。其實有沒有救護車已經沒有差別了，倫珠措已死，他們正要把她的屍體送到寺院。

後來，貝瑪得知，倫珠措把東西放回宿舍後，就跟十幾名想要加入抗議的學生一起出去了。學校試圖把學生鎖在校內，但他們還是溜了出去。他們才剛到警局，倫珠措的頭部就中彈了。根據傷口的位置與性質，才百看到的那具屍體很可能就是倫珠措。不過，多年後才百看到倫珠措的照片時，卻無法確切指認。倫珠措是那天在阿壩遇害的唯一年輕女性。

那天阿壩有多少人死亡呢？在中國，確切的死亡數字很難取得。中國對統計資料特別感興趣，但是中國的政治文化遇到統計數據呈現出令人難以忽視的真相時，通常不願公布數據。中國官方的新聞機構《新華社》最初報導，當天阿壩的死亡人數是四人。但後來，網站移除了那篇報導，另發一文宣稱無人死亡。西藏流亡組織指出，死亡人數是二十一人。根據目擊者的描述，死亡人數可能更高。不是所有的死者都被送到格爾登寺，但唐塔在用來做葬

15 暴動 The Uprising

禮祈禱與儀式的禮堂附近，看到十幾具屍體。

對阿壩這種小鎮來說，二十一人死亡有如一場災難，相當於天安門大屠殺的等級。每個人都認識某個中彈的人。德欽覺得難以置信，她竟然認識其中三個。除了倫珠措以外，還有她小學的同學盧里（Louri）也在那天遇害。盧里是一個非常拘謹、認真的孩子，充滿責任感，所以獲選為糾察隊長。她認識的另一位中彈者是鄰家的男孩，年僅六歲，腿部中槍。他的父母不得不開車六個小時，把他送到若爾蓋治療。

德欽仍然目不轉睛地盯著電視，看著中國中央電視台的新聞。螢幕上反覆播放著同一段阿壩的影片，那段約三秒的影片顯示，一輛警車翻覆起火，背景是積雪覆蓋的山脈。約十幾名群眾四處搜集石頭，接著其中一人衝向前，向一座覆蓋著金屬百葉窗的建築投擲一大塊水泥塊，那棟大樓的二樓窗戶冒出滾滾濃煙。新聞中反覆播放著那個片段。

新聞主播報導：「藏人打劫、暴動、毀損物品。當地的政府官員表示，有充分的事實足以證明，這些事件是達賴集團煽動的。」

新聞報導完全沒提到藏人傷亡，主播只報導片面的狀況。德欽突然意識到，她以前相信電視上看到的東西有多幼稚。

二〇〇八年三月，整個區域都爆發了抗議活動。藏人騎馬襲擊了拉卜楞寺附近的城鎮。

警方至少在四川省的另一個城鎮甘孜鎮（藏語是Kardze）向抗議者開槍。但阿壩的抗議活動是拉薩城外死傷最慘重的，這也確立了阿壩是「不滿的溫床」這個聲譽。幾年後，一位流亡協會的負責人告訴我：「有句俗話說，拉薩一著火，阿壩就冒煙。」儘管拉薩的抗爭大致上是和平的，但一些嚴重的人身攻擊還是破壞了和平的表象，那些人身攻擊遠遠偏離了達賴喇嘛所主張的非暴力教義。藏人成群結黨，在拉薩的一條主要道路上，隨機襲擊騎摩托車的漢族平民，焚燒回族穆斯林開的商店（這是該區佛教與穆斯林長期關係緊繃的結果）。至少有二十人遇害，包括某個回族家庭的全部成員，他們因商店著火而喪命火窟。很多事實得不到證實，因為沒有人有機會做獨立報導。西藏人權與民主中心（Tibetan Center for Human Rights and Democracy）獲得一些洩露的驗屍報告。他們指出，公安對示威人士開火，至少導致一百零一位藏人喪命。

阿壩的藏人比較謹守非暴力的理想，他們沒把怒氣發洩在中國老百姓的身上，只發洩在警察與軍隊身上。儘管發生了一些打劫事件，但藏人大致上沒有襲擊回族的商店——這是長期以來藏人與阿壩的穆斯林關係友好的證明。在這個死傷慘重的激戰中，報導都沒有提到中國人在阿壩受重傷。

CHAPTER

16

鬼眼

The Eye of the Ghost

遭逮捕的僧侶，阿壩，2008年。

才百的後腦勺被鏟子擊中了，差點無法活著離開阿壩。頭部受到的衝擊，再加上吸入催淚瓦斯與煙霧，使他頭暈目眩。他離開阿壩鎮時，天已經快黑了。他偷偷穿過河邊的泥濘小路，來到他停放摩托車的賽寺。

當晚稍後，他終於返抵家門，頭髮和衣服上都沾了血跡。父親看了他一眼，便明白發生了什麼事。

「你去參加抗爭了，在他們來抓你之前，你得趕快逃走。」父親說。

才百吞下止痛藥，又回到摩托車上。他設法騎到了成都，找人幫他縫合了後腦杓的傷口，但他還是覺得待在四川不安全。朋友告訴他，警察正在找他，所以他繼續往南逃，最後到了深圳。深圳與香港接壤，是一九八〇年代中國政府首度實驗市場資本主義的城市。這裡很繁忙，充滿活力，很適合躲在人群中幾個月。但是，那年夏天的某一天，才百正在網咖跟朋友以通訊軟體ＱＱ聊天時，他的電腦突然當機了。兩名警察抓起他的背包，檢查他的通行證。才百為了應付這種檢查，借了朋友的身分辦了通行證，偏偏他的真實身分證也放在背包裡。警察交叉比對他的名字與通緝名單。

「就是他。」警察說。

於是，才百在當地的拘留所關了一週。接著，四名警察從阿壩趕來深圳，飛了三千多公里，只為了把他押回去。深圳的獄卒看到阿壩警察為了一個嫌犯千里迢迢過來，也感到不可思議。

阿壩警察告訴才百：「共產黨已布下天羅地網，你逃不了的。」他們顯然對於透過網路抓到他的行蹤頗為自豪，那在當時是一種新穎的科技應用。

最後，才百還是靠著蠻力和機巧逃脫了。他們一行人登機以前，警察必須先移除他的手銬，讓他通過機場的安檢，所以他們改用膠帶纏住他的手，手指碰到另一手的手肘。在候機室裡，警察抽菸看報，高階警官還脫下了鞋子，現場氣氛輕鬆。才百已經被他們拘留數天，他與他們隨性地聊天，展現他迷人的一面，完全沒露出反抗的意圖。他們在機場等候時，才百要求上洗手間，兩名低階警察押著他去，那兩人都很瘦小，矮他一個頭。他掙脫他們的壓制後，往電扶梯飛奔而去，他們根本措手不及。

候機室在三樓，才百飛也似地衝下電扶梯。由於雙手動彈不得，他需要努力保持平衡。他聽見後面有人喊叫，但他沒有回頭看。他往出口逃時，閃避一個拿警棍打他的警衛，但鼻子還是被警棍擊中，開始流血，警棍的痛擊也使他頭昏眼花。但他還是繼續跑，直接衝到門外，穿過車流，再穿越一座橫跨沼澤地的低矮路橋。接著，他往下跳，落在沼澤地上。他在沼澤地中設法用小樹枝鬆開及移除膠帶。天黑後，他穿過一片玉米田，來到有人居住的地帶。他告訴一對老夫婦，他喝到不醒人事，醒來時，手機與錢包都不翼而飛。才百講得跟真的一樣，他在九寨溝有豐富的表演經驗，要他扮演一個沒有威脅感的醉漢，可說是輕而易舉。再加上他全身都是污泥，確實看起來像酒醉誤事的醉漢。老人把電話借給他，讓他聯絡朋友來接他。

二〇〇八年三月發生抗爭後，中國當局幾乎封鎖了格爾登寺。他們先堵住了寺院的主入口，不久，從北邊山上通往寺院的五個較小入口也封住了。寺院周圍的高泥磚牆有點像迷宮，看似有一些進出寺院的祕密通道，但現在連那些小路也封鎖了。僧侶無法離開，連去市場購物也不行。遊客也無法進入寺院，老人也不准去轉經輪了。不過，衝擊最大的，是中國當局禁止外界運送物資（包括食物）到寺院。

起初，封鎖只帶來不便。藏人已習慣儲備糌粑和其他的穀物來因應困頓時期。但後來封鎖持續了幾週，接著變成幾個月。僧侶的家人試圖運送補給包，但全被擋在門外。電話訊號也切斷了，那也阻止喇嘛聯繫西藏維權組織，或聯繫任何可能報導他們受虐的人。僧侶抱怨，中國當局根本沒有安全上的理由阻止他們購買食物，但他們的抱怨並未獲得回應。切斷糧食供給純粹只是為了懲罰，彷彿政府試圖以飢餓來逼迫他們屈服。

僧侶只能分享剩餘的食物，但總是不夠。那年直到年底，唐塔都沒吃到新鮮的蔬菜或肉類。幸好，母親在他的廚房裡幫他囤了很多泡麵。唐塔有時會陷入自怨自艾，覺得要是沒有泡麵，他可能會餓死。

過了一陣子，一些家庭設法把糌粑、酥油、乳酪等主食帶進了寺院，但有些家庭因為沒有身分證，連阿壩鎮中心也進不來。沒有戶口或居留證的藏人不能進入阿壩鎮。主要道路的兩端都設了檢查站：一個在賽寺附近，以阻斷來自東部的人流；另一個在格爾登寺附近，以阻斷來自西部的人流。檢查站將會成為阿壩的半永久設施，有時它們是敞開的，無人看守，但始終沒有拆除。

公安部隊包圍寺院幾週後，便從大門進入寺院，在策略性的位置搭建掩體。他們在最大的黃色轉經輪室旁邊，建了一個四面都有窗戶的警衛室，並在四周堆滿了沙袋。

接著，是安裝監視攝影機，那是白色的金屬盒子——約菸盒大小——塞在屋簷下、燈上、電線桿上。

「有鬼眼。」藏人經過這種監視攝影機時會這麼說。

其中一個攝影機是裝在唐塔那間屋子的正對面，離窗戶僅幾呎，拍攝時會閃紅光。唐塔很納悶，真的有人看那些錄下的影像嗎？還是那只是為了恐嚇他們？有一次他朝著監視攝影機扔石頭，似乎沒人發現。他在家裡掛起一件長袍，遮住窗戶的一部分，但是過一陣子後，他已經習慣忽略它了。反正也沒什麼好看，由於停課，再加上祈禱時間大幅縮短，他大部分的時間都在打牌。

中國當局搜查了寺院的每個角落。在阿壩州黨委書記侍俊的命令下，他們沒收了一批生鏽的刀具及故障的滑膛槍。那些刀槍是佛教徒按傳統交給寺院的，以顯示他們已放棄暴力。但中國當局聲稱，那些武器是藏人策畫叛亂的證據。

中國當局總共逮捕了近六百名僧侶——超過格爾登寺僧侶的五分之一。幾天後，一些僧侶獲釋，但看起來傷痕累累，情緒低落。唐塔當時不知道他們經歷了什麼，但後來聽到一些說法。他們被關在一間上鎖的房間裡，裡面很擠，連坐下或躺下的空間也沒有，使他們無法入睡。有些人挨打，有些人沒有挨打，但他們都被迫忍受屈辱。多數的拘留中心沒有廁所，僧侶不得不站在原地排泄。中國當局把那些僧侶放在卡車的車斗上遊街示眾。他們彎著腰，手臂綁在身後，形成一種名為「坐飛機」的緊繃姿勢，讓人想起文革時期的批鬥大會。他們的脖子上掛著牌子，上面寫了他們的姓名與罪行。

有些牌子上寫著「分裂分子」，那是中國政府最愛套用在西藏獨立運動上的用語。有些牌子上寫著「顛覆國家權威」。

沒被逮捕的人，則是被迫去上更多的愛國教育課程。那些課程和十年前共產黨在格爾登寺推出的講座很像，中國當局想傳達的主旨都是：只要熱愛共產黨，就可以信佛教。但這次的課程與其說是說服，不如說是恐嚇。

在某次考試中，他們要求格爾登寺的僧侶回答下面的選擇題：

犯下危害國家安全罪，會判處什麼徒刑？

（1）三年監禁
（2）十年監禁
（3）終身監禁

宣傳主要是以打擊達賴喇嘛為主。中國當局聲稱，達賴喇嘛直接煽動及策畫了抗議活動。宣傳人員為了詆毀達賴喇嘛，使用的語言愈來愈誇張，可說是無所不用其極。報導引用了西藏自治區黨委書記張慶黎的說法：「達賴是一隻披著袈裟的豺狼、人面獸心的惡魔。」他也說，反對達賴喇嘛，是「我們與敵人之間的生死戰」。

印度達蘭薩拉的人權組織雖是抗議資訊的交流中心，但中國提不出他們煽動暴力的證據。相反地，達賴喇嘛針對拉薩發生的藏人襲擊中國百姓事件，提出了措辭強硬的明確譴責。他的發言人丹增塔拉（Tenzin Taklha）表示：「如果藏人選擇暴力之路，他將不得不引咎責躬，因為他完全支持非暴力。」

僧侶也被迫自白──有時還錄影存證──說他們拒絕支持達賴喇嘛。中國當局提供的樣本說法包括「我反對達賴集團」、「我的思想不會被達賴集團影響」、「我在我的屋子裡不會留達賴的照片」等等。

現在中國對達賴喇嘛的照片是毫不寬貸。描繪達賴喇嘛的唐卡遭到撕毀或污損，他的臉被刮除。一間轉經輪室裡，原本放了一幅達賴喇嘛的大肖像，也遭到撕下摧毀。

中國的檢查員開始搜查僧侶的房間，尋找非法肖像。中國當局非常在乎這種檢查，並指派「特警」單位負責執行任務。他們拿著步槍，穿著一身黑色的制服，臉上罩著黑色的巴拉克拉瓦頭套（balaclava）。唐塔覺得他們那一身打扮，猶如伊斯蘭的聖戰士。他們會突然闖進僧侶的房間突檢，拿槍抵著僧侶，要求他們離開房間。他們把衣服、盤子、床單、書籍、食物從櫥櫃裡倒出來，留下一片狼藉。在這些搜查過程中，金錢與貴重物品往往不翼而飛。當時智慧型手機尚未普及，但僧侶會在手機裡留存達賴喇嘛的相片，有時手機就這樣遭到沒收。但真正令僧侶惱火的是，那些對達賴喇嘛不敬的舉動。僧侶抱怨，他們常被迫撕毀或踩踏畫像。

確切地說，撕毀達賴喇嘛的照片不像焚燒古蘭經那麼嚴重，但藏傳佛教徒對任何褻瀆達賴喇嘛形象的行為，都有強烈的情緒。很多藏人其實對政治不感興趣、對流亡政府了解不多、也不見得反中，但他們看到中國人侮辱達賴喇嘛時，就怒不可抑。達賴喇嘛是他們的精神領袖，是觀世音菩薩轉世，是慈悲的菩薩，也是所有藏人的傳統守護者。在佛教藝術中，身體形象有助於禪坐，也有助於提醒信徒他們也能開悟。中國人愈想清除達賴喇嘛的痕跡，就有愈多的藏人意識到他的重要性。中國的反達賴行動不僅毫無成效，還適得其反，造成痛苦與誤解的惡性循環。

僧侶因被迫譴責達賴喇嘛，承受著極大的壓力。許多人拒絕就範，撕毀考卷。多數情況下，那表示他們必須離開寺院，那等於放棄了他們唯一知道的生活方式。格爾登寺與其他寺院發生了連串的自殺事件，其中包括一位七十五歲的僧侶，他撐過了一九五八年的鎮壓與文革，但無法忍受最近的屈辱。一位二十幾歲半失明的年輕僧侶，在格爾登寺上吊自殺。一位約二十五歲的僧侶留下一封遺書，上面寫道：「我一分鐘都不想活在中國人的壓迫下，更別說是活一天了。」

格爾登寺的僧侶覺得，他們熟悉的世界正在崩解，一些以前看不見的危險把他們團團圍住。二〇〇八年五月十二日重創四川省的大地震，更加深了他們的不祥預感。那是一場全國性的超級災難，是一九七六年以來中國境內最大的地震，有近七萬人喪生。震央在約兩百四十公里外的汶川（亦屬於阿壩州）。儘管阿壩鎮的災情不大，但很多阿壩人的親友不幸罹難，包括一些關在汶川附近監獄的人。阿壩與成都之間的公路因山崩而阻斷了數月之久。唯一的正面效應是，中國當局暫時取消了禁止寺院舉行宗教儀式的限制，讓僧侶為罹難者祈禱。

對唐塔來說，那段期間不僅是危機時期，也是覺醒時期。從小，他就從祖母那一輩的口中，聽過僧侶遭到迫害的故事，但沒有太在意。他覺得那些都是老人的回憶，他們的經歷似乎和他自己沒什麼關係。現在，他把自己的處境視為中國持續打壓藏人的一部分。

自從寺院遭到壓迫後，唐塔開始有很多空閒的時間，他利用那些時間聆聽咚鈴（dun-glen）。咚鈴是一種西藏民歌，字面意思是「彈唱」，是安多流行的一種音樂風格。那是一種節奏緩慢、容易讓人聽得入神的音樂。歌詞往往是哀嘆失去已久的愛或家園，有時也會隱晦地提到達賴喇嘛。那些歌曲就是唐塔的政治教育，那些專輯都是非法的。在一些城鎮裡，店長是在櫃台後方偷偷販售，不敢公開展示。唐塔有幸認識一個擅長電腦的人，他把那些音樂燒成CD，送給朋友。

唐塔個人最喜歡的歌手是扎西東知（Tashi Dhondup），他錄了一首歌，名為〈一九五八－二〇〇八〉。那首歌比較了最黑暗的那年與當前的局勢。

一九五八年，
黑色敵人進入西藏的那一年，
喇嘛被抓進監獄的那一年，
充滿恐懼的時刻的那一年……

二〇〇八年，
無辜藏人被折磨的那一年，

16 鬼眼
The Eye of the Ghost

地球公民被殺害的那一年，
我們活在恐懼中。
這首歌導致扎西東知因煽動分裂，而被判處十五個月的監禁。

CHAPTER

17

被迫慶祝
Celebrate or Else

中國警察在阿壩遊行，2011年。

倫珠措死後的一整年，貝瑪陷入極度憂鬱，幾乎足不出戶。她對於自己在抗議期間沒要求激進的姪女待在室內，感到非常自責。她經常想起她們共進最後一頓午餐時她做了什麼，或忘了對倫珠措說什麼。當貝瑪終於逼自己從床上起來時，她也無處可去，只能在離家幾個街區的範圍內移動，阿壩的檢查站切斷了她的一切通路。貝瑪也無法再繼續擺攤了，因為格爾登寺附近的市場已被封鎖。反正也沒有顧客會來，因為鄉下人不准進入鎮中心。貝瑪猜想，關閉市場是對塔瓦社區（thawa，意指寺院周圍的社區）的一種集體懲罰。

以前貝瑪覺得壓力很大時，只要去轉經輪，就可以獲得心靈上的撫慰，但現在外人不准進入寺院，她別無選擇，只能待在家裡擔心。她連在家裡念咒默禱也感到焦慮，因為她想起了兒時的禁忌。以前她一直把哈達好好地披掛在達賴喇嘛的肖像上，供在家中佛堂的中央，如今她不得不移除那幅肖像，把它和達賴喇嘛的徽飾一起收進安全的櫃子裡。她聽說，萬一被逮到持有達賴喇嘛的照片，可能得吃牢飯。

德欽成了家人與中國之間的中介者。以她的年齡來說，她的個頭太小，冒充小學生也不會有人懷疑。這點讓她在障礙重重的阿壩鎮穿梭時，特別有利，因為檢查站比較少攔下孩子。即使有人攔下她，她只要露出微笑，友善地說聲「你好」，就能通過。幾週後，德欽認識了幾位士兵，並和他們聊天。她發現有些士兵才十幾歲，年紀沒比她大多少。她也看得出來，有些人本性良善。藏人試圖溜進寺院為僧侶送食物時，他們會轉過頭，假裝沒看見。她甚至覺得他們整天在那裡站崗很可憐。

有時，她會帶食物給他們。那些士兵特別愛吃鎮上某家麵包店的動物狀餅乾。那家店位於鎮上的另一端，他們會給錢請她去幫忙購買，並花三元人民幣請三輪車夫載她去買。於是，德欽成了中藏雙方的使者。她越過了敵人的防線，為藏人與漢人購物，她覺得自己好像雙面間諜。

二〇〇八年秋季，德欽進入西藏中學就讀，她的忠誠度在那裡受到了考驗。西藏中學從才嘉在一九八〇年代教書以來，變得比以前更傳統，遵循黨的路線，尤其是歷史課程方面。學生仍然可以學習藏語與文學，但其他的課程都是以中文授課。

自從抗議活動發生後，西藏中學加強推行「反對西藏民族主義言論」的運動。所有的教室都掛起橫幅，上面寫著「反對分裂主義」、「反對達賴集團」。在學校的禮堂裡，校長一再對學生洗腦，聲稱達賴喇嘛的邪惡，並譴責參與抗議活動的人是流氓。週日晚上，學校也會安排講座，講述毛主席與紅軍的功績。德欽雖然愛看中國老式的戰爭片，但是在那些講座中，她恍神地癱坐在座位上，幾乎睜不開眼。

德欽不是唯一因二〇〇八年的抗議活動而轉變的學生。倫珠措以前在學校一直很有人緣，她的死喚醒了許多同學的冷漠。他們曾經渴望將來當公務員，當公務員需要對共產黨效忠，現在他們之中有許多人對西藏相關的一切（包括藏語、藏食、藏服、藏傳佛教）產生了新的興趣。有些年紀較大的學生發起只說藏語的運動，從用字遣詞中剔除許多從漢語借來的詞彙。雖然學生都能說流利的中文，但他們承諾在家裡不說中文。他們回家過週末時，如果對話中不小心夾雜一個中文單詞，他們會在罐子裡放一枚硬幣做為罰款。例如，他們不說「電腦」，而是說lok-le；不說「手機」，而是說khapar。

另一個在德欽的同學之間開始流行起來的趨勢是Lhakar運動。Lhakar是「白色星期三」的意思，那是指達賴喇嘛一週中的吉日[1]。每週三，他們都會特別努力地依循藏族傳統，例如每週三穿藏服。對德欽來說，這是她第一次定期戴朱巴。那些學生也承諾，週三不去中國商店購物，也不去中國餐廳用餐。為了使自己成為更好的佛教徒，他們週三也茹素——不過，諷刺的是，達賴喇嘛本身不是素食者。（二〇一五年我採訪達賴喇嘛時，他告訴我，他在醫生的建議下，不再吃素，因為他得了嚴重的黃疸。）

二〇〇八年底，阿壩周遭的管制放鬆了。中國共產黨沉浸在北京奧運成功的喜悅中，市場重新開放，對格爾登寺的封鎖也解除了。進出阿壩鎮的檢查站無人值守，但哨所仍留在原地。誰也不知道哪天風暴會再次來襲。

二〇〇九年初，一場抵制藏曆新年的草根運動開始。藏曆新年是藏曆中最重要的節日，雖然每年及各地慶祝的日期不一樣，但這十五天的假期通常是落在中國農曆新年的前後。傳統上，藏人會吃饃饃，也會做一種叫可哈斯（khapse）的油炸麵糰糕點。藏人也會焚香和放鞭炮。但這一年，藏人誓言放棄慶祝活動，把這個節日用來悼念前一年死去的藏人。

中國統治西藏的一個奇怪特點是，中國當局堅持認為藏人很快樂，快樂到他們以唱歌跳舞來消磨時光。這種伎倆是源於中國共產黨從以前就喜歡偽裝出捍衛「被壓迫者」的姿態。共產黨為了免除他們壓迫少數民族的罪過，必須呈現出藏人熱情接納中國統治的樣子。為此，政府宣傳單位不遺餘力地散發照片、小冊子、書籍，以展示藏人臉上洋溢著笑容。國家電視台定期宣傳所謂的「民調」，聲稱拉薩是中國「最幸福的城市」。幾年前，有人發現中國的宣傳員以推特帳號假冒百姓，發布有關西藏生活的樂觀故事（二〇一四年，一篇發文的標題寫道：「西藏青稞豐收」。）

所以，「不過年」運動（No Losar）激怒了中國當局，正中要害。於是，中國當局以強迫娛樂的方式來反擊；地方政府舉辦了音樂會、選美比賽、煙火表演、賽馬、射箭比賽等等。官員還發錢給民眾辦晚宴。基本上，中國想傳達的訊息是：給我好好慶祝，不然的話……而且，他們透過大規模的逮捕來強制執行節慶。

在麥爾瑪，一群村民在藏曆新年的第一天聚集在外面。他們排成一行，坐在地上，低頭

1 譯注：Lhakar選在週三是因為依據藏曆，藏人的精神領袖達賴喇嘛的魂星落在星期三，其代表的幸運色是白色。

表示哀悼。接著，他們回家吃了一頓簡單的糌粑──沒有酥油，他們刻意為這個情境放棄酥油。隔天，他們又回到原地，繼續做無聲的抗議，但這次，警察正等著他們出現。他們全被逮捕了。

逮捕反而促成了更多的抵抗，沉默的抗議與絕食蔓延到整個阿壩，青少年很快也跟上這個潮流。

一天，德欽穿著她習慣穿的褲子去上課，一群學長走了過來。他們告訴她，等一下有一場特別的紀念活動，所有的女孩都要穿上朱巴。午餐時間，學生像往常一樣去食堂用餐，但他們依照指示，把食物（香腸火鍋）扔進垃圾桶，接著在室外聚集，盤腿坐在地上，開始吟頌「唵嘛呢叭咪吽」。德欽可以看到中國攝影師在大門外錄影，幾位學長撿起石頭，朝大門扔去。

藏族老師驚慌失措，他們知道中國當局會對他們追究學生抗爭的責任。萬一學生被捕，父母會責怪他們。於是，他們開始懇求學生停止抗議。

「拜託，拜託，去吃午飯吧。」老師說，「你們不吃的話，那很難解釋。」

德欽記得當時她也左右為難，不知該如何是好。她的肚子咕嚕咕嚕叫，她不想給老師惹麻煩，但她也不敢違抗那些發起禁食行動的學長。最後，為了折衷，她和幾個朋友去學校的福利社買零食，但學長看到她們後，開始奚落她們及發出噓聲。校長眼看那些女孩獨自走開，試圖問她們是誰叫她們不要吃飯的。女孩因此陷入兩難，不知道該如何回應。

那群學生禁食幾天後，發起抗爭的三名高年級學生被帶出學校。他們一個接一個消失，毫無理由。幾個月後，那些學生回到學校。他們不願談發生在他們身上的事，校方也勸其他的學生別去打聽。

「你們最好別問任何問題，否則也會遭到逮捕。」德欽的老師警告。

德欽乖乖地聽從指示，她嚇壞了。

17 被迫慶祝 Celebrate or Else

藏曆的重要節慶之一，是為期三天的默朗木祈願大法會（Monlam Prayer Festival），那是在新年季接近尾聲時舉行。藏人會在寺院的牆上，掛起格魯派創始人宗喀巴的巨型卷軸掛毯。僧侶打鼓，表演蒙面舞，向大眾分發糖果。二〇〇九年，默朗木祈願大法會即將到來時，僧侶預期中國當局可能會縮減慶祝活動。當寺院裡流傳慶祝活動可能完全取消時，他們都很沮喪。然而，大家也不覺得太意外，因為文革期間默朗木祈願大法會也是完全禁止的。在藏曆上，默朗木祈願大法會的日子通常很接近達賴喇嘛流亡印度的三月紀念日，所以這個節慶也常演變成抗議活動。

隨著這個節日的來臨，唐塔可以感受到集體的焦慮。一些僧侶表示，祈願法會要是被取消，他們會抗議。中國當局派出更多的部隊來包圍寺院。感覺雙方都在為對抗做準備。

在默朗木祈願大法會啟動的前幾天，唐塔去市場買菜，以烹煮當天的伙食。在主要街道上，他看見一個大他幾歲的瘦高僧侶在一輛警車的旁邊徘徊。唐塔一眼就認出了那個僧侶——他的臉比較長，因個子長得太快而有點彎腰駝背——但他不知道那個僧侶的名字，也沒跟他說過話。那個僧侶往警車裡看了又看，臉幾乎貼在副駕駛座的玻璃窗上。接著，他怒踢了輪胎一下，大步離去。車內的警察沒有反應，但路過的藏人跟唐塔一樣，都在一旁擔心地看著。

唐塔不禁自言自語：「這傢伙太勇敢、太有男子氣概了，他是在自找麻煩。」

二月二十七日，格爾登寺的僧侶穿上他們最好的僧袍與斗篷，希望默朗木祈願大法會能如期開始。他們都拿出了為正式場合穿戴的鮮黃色雞冠帽。所有的僧侶都會參加的法會是在下午兩點舉行。後來，法會被延到下午三點。唐塔聽到吹嗩吶（gyaling）的聲音，那是一種雙簧樂器，用來表示祈禱開始。但是，他抵達會場時，聽到法會已經取消，而且又有麻煩了。

一位僧侶自焚了。那是發生在主要道路上，就在一輛警車的旁邊。唐塔不太熟悉那個名字，但是從同學激動的交談中，他意識到那個人就是兩天前他看到那個踢警車的僧侶。

唐塔按耐不住好奇心，想親自去市場看看，但他出不了大門。這次，封鎖寺院的不是警察，而是一大群來朝拜的年老藏人，他們是來參加祈願法會的。他們像往常一樣，想避免年輕的僧侶受到傷害。他們對唐塔大喊，要他回寺內。

17 被迫慶祝 Celebrate or Else

那位自焚的僧侶名叫洛桑扎西（Lobsang Tashi），那名字是加入寺院時取的，但大家都叫他扎白（Tapey）。他的長臉與古怪的眉毛很容易辨識，他來自寺院周圍的塔瓦社區。自焚影片顯示，一個身穿深紅色衣服的瘦高個兒，在一輛停在主要道路上的白色警車邊，跌跌撞撞地走來走去。那裡離通往寺院的十字路口很近，他看起來正使勁地打手勢，好像在說什麼。他在一個快速移動的火球裡舞動身子，火焰從他的頭上及揮舞的手臂中射出。突然間，一團白色的泡沫包住了他——也許是滅火器噴出來的東西——接著，他迅速離開警車。大家也不知道他改變方向的原因，但西藏人權組織後來表示，警方對他開了三槍。

格爾登寺的僧侶再次聚在大經堂前。按照傳統，人死後應該把遺體送回家祈禱。但是，這個情況下，他們沒有遺體——因為扎白被警察包圍後帶走了——不過他們仍繼續進行儀式。他們列隊行走時，一邊念著禱文，一邊流淚，依然處於震驚的狀態。扎白的家人住在傳統的藏式房屋裡，房子前面是一個圍牆包圍的庭院。僧侶湧進院子裡，有些僧侶擠不進去，站在門外。他們竭盡所能在沒有遺體的情況下祈禱，安慰哭泣的家屬，接著返回寺院。他們回去時，發現警察封鎖了寺院的所有入口（共六個）。經過數小時的爭論與勸說，僧侶才獲准回到寺內。接著，在這個充滿太多意外的一天裡，他們又赫然發現一件令人震驚的事情。他們剛剛祈禱的死者——扎白——其實沒有死。他在自焚事件中活下來了。後來，他出現在中國電視的宣傳影片中，狀似被下了藥，聲稱他是被格爾登寺的同學操弄才會自焚。那些同學嘲笑他沒參加二〇〇八年的抗議活動。

整起事件令人費解。自焚在中國佛教徒中有悠久的歷史，他們把自焚視為一種虔誠的宣示。對印度的佛教徒與印度教徒來說，自焚並非罕見的現象，但藏人一般把自焚與自殺視為禁忌。生命無常，這點無庸置疑。但藏人認為，自殺是在操弄死亡與重生的自然輪迴，那對活在體內的微生物也是一種暴行。

一九九八年，流亡到新德里的藏人士登額珠（Thubten Ngodrup）自焚身亡，當時印度警方正在驅散西藏青年代表大會（Tibetan Youth Congress）成員的絕食抗議。另一名藏人在印度自焚，但活了下來。他是為了抗議時任中國國家主席的胡錦濤二〇〇六年的訪印之行。這些都是隨機、罕見的事件，似乎不太可能激發出一種趨勢。

經過扎白那次事件後，阿壩沒有人料到這種事情會再次重演。

CHAPTER

18

毫無出路
No Way Out

阿壩的檢查站。

二〇〇九年，唐塔覺得，壓迫帶給他的痛苦，還沒有青春期長久的無聊來得難受。

本來他在寺院裡是前景可期的明日之星，不僅學業優異，還善於辯論。但現在，他變成一個漫無目的的十五歲青年，臉上開始長青春痘，也愛鬧彆扭。扎白自焚後，檢查站再次加強管制，像絞索一樣勒緊這個城鎮，使它變得了無生氣。但唐塔也練就了一番矇騙的技巧，他學會如何繞過檢查站，向寺院的老師撒謊。他和朋友刻意逃避晨禱，在鎮上閒逛，有時他們還會搭便車或巴士出城。有一次他們晃到三百多公里外的甘肅省蘭州市，但很快就把錢花光了，又搭不到便車，只好在街上乞討返家的車資。

阿壩雖是小鎮，但鎮上有許多誘惑可讓年輕的僧侶誤入歧途。寺院旁的主要街道上開了一家KTV，夜晚的霓虹燈把人行道照得五顏六色，與寺院的深紅色與鮮黃色一樣耀眼，寺院不再是鎮上最多彩的建築。中國男人開著黑色的汽車進來，車窗貼著隔熱膜，人們竊竊私語說妓女在裡面做買賣。唐塔那時年紀還小，也太窮，還沒有機會破戒，但他忍不住染上一些比較輕微的惡習。巴士站與中學之間開了一家網咖，儘管中國的審查機構擋了許多網站，但孩子可以透過QQ發訊給朋友或玩遊戲。西藏男人也愛去撞球廳，儘管喇嘛批評那六個球袋是地獄的六個圈套。

唐塔就像許多年輕的藏人一樣，很迷籃球。那是阿壩最熱門的運動，年輕人即使找不到合適的球場，也會直接在泥地上打球。唐塔會跟一些來自麥爾瑪的兒時夥伴組隊打球，例如彭措，他是他們那群人之中最高大、最健壯的。唐塔個子矮小，又有近視，沒有打籃球的天賦，但他的熱情彌補了天賦上的不足，他認識NBA的所有球員。格爾登寺沒有球場，但這些少年會到鎮上的學校球場打球。

唐塔也對電影產生了興趣。阿壩已經沒有電影院了，但餐廳與茶館變成非正式的電影院，在大螢幕上放映DVD。唐塔的朋友喜歡看戰爭片與功夫片，他的品味溫和一些，比較愛看西藏的音樂影片。那些店只收取象徵性的小額入場費。唐塔曾經從一個年長的僧侶那裡偷了一袋乳酪，拿到市場變賣，再把賺來的錢拿去看電影與音樂影片。

這些荒唐的行徑為唐塔帶來不好的名聲。資深的僧侶常聯繫他的母親索南，抱怨他逃學，逃避晨禱，或是跟老師吵架。這些行為還不足以讓他退學，但家人預測他很快就會放棄出家誓言，輟學離開寺院。

所以，當家人得知決定離開寺院的不是唐塔，而是他的同父異母兄弟仁增多吉時，大家都非常訝異。仁增多吉一直是個模範兒子，乖巧聽話，沉默寡言，靜到常常讓人忘了他的存在。誠然，他不是最優秀的學生，但他平穩的性格似乎很適合僧侶的生活。但有一天，他穿著便服回到麥爾瑪，直接向家人宣布：「我不再是僧侶了。」

男孩進入青春期後離開寺院並不少見，有時是因為他們發現了性欲，或是不想受到寺院生活的其他限制。男孩離開寺院通常是因為家裡需要他們去工作。出家時破戒是一種可怕的罪過，但還俗後就不受限制了。

仁增多吉沒有解釋他為什麼要還俗。父母問他，難道是交了女友，他搖搖頭說沒有，他純粹只是不想再當僧侶罷了。父親勸他不要還俗，但他也知道多說無益。仁增多吉雖然乖巧聽話，但也有固執的一面。他一旦決定後，就不會改變念頭，不像唐塔比較多變。

仁增多吉回去幫父親工作，放牧犛牛與羊群。他在父親的房子旁邊，搭了一個小籠子養鴿子。有時他會和那些鴿子說話。

麥爾瑪的傳統家庭通常會希望家裡有個兒子成為僧侶——這可以在宗教上提升那個家庭的地位，而且家人進城時，也有一個住宿空間。

現在他們的父親確信，唐塔會是下一個還俗的人，他說：「他是比較調皮搗蛋的孩子。」不過，唐塔並不打算離開寺院。相反地，短暫的叛逆期讓他意識到，他有多懷念寺院裡的學習。唐塔不是很擅長運動，他幾乎不會騎馬，不會彈吉他，也無法像他的偶像那樣歌唱，他意識到學習才是他一直想做的事。他回想起小時候偷溜進家裡那個上鎖佛堂的時光。除了當僧侶以外，他還能做什麼？

唐塔去找母親商量。他告訴母親，在阿壩繼續學習已經是不可能的事了。那時他還未滿十八歲，所以參與寺院活動的機會很有限，他想去佛教的發源地印度深造。索南一聽，覺得那個念頭很好笑。

「那有什麼意義？」索南告訴他，「只有學識淵博的佛教學者才去印度，送你這種無知的孩子去有什麼意義？」

而且，唐塔在格爾登寺經常蹺課打混，惹了很多麻煩，索南對此依然很生氣。去印度一趟，至少需要兩萬人民幣（約合三千美元）。身為有殘疾的單身母親，索南總是手頭拮据，唐塔的父親幾乎沒有錢可以栽培孩子。索南看了一下自己的財務狀況。雖然她缺乏教育，但她很會理財。幾年前，她甚至重建了他們的房子，為建築申請了銀行貸款。但是，送一個調皮搗蛋的男孩去印度，似乎不是很明智的投資。

唐塔為此糾纏她好幾個月，不斷地威脅利誘。他說，如果索南不讓他去印度，他會再次逃家，設法工作存錢，靠一己之力去印度。索南知道他不是隨便說說，他確實常溜出寺院。於是，索南開始找人脈幫忙，麥爾瑪的鄰居答應出點錢。索南在村子裡的人緣很好，大家都很欣賞她為了克服殘疾所做的努力，但他們也沒有很多錢可以幫上忙。

她向一位住在印度的僧侶求助，那位僧侶和她的家人有點關係，只是那關係不太尋常。他還小的時候，被認定是她已故叔叔的轉世靈童——就是那個留著山羊鬍的喇嘛，他的肖像仍掛在她家的佛堂裡。他承諾出資幫助唐塔，並在格爾登寺於一九九〇年在達蘭薩拉建立的分寺中，幫唐塔找一個位置。

一九五九年達賴喇嘛逃離拉薩後，約八萬名藏人跟隨他流亡到印度。另一波藏人遷移到印度的熱潮，是發生在一九八〇年代。有些人是擔心被捕，或最近剛從政治監獄獲釋的行動分子；有一些人是想獲得達賴喇嘛祝福的朝聖者；另一些人則是熱愛旅行的年輕人。最大宗的或許是約兩萬四千名的藏族學生，他們去那裡尋求在中國得不到的教育機會。西藏流亡政府開辦了七十幾所學校，為年輕的藏人提供現代教育的機會，那種教育既不涉及中國共產黨的宣傳，也不涉及宗教，是處於政府學校和寺院學校之間的中間地帶。他們可以學習自己的語言和歷史，也可以學習英語，有時也可以學習中文。其他學校則是由慈善機構或寺院管理。

幾十年來，藏人徒步沿著一條古老的朝聖與貿易路線——珠峰西北方的朗喀巴山通道（Nangpa La pass）——穿越喜馬拉雅山脈。中國與印度之間地形險峻，再加上邊界爭端不止，所以從中國到印度最務實的走法，是先到尼泊爾。那裡有難民組織可以先接待他們。那條路線的海拔高達五千八百米，非常危險。許多難民遭到凍傷，出現雪盲症與高山症。二〇〇六年，一名羅馬尼亞的登山者在前往山口附近的卓奧有山（Cho Oyu Mountain）徒步探險時，拍到中國士兵向一排難民開槍及殺死一名十七歲佛教女尼的影片。

藏人想離開中國一直很困難，儘管如此，以前每年還是有上千人前往印度。但是，自二〇〇八年抗議活動發生以來，那個數字降至數十人，連朗喀巴山通道也封鎖了。

中國政府的政策，實質上等於是阻止藏人離開中國。政府創造出一種雙軌系統，在這個系統中，有一群人申請護照時，必須經過極其繁瑣的流程。這群人是以藏人及維吾爾人為主。人權觀察組織（Human Rights Watch）發現，中國三百三十九個自治州中，有三十六州被歸為「不按需求提供護照的地區」，這些地區都是少數民族聚居的地點。

一位西藏的部落客抱怨：「藏人拿到護照比上天堂還難。」

至於過去取得護照的少數幸運兒，政府後來常以各種理由沒收他們的護照，聲稱護照需要上交「保管」；或是更換成內建晶片、帶有生物辨識資料的新版護照。

中國這項政策的目的，從未清楚闡明，但實際上就是為了讓藏人遠離達賴喇嘛的影響。只要藏人無法出國，就無法到達蘭薩拉謁見達賴喇嘛，也無法參加達賴喇嘛在世界各地舉行的無數講座。

這種不公平的政策激怒了藏人。因為，與此同時，有錢有勢、社會地位提升的中國人開始展翅高飛，搭機前往巴黎與威尼斯，享受更廣闊的世界。漢人的孩子可以前往美國的預科學校和大學就讀，成為美國最大的海外學生群體。藏人想要的，只不過是跟漢人一樣的對待罷了，不多也不少。

唐塔探索去印度深造的選擇時，幾乎陷入了恐慌，不知所措。去印度的費用高得嚇人，障礙大到似乎無法逾越。而且，他也欠缺前往印度的導航技能——不僅要有能力找到穿越喜馬拉雅山的路線，還需要想辦法通過中國的官僚機構。他幾乎不會說中文，甚至沒有中國的身分證。

唐塔設法抵達了拉薩，那是位於通往尼泊爾邊境的路上。他最初是住在母親的親戚家，但警方去她家檢查是否有未授權的訪客後，那家人不得不把他送到一家熟人開的旅館。自從二〇〇八年發生抗議活動以來，中國當局就要求藏人前往拉薩必須先取得許可證。對於經常惹麻煩的阿壩人來說，許可證的發放少之又少。由於沒有證件，唐塔不敢在拉薩四處走動。拉薩街道上巡邏的士兵比阿壩還多。舊藏區的狹窄鋪石路上設了好幾個檢查站，狙擊手就紮在檢查站的屋頂上。

有人告訴唐塔，僧侶比普通人更容易受到關注，所以他收起僧袍，買了牛仔褲，也停止剃頭。不剃頭後，頭髮長了回來，尖尖的，參差不齊。他試圖把頭髮染成金色，沒想到卻染成紅色。他買了一副太陽眼鏡來保護眼睛，因為他的視力從小就差，拉薩的高海拔陽光又特別刺眼。他這樣變裝後，看起來很像龐克搖滾歌手。但是在中國當局的眼中，這種偽裝比僧侶裝扮更容易獲得接納。

唐塔原本的計畫是，先取得前往尼泊爾邊境的通行證，但他欠缺申請通行證的文書檔案。唐塔和朋友遇到一名走私者，那個人告訴他們，每人付兩萬人民幣（約三千美元），他可以幫他們安排一台車去邊境。但是，兩萬人民幣等於是唐塔那次旅行的全部預算了，他在

18 毫無出路 No Way Out

拉薩的生活費已經花掉一半。他打電話回去徵詢母親的意見。

索南說她可以去籌錢，但後來她去找一位僧侶占卜，那位僧侶勸她不要那樣做，她只好叫唐塔回家。

唐塔挫敗地回到阿壩。他在寺院裡住了幾個月，大部分的時間都溜出去打籃球，但他對籃球也失去興趣了。他很沮喪，乾脆搬回去和母親同住，整天悶悶不樂地在家裡瞎耗。索南為此心煩意亂，在打破兒子去印度的夢想後，她現在確信，去印度才是他實現出家命運的唯一途徑——事實上，這也是當初為她占卜的僧侶告訴她的。所以，索南決心幫唐塔圓夢。她為了陪唐塔去拉薩做調查，又借了更多的錢。

這次有她隨行，效果並沒有比較好，但他們得知了一個重要的訣竅：有人告訴他們，他們需要從阿壩的公安局取得文件——其中一封文件是保證唐塔沒有犯罪紀錄。有人建議他們，在中國新年與西藏新年之後，再去政府機關辦證件，因為那時高階官員還在休假，是由比較寬容的下屬處理證件。

所以，二〇一一年初，唐塔回到了阿壩。他以為他已經擺脫了困境，沒想到他回來時，阿壩比以前的任何時候還要危險。

CHAPTER

19

起火的男孩
Boy on Fire

僧侶彭措。

二〇一一年三月十六日，正值初春時節，天候晴朗。青草從積雪中冒出頭來，不久積雪就會開始從山坡上撤退。唐塔搭便車進入阿壩，希望能拿到旅行所需的通行證，母親和妹妹也陪他一起來了。他們抵達阿壩鎮的入口時，卻發現檢查站封閉了。這次，警察甚至沒檢查身分證，只以不屑一顧的手勢，要他們的麵包車掉頭離開。藏人知道在檢查站最好不要挑起爭執，所以司機只好倒車，把乘客送回村裡。

但唐塔說不行，他要下車走完剩下的路。母親還沒來得及反對，他就在靠近東部檢查站的中石化（Sinopec）加油站前跳下車，那裡是鎮上唯一的加油站。

他繼續步行時，看到城裡出事了。當時才下午三點左右，但商店都關門了，放下金屬百葉窗。警車在檢查站與鎮中心之間來回行駛。唐塔出於本能，離開了主要道路，選擇當地人想避開警察時喜歡繞的路。他走到人民醫院與公安局後面，那裡的停車場變成了荒地。在泥濘中跋涉，比在人行道上顯眼的地方行走要好。其他的藏人也在做同樣的事情，唐塔不想問他們發生了什麼事，但他悄悄地偷聽他們的對話，終於得知事情的梗概。

鎮上發生了一件火災意外，有人點火自焚，「又是」一個格爾登寺的僧侶。

唐塔知道他應該趕快回檢查站，搭另一輛便車回麥爾瑪，當下的情況很危險。阿壩是個小鎮，他不想被認出來。許多人知道他一直想去印度，那本身就是一種犯罪。母親提醒過他，要盡量保持低調。即使是他熟悉的藏人也可能告密，私下通報警方。他已經十七歲了，不再

19 起火的男孩
Boy on Fire

是未成年的孩子，他可能因此被捕入獄。

他很慶幸自己在拉薩改變了外型。他長出了蓬鬆的紅髮，戴著大大的有色眼鏡，看起來不像龐克，反而更像中國的中年婦女。當他向鎮中心走去時，本能地拉起厚厚的黑白圍巾，遮住臉的下半部。他感覺到自己在冒汗，雖然才三月，但太陽非常大，也有可能是因為整個小鎮因火災意外而氣氛緊繃。

他抄近路，鑽進主要道路店面之間的小巷，來到市場區。那裡堆滿了推車，推車上裝滿了蔬果、運動鞋、帽子和圍巾。那裡通常是鎮上最擁擠的地方，但今天都封閉了。

他意識到自己正站在自焚事件發生的地方。警方拉起的警戒線外，圍著一群藏人在旁觀。人行道上站著一群嘰嘰喳喳的老婦人，身穿寬大的朱巴，梳著黑辮子，脖子上掛著肥大的珠子，看起來像從寺院出來的。他們哭喊著、祈禱著、尖叫著——一會兒呼籲同情，一會兒又呼籲報復。

「唵嘛呢叭咪吽。」他們吟誦著呼籲同情的咒語。

「中國混蛋。」

「吃土吧！」

「願塵土填滿他們的嘴！」這是阿壩最愛的詛咒。

唐塔把臉縮進圍巾裡，擠到婦人群中，他想看得更清楚一點。他看到一家製造金屬火爐的小店前面，一家名為Chomolungma（藏語的「珠峰」）的酒吧對面，人行道上有白色泡沫的殘跡，那可能是滅火器的殘留物。他往後退，低下頭，看見一個火柴盒，裡面的火柴灑落在人行道上。他趁大家不注意時，把它們揀起來塞進口袋。他不知道那是不是那個僧侶用來自焚的火柴。

唐塔還是覺得不敢置信。扎白的遭遇讓他確信，應該沒有人會再自焚了。扎白兩年前自焚，但活了下來，後來全身殘廢，被囚禁在中國某家醫院裡，淪為中國在電視上宣傳的工具。誰會蠢到再去自焚？誰那麼勇敢？

他周圍的人似乎都很震驚，焦躁地走來走去，感覺還有別的東西騷動不止。那名僧侶自焚後，警察與軍隊突襲了格爾登寺，尋找代罪羔羊。二十五名僧侶被捕，並拘留在警局。以寺院守衛者自居的老人離開了自焚地點，來到對面的人行道上舉行守夜儀式，等待那些僧侶獲釋。一群比較激動的年輕人則是直接聚在警局前。從二〇〇八年起，唐塔已經對抗議活動的進行方式有了足夠的了解，他知道所有的行動者都準備好重複上演同樣的行動。

此刻，唐塔已經沒有留在阿壩的理由了。他想申請證件的公安局已經關了，他幾乎可以聽到母親懇求他回麥爾瑪的聲音。但是，他又被當初驅使他進城的好奇心所吸引，目光無法移開現場。他身上帶了一些申請證件的錢，那些錢只夠租個房間住一晚。阿壩到處都是廉價旅館，它們專為進城購物或銷售商品的鄉下民眾提供服務。他挑了警局對面的旅館，以便就近觀察狀況。那間旅館裡，自然充滿了有關自焚及僧侶被捕的討論。唐塔不願參與談話，因為他正隱姓埋名旅行，所以他在大廳裡徘徊，偷聽大家的對話。

一開始，他以為自己聽錯了，但他聽到大家不斷重複「彭措」這個名字。很多藏人有相同的名字，但他聽到這是麥爾瑪的彭措，來自雅魯尚（Jarutsang）家族。是那個彭措，他的朋友。彭措比唐塔大幾歲，但在格爾登寺是師從同樣的老師，那就好像讀同一班，或是屬於同樣的寄宿學院。唐塔對彭措總有幾分畏懼，不是因為他仗勢欺人，而是因為他是優秀的運動員與學生，文武雙全。彭措的父親跟唐塔的父親一樣，都是社會地位低下的鐵匠，但雅魯尚家族是比較受人敬重的大家庭。唐塔回憶道，彭措的祖父鄧多在一九五〇年代抵抗漢人的運動中曾是領導者。一切開始明朗起來了——有其祖必有其孫。

彭措是個身強體壯的年輕人，笑容燦爛。十幾歲的時候，他就對舉重產生興趣，喜歡炫耀六塊肌及展現引人注目的二頭肌。彭措對自己的體格非常自豪——這種特質也許跟終生獨身禁欲的僧侶不太協調。唐塔後來才想到，也許彭措那麼在乎體格，是為了自焚時把身體做為更好的祭品。

唐塔的情緒在厭惡與尊敬之間搖擺不定。他試著想像自焚有多痛——他還記得煙霧彈的火花灼傷他的手時有多痛。他很想知道，彭措這樣一個跟他同齡、同樣成長環境、家庭背景相似的人，怎麼會做出往自己身上澆汽油然後自焚的決定。唐塔摸著他在路上撿到的火柴，他不知道自己有沒有勇氣做那種事。他不得不承認，可能沒有。但是，在旅館外，他看到憤怒的人群像烏雲一樣聚集在警局前，他認為這次肯定會爆發抗爭，這次他肯定會以成人的身分加入抗爭。後來他回憶道：「當下，我毫無疑問，我已經準備好慷慨赴義。」

午夜時分，阿壩警方釋放當天稍早逮捕的僧侶。那一定是因為高層命令有關當局克制一點，至少目前先這樣，以防激起另一次抗爭。

彭措的自焚行動比扎白成功，他在翌日凌晨三點過世。他的葬禮是阿壩人記憶中最盛大的葬禮之一，是在離格爾登寺約三公里的山坡上進行，那也是天葬的地方。但彭措已經火化了，因為他在身上淋了汽油，遺體不適合讓鳥吃掉。哀悼者排著長隊緩緩上山，一邊吟誦著禱文，一邊拖著一條由哈達製成的白色長繩。

唐塔的母親不准他去參加喪禮。他回到麥爾瑪的家時，索南非常擔心，不讓他離開她的視線。她只有一個兒子，絕對不會讓他去自焚或抗議時遭到射殺。她告訴唐塔，他可以在家裡吟誦禱文來哀悼亡友，這次，他不得不承認母親是對的。但他依然處於不穩定的狀態，還是忍不住想做一些容易招惹麻煩的事。那年夏天，當地打算舉行騎馬節，唐塔認為藏人不該參與那麼歡樂的節慶活動，所以他在家裡開始規畫一場宣揚活動，以阻止騎馬節的舉辦。母親出門後，他拿出一些白紙，在紙上寫下他想傳達的訊息：

19 起火的男孩 Boy on Fire

我呼籲麥爾瑪人
不要舉辦婚禮、騎馬節之類的慶典，
以感念烈士彭措為我們的理念自焚。
我們必須團結一心。

他在麥爾瑪的三個地方貼了這些告示——在橋上、一家餐廳的窗戶上、小溪附近的小神龕上。索南發現他做的事情時，怒不可抑。目前為止，她把大部分的積蓄及更多的錢，都投入讓他去印度深造的計畫了。她希望他永遠離開阿壩，這樣就沒有機會被捕了。她和唐塔的父親商量過，他們都贊成讓唐塔和同父異母的兄弟仁增多吉住在一起，放牧犛牛，度過那年剩下的日子。

索南把唐塔帶進山裡、讓他遠離格爾登寺是對的。

儘管中國當局在彭措自焚那晚避免激怒人群，但他們並不打算就此放過相關人士。後續幾週，有三百名僧侶被捕。寺院再次遭到封鎖，外面圍滿了武警、帶刺鐵絲網、警犬、裝甲運兵車，食物供應也減少了。當地政府出版了一本小冊子，聲稱再教育專案是必要的，因為「寺院裡有些僧侶會嫖妓、酒醉、鬧事、賭博……有些人還散布色情影片」——阿壩人都不相信這些指控。

死者已無法起訴，所以中國當局尋找新的法律做為懲罰的依據。他們指控三個與彭措死亡有關的人犯了殺人罪。彭措自焚後，被一輛麵包車送去格爾登寺，整個過程都被監視攝影機錄了下來。僧侶說，他們帶走垂死的彭措，以防他被中國警方粗暴對待。彭措躺在地上時，中國警方曾對他拳打腳踢。

然而，中國法院裁定，僧侶的行為形同謀殺，因為彭措當時還活著，應該送去醫院。阿壩州的首府馬爾康的人民法院裁定：「他們清楚知道彭措有嚴重燒傷，卻在他應該接受緊急治療時，把他帶走。」

彭措的叔叔是處理其遺體的人之一，被判處十一年的監禁。另兩名僧侶的刑期較輕。彭措的父親和他的兄長被判處六年徒刑。

於是，一種模式就此開始，並延續了好幾年。任何與自焚有關的人，都可能面臨謀殺與顛覆罪等刑事指控。人權組織「對話基金會」表示，二〇一二年十二月，中國最高人民法院發布判決意見書，該意見書指出，任何煽動自焚的人都應以「故意殺人罪」起訴，而且其動機是「分裂國家……危害公共安全與社會秩序」。遭到起訴的人包括那些事先聽到消息的人、賣煤油甚或賣煤油塑膠瓶的人、用手機拍照及攝影的人，以及向人權組織提供自焚者資訊的人。

如果這項政策的目的是為了阻止更多的自焚行動，結果是適得其反。八月中旬，四川省甘孜鎮的一位僧侶散發傳單，呼籲讓達賴喇嘛回國，接著就在縣府前喝下石油並自焚。九月二十六日，彭措的弟弟格桑（Kelsang）和一位十八歲的同學，在幾乎相同的地點，重複了他哥哥的自焚行動。格桑也是格爾登寺的僧侶，年僅十八歲，長得和哥哥幾乎一模一樣，都有燦爛的笑容與酒窩。格桑與朋友活了下來，他們跟扎白一樣，最終變成中國電視上的警世故事。

在那次事件後，自焚者精進了技巧，以確保自焚後一定死亡。他們把自己裹在被子裡，接著以鐵絲纏住被子，這樣就不容易抽出被子滅火了。他們不僅以汽油澆透自己，也喝下汽油，使身體也從內部燃燒。自焚者死意堅決，死了總比被關在中國醫院裡截肢好。

十月七日，兩名在鎮壓中被迫離開的格爾登寺僧侶卡央（Kayang）與曲培（Choepel）一起在阿壩的主要街道上自焚。這兩個約十八歲的男孩手牽著手在火焰中燃燒。兩人都被送去醫院，但不久就過世了。

十天後，一名二十歲的西藏覺姆在瑪米覺姆貢巴（Mamey Dechen Choekorling，即四窪尼姑寺）前自焚，那間尼姑寺在格爾登寺西方約三公里處，在政治上也很活躍。二〇〇八年的抗議活動中，那些覺姆在鎮上遊行，其中一人遭到槍殺。親戚後來發布了那位自焚覺姆丹增旺姆（Tenzin Wangmo）的照片，她的美貌因為剃度而更加引人注目。她是第一位自焚的女性。

中國的宣傳人員愈來愈難以宣稱藏人很幸福。自焚事件接二連三地發生，完全擋不下來。

CHAPTER

20

悲傷

Sorrows

自焚者的照片，達蘭薩拉。

阿壩從未如此出名過。這個無足輕重的小鎮，才剛設立第一個紅綠燈，連四川人也很少聽說過這個地方，更遑論去參觀了，但現在阿壩讓西藏又變成頭條新聞的焦點。這裡成了世界的自焚之都，登上全球各大報紙的頭版。白皮書、國會聽證會、學術會議都熱烈地討論阿壩。美國駐華大使駱家輝（Gary Locke）試圖調查，並請求造訪阿壩，但他最遠只獲准到松潘（Songpan）。松潘同屬較大的阿壩州，但離阿壩鎮有一百六十公里。中國當局一向不歡迎外國人到阿壩，但那裡本來就不是觀光旅遊點。現在好奇的人一心想去阿壩一探究竟，外國電視台的工作人員試圖溜過檢查站的警戒線。外國記者常用的技巧是，坐在汽車的後座，壓低身子，把攝影鏡頭對準窗外，試圖捕捉影像以釐清局勢。

不只記者與外交官試圖進入，其他地方的藏民也為了自焚這個明確的目的而來。藏人把阿壩的主要街道（中國地圖上標示為三〇二省道或洽塘路）改名為英雄路（Pawo Road，pawo在藏文中是英雄或烈士的意思）。為了不讓人進來，通往城鎮的路上裝了很多攝影機，以閃光燈拍下所有路過的車輛與乘客。坦克陷阱與鋼筋做成的高斜路障，封鎖了所有進城的入口，而且幾乎每個街區都有。穿插在三輪車與小推車之間的，是展現最先進防暴技術的車輛，充滿了未來感。一輛白色裝甲車上裝有攝影鏡頭，鏡頭可對準旁觀者。另一輛迷彩色的裝甲車上裝了機關槍。一輛車體很長的白色車輛，後面有個炮塔。裝上警用閃光燈的大巴士，載著人員展開行動。還有一些傳統的車輛——蓋著帆布的運兵車、吉普車、警車等等。一輛裝

20 悲傷 Sorrows

甲運兵車停在永立百貨城的前面，那家店是綽號「刷頭」的漢人開的，二〇〇八年曾遭抗議者洗劫一空。

二〇一一年，中國的國內安全預算是九百五十億美元，首度超越了國防開支。人權觀察組織的一份分析報告顯示，從二〇〇二年到二〇〇九年，阿壩州的「維穩」預算增加了六倍，那個金額約是四川省非藏區預算的五倍。在阿壩，很難分辨誰是軍人，誰是警察，因為中國的職能區分並不明確，但是他們身穿那麼多種制服與徽章，簡直就像閱兵一樣。特警身穿黑色制服，手持防暴盾牌，排成兩列沿著街道行進。武警身穿卡其色或亮綠色的制服，配戴紅色肩章。安全部隊攜帶步槍、盾牌、帶刺棍棒和滅火器——這是軍械庫中最新、最不可或缺的工具。

目睹自焚事件可能帶來人身風險。每起自焚案件中，至少都有六人被捕。許多人被捕是因為遺體問題引發的衝突。一旦有人自焚，旁觀的藏人會馬上衝過去認領遺體，舉行傳統的祈禱儀式與葬禮。如果自焚者還活著，他會被帶到一個安靜的避難所等死。關於垂死的自焚者在中國的醫院裡遭到折磨的恐怖故事時有所聞。

二〇一三年十二月二十三日下午兩點，在麥爾瑪的行政中心，一位名叫貢確．車臣（Kunchok Tsetsen）的男子自焚。當時學校還沒放學，所以附近有些家長準備去接孩子。他們看到自焚者時，衝過去幫忙把遺體裝進一輛貨車。現場的監控攝影機捕捉到整個過程，所有介入的家長都遭到逮捕。一位曾是僧侶的人告訴我，那天下午他的妹妹去接女兒放學，因此遭到逮捕，被判三年徒刑。

隨著時間的推移，阿壩的藏人對城鎮周圍的警戒線愈來愈不滿。警方用警戒線封鎖了賽寺附近的中石化加油站。他們只能用身分證買汽油。政府也禁止他們購買罐裝汽油或煤油，這對鄉下的藏人構成了一個問題：他們不常進城，需要囤積汽油或煤油；而且家裡沒電的人仍使用煤油燈照明。

一名開小雜貨店的婦女出售煤油給僧侶，後來那位僧侶自焚了，導致那名婦女被捕。一個鄰居告訴我：「那是家族事業，他們有很多孩子。婦人的丈夫請求警察逮捕他，不要帶走他太太。但警察說，不行，賣煤油的是她。」總得有人受罰。

然而，最大的不便是，阿壩的通訊幾乎完全中斷。固網、行動電話、3G都受到影響。二〇一一到二〇一三年，連從北京打電話到阿壩的政府單位都很困難。有段時間，警局和郵局還能上網，但之後也完全切斷了，不像中國多數地方只是遭到審查而已。這促成了一種全新的現象：網路難民。阿壩的居民必須越過邊境到青海省上網，那裡的網咖仍有營業。

商務人士（其中一些是中國人）呼籲政府官員恢復通訊。沒有電話與網路，經濟生活也遭到扼殺，但是當局堅持不恢復。既然無法阻止自焚，他們至少可以阻止大家發現自焚的消息。沒人傳播的自焚，就像森林裡倒下的樹一樣無人知曉。

事實上，阿壩發生的事情，幾乎都會被各種攝影鏡頭拍下來。藏人是喜歡嘗新的早期採用者——在摩托車和太陽能電板之後，他們最早買的東西是iPhone或三星的Galaxy手機。手機和無處不在的監控攝影機，拍下了許多自焚的影片並公諸於世，這是社群媒體時代的第一次，YouTube上有十幾支自焚的影片，每一支都令人毛骨悚然。多數的自焚案例中，那些自焚者並不像越南僧人釋廣德（Thich Quang Duc）那樣鎮定。釋廣德自焚時，自始至終都維持完美的盤腿打坐姿勢，肉體一動也不動。在阿壩的自焚影片中，一位自焚者像火球一樣穿過一條昏暗的灰色街道。另一位自焚者抽搐著，像一張扔進壁爐的紙那樣皺了起來。那些完全遭到火焰吞噬的身體，最後縮得像孩童一般，整個碳化扭曲。最慘烈的是旁觀者的尖叫，那是一種尖銳的哀鳴，像動物被勒死一樣。

那些自焚者常在大家普遍使用的即時通訊軟體「微信」上，留下告別的文字與影片。其中最善於表達的，是一位傑出的轉世僧侶：索巴喇嘛（Lama Sobha）。他留下一段九分鐘的影片：「我願把我的身體奉獻給光明，以驅除黑暗，使眾生免於苦難。」另一位自焚者在一個致力於非暴力的藏族商人微信群組中宣布自焚。

二〇一一年十一月，一直有人請求達賴喇嘛對此發表意見，但他的聲明往往不太明確。「自焚需要勇氣，非常大的勇氣。但是，那樣做有什麼效果呢？」他告訴BBC，「只有勇氣是不夠的，還得運用智慧。」後來他解釋，他那樣說是為了勸阻自焚，但又不想因為譴責那種行為而冒犯那些自焚者的家屬。「事實是，如果我說一些正面的話，中國會立即指責我。」他說，「如果我說負面的話，那些人的家人會非常難過。他們犧牲了自己的生命，那並不容易。」

達賴喇嘛承受了很大的壓力。那些以他的名義自殺的年輕男女，拿著他的照片，為他的長壽祈禱。那些自焚前發表聲明的人，大多表示他們希望達賴喇嘛回歸西藏。然而，自焚也是對達賴政策的一種含蓄反對。達賴喇嘛呼籲非暴力、耐心、與中國人合作，但那些呼籲都毫無效果。藏人藉由自焚，突顯出他的失敗。

西藏維權組織的處境也很尷尬。他們不能讓大家以為他們鼓勵年輕的藏人自殺，但自焚為早就從新聞頭條中消失的理念帶來了宣傳效果。世人對庫德人與巴勒斯坦人等民族的自決權失去了興趣，再加上現在的新聞週期更新得極快，藏人完全消失在世界舞台上。自焚事件讓他們又成了世界關注的焦點。

二〇一二年五月，法蘭西公學院（Collège de France）在巴黎舉辦了一場為期兩天的會議，主題是「西藏正在燃燒：自焚是儀式，還是政治抗議？」學者發現，佛教對自殺的態度中，存在著許多矛盾。會議籌辦者及法國藏學家卡提亞．畢菲特里耶（Katia Buffetrille）在會後於期刊上發文表示：「不同的時代與不同的佛教流派，對自焚的看法有所不同。人們似乎可以在任一篇文章中，找到自己想要的答案。」

有些人認為佛教禁止自殺，但是更多人反駁道，自焚者已經變成菩薩，他們為了幫大家開悟而犧牲自己的生命。有些人援引釋迦牟尼佛前世修行時「捨身飼虎」的故事（他以自己的肉身餵養飢餓的母虎，以免牠吃下出生不久的幼崽）。有些人為了從教義中尋找自焚的理由，去查《法華經》。那是一部重要的佛教經書，編於西元一世紀左右，裡面提到一位藥王菩薩燒身供養。

隨著研究人員深入研究自焚的歷史，大家發現，相較於中國佛教，藏傳佛教在自焚方面仍是新手。中國的佛教徒從四世紀開始就有人自焚。佛教學者貝劍銘（James Benn）對這個現象做了研究，他發現有數百個僧人、尼姑、禪師、學者、隱士，為了開悟而放棄或離開俗世的肉身。有時，那是為受邀的嘉賓所準備的奇觀，是一場真正的聲光表演。在六世紀僧人道度（Daodu）自焚之前，他的寺院沐浴在五光十色的光芒中，周圍迴盪著神祕的聲音。有些例子——也許是不可靠的編史家所述——把自焚描述為自燃。一般認為這種自殺方式特別痛苦，不過報導指出，隨著神經末梢遭到破壞，疼痛也會迅速消退。

法國社會學家艾彌爾・涂爾幹（Émile Durkheim）在一八九七年的經典研究《自殺論》中，把自殺分為四種類型：利己型、脫序型（個人受道德混亂所苦）、宿命型（別無選擇的人，例如，身陷囹圄或身患絕症）、利他型（為了整個社會利益而自殺）。涂爾幹寫道：「自殺一詞，適用於所有直接或間接由受害者自己的正面或負面行為所造成的死亡，他知道那行為會導致死亡這個結果。」《紐約客》引用一位學者的中肯解釋：「火是所有死亡形式中最可怕的，」他寫道，所以「一個人自焚，那同時是一種忍無可忍的宣示，坦白講，也是一種道德優越感的表現……那不是精神錯亂，而是一種可怕的理性行為」。

至少一開始，多數的自焚者是十幾、二十幾歲的青年。一般認為那個年齡層最容易發生「自殺模仿」。心理學家有時稱之為「維特效應」（Werther effect），那是以一七七四年歌德（Johann Wolfgang von Goethe）所著的小說《少年維特的煩惱》（*The Sorrows of Young Werther*）命名。那本小說講述一個年輕人在失戀後自殺的故事，有些人指責那本書在歐洲引發無數人模仿自殺的行為。

阿壩的藏人對國際事務不太熟悉，但很多人都聽過突尼西亞的水果小販穆罕默德·布瓦吉吉（Mohamed Bouazizi）。二〇一一年，布瓦吉吉的電子秤遭到沒收後，他憤而自焚。結果，他的自焚引發了連串事件，最後促成了阿拉伯之春。不少藏人認為，同樣的事情也可能發生在中國。嘉央諾布（Jamyang Norbu）是美國的藏族知識分子，也是能言善道的西藏評論家。二〇一一年十一月，他的部落格上寫道，自焚事件可能是「喚醒藏人採取行動的終極犧牲，就像布瓦吉吉的自焚把中東那些受壓迫的人民從數十年的恐懼、冷漠、憤世嫉俗、厭倦中喚醒了」。

自焚事件頻傳，使中國的領導高層陷入恐慌。那不僅僅是面子掛不住的問題，北京對於突尼西亞、埃及、利比亞、敘利亞等獨裁政權的垮台繃緊了神經。年輕的中國人受到中東那些事件的啟發，在北京組織支援民主的示威活動。雖然只有少數幾個中國人敢出席，但國際記者團都參加了那些活動，並做了相關的報導。

中國的官方媒體展開攻勢，試圖挖掘醜聞，以抹黑自焚者。例如，新華社在一篇名為〈自焚真相〉的報導中聲稱，那些自焚的青少年成績不好，自殺是因為受不了競爭；一名自焚的婦女與酗酒的丈夫發生爭吵；另一位自焚者是因為偷了八千人民幣而感到內疚。新華社也聲稱，那位自焚的喇嘛與一名已婚女子有染。

一位僧侶告訴我，他的家人承受了極大的壓力，被迫表示自焚者患有憂鬱症。他認識一位妻子自焚過世的若爾蓋人，中國當局對那個男人說：「你應該說你的妻子是因為悲傷而自殺的。如果你這麼說，就可以獲得一筆喪妻的補償。」那個男人拒絕那樣承認，中國當局便以共謀致死的罪名將他逮捕。

截至二〇一九年十一月，共有一百五十六名藏人自焚，其中約三分之一是發生在阿壩及其周遭。其中三十人是以前或現在的格爾登寺僧侶，他們大多來自麥爾瑪，其餘的幾乎都是來自安多與康（青藏高原的東部地區）。就連唯一發生在拉薩的那起自焚事件（發生在大昭寺前），也是來自阿壩的前格爾登寺僧侶。

阿壩的自焚事件為何高居青藏高原之冠，原因尚不明朗。阿壩並非中國統治下最窮的城鎮，其居民比其他一些地方的百姓富有。這裡的公共設施與基礎設施，也比青海省的許多藏族城鎮好得多。在青海省的許多藏族城鎮裡，污水流經街道的露天排水溝，以前的牧民被迫定居在水泥屋裡。二〇一一年，格爾登仁波切在美國國會委員會作證時表示，原因在於一九三〇年代藏人遇到中國共產黨的第一個地方就是阿壩。「這一區的人承受了一種特殊的創傷，造成橫跨三個世代的極度痛苦，這個傷口難以遺忘或癒合。」

丹尼爾．伯倫斯基（Daniel Berounský）是在巴黎的研討會上發表論文的學者，他也指出寺院有很高的政治意識。「考慮到阿壩國王與格爾登寺上師的歷史後，就可以明顯看出僧侶深受歷史的影響，以前是他們的黃金時代。」

一位藏族的共產黨官員罕見地在公開的論壇上，發表了一封公開信（但很快就刪除了），指責阿壩州的黨委書記侍俊。這位藏族的共產黨幹部以漢名羅楓（Luo Feng）寫道：「有人說他是『魔主』，為使自己升官，把小事搞大。」他抱怨道，說藏語的官員被排除在升遷之外，在最近獲得晉升的六百名中共幹部中，僅二十人說藏語。羅楓寫道，只要你是藏人，就會變成懷疑的對象。

在西藏的每家茶館、每戶人家、每個帳篷裡，都有關於自焚的討論，但大家通常是壓低聲音說。談論自焚，暗示著你握有第一手資料，那可能使你被捕。一位七十幾歲的僧侶，住在阿壩以西十公里的一個村子裡，他的住所是在大風吹拂的山上。他告訴我，在某些情況下，佛教是允許自殺的。

「這完全取決於你的動機。如果有人這樣做是為了造福藏人，如果這樣做有助於達賴喇嘛回歸故鄉，如果這樣可以獲得歐美的支持，幫我們變成一個獨立的國家，那就是值得的，不是嗎？」這位僧侶有一個小他幾歲的親戚並不同意這種說法。她對於一位年輕人在附近的城鎮自焚感到難過。「他的父親雙眼失明，母親罹患肺結核，我們正努力提供一些食物與金錢來幫助這家人，但現在沒有人可以照顧他的父母了。」

至少一開始，自焚僅限於僧侶與覺姆。藏人知道他們已經沒有家庭責任，但俗人又是另一回事了。一個普遍引起眾人譴責的自焚事件，是一個三十二歲的喪偶母親，名叫仁欽（Rinchen）。她的丈夫在一年前過世，她有四個孩子，老么還不到一歲。據報導，二〇一二年三月四日凌晨六點半，仁欽在阿壩的軍營前自焚時，高喊讓達賴喇嘛回歸西藏。但除此之外，關於她的生活中可能導致她自焚的資訊，幾乎付之闕如。在公開的模糊照片中，她看起來很有魅力：豐唇，黑色的頭髮稍稍偏分，戴著一串石珠項鍊。

這些自焚者讓藏人感到驕傲的一件事是，他們徹底接受了達賴喇嘛有關非暴力的教誨，所以他們不傷害別人，只傷害自己。一位名叫乃嘉（Neykyab）的自焚中年男子曾與鄰居發生糾紛。二〇一五年四月十五日，他在自家院子裡自焚之前，在一個致力於非暴力的微信群組上解釋，他寧願結束自己的生命，也不願對鄰居施暴。藏人討論自焚時，常把自焚與新疆的暴力行為拿來做對比。新疆是中國西北部的一個地區，每年都有維吾爾人以刀子與自製炸藥

CHAPTER

21

滑索
The Zip Line

尼泊爾科達里（Kodari）的僧侶，看著尼泊爾與西藏的邊界，2014年。

貝瑪在無意間目睹了第一起自焚事件。二〇〇九年的冬天，她在市場上擺攤賣仿冒的運動鞋時，突然看到一道詭異的閃光在市場中閃過。當時她並不知道那是什麼，那其實是扎白自焚。中國士兵包圍了他，接著又轉過身，似乎怕遭到伏擊，他們的槍朝外對準那些目瞪口呆的旁觀者。貝瑪沒地方逃跑與躲藏，只能愣在原地。她離得很近，可以看到僧侶燒焦的深紅色僧袍及燻黑的臉。怪的是，全身上下只有鼻子沒有著火。接著，她看到中國士兵把他抬起來，扔進一輛卡車的後面。

「他們像扔動物一樣，把他扔進車內。」後來她告訴家人。

後續幾個月，那一幕在她的腦中一直揮之不去。她開始愈來愈害怕離家，一看到警車架著槍及塔樓伸出攝影鏡頭，就渾身發抖，感覺像活在戰區裡一樣。她不敢去需要通過檢查站的地方，即使她已經辦了新的身分證，而且還為了辦身分證，採集了指紋又做了眼睛掃描。她總是處處提防著，以為警察在追捕她。過去一年中，許多人被捕，包括僧侶、鄰居、學生、牧民、市場裡的婦女，這讓人很難放鬆下來。她一想起姪女倫珠措不幸喪命，心跳就會加速。

以前，貝瑪面對人生不幸時，總是相當鎮定，她為此感到自豪。她被迫嫁給一個貧窮的已婚男人，等她終於學會愛他時，卻又在她正值青壯年的時候守寡。她的信仰告訴她，那是她的果報。如今她覺得自己的韌性已經過度拉伸，超出了極限。親戚說她患了「風病」，那是藏人用來形容焦慮症的口語說法。

21

滑索
The Zip Line

貝瑪的年輕表親德欽也過得不好。她在西藏中學裡適應不良，校內充滿了緊張氣氛，有些是政治性質的緊綳，有些是一般的青少年焦慮。二〇〇九年發生第一起自焚事件後，學校當局鎖上大門好幾週，以防止學生號召或參加抗議活動。一些比較勇敢的學生以跳窗的方式溜出學校，但德欽太膽小了。

德欽從小遭到母親遺棄，父親與繼母又迴避她，所以她對很多事情都感到不滿。她不再像小學那樣遭到霸凌，現在她有一幫朋友——五個誓言互相保護的凶悍女孩。她們常和另一幫人打架。某天，那幫女孩中，一個女孩推擠到另一幫人中的某個男孩，其中一個男孩反推回去，接著一個眾所皆知特別凶悍的女孩摑了男孩一巴掌。當晚，德欽已經忘了那場爭執是怎麼發生的，但是她脫下衣服時，發現外套背面被割開了，背部有一道刀割的紅腫傷口。

儘管德欽對自己的藏人身分有一種愛恨交織的矛盾情感，但前一年發生的種種事情，澆熄了她原本想要提升漢語能力、當公務員的熱情。現在她最不想做的事，就是為中國政府工作。

德欽開始翹課，也不做家庭作業。在中學生獲准返家的週末，晚上她會偷偷溜出去見朋友。以前，他們是在網咖裡瞎耗。網路切斷後，他們只能打電動玩具。無法上網的網咖，也無法長久經營下去，不久網咖就關門了。孩子別無選擇，只能去撞球廳或唱卡拉ＯＫ。

她的家人嚇壞了。德欽的繼母打電話給她的父親，他急忙從拉薩趕回來和女兒溝通。因應叛逆青少年的最明顯方法，在世界各地都一樣，就是把孩子送去讀寄宿學校。但中國政府擔心藏人的寄宿學校變成醞釀民族主義的溫床，已經關閉附近多家藏人的寄宿學校，所以德欽不得不去印度。西藏流亡政府與多家慈善機構在那裡開辦的學校，為藏族的年輕人提供良好的教育，只收象徵性的學費。她可以學習英語，提高藏語能力，甚至也可以加強中文。

德欽對印度的了解不多。儘管她把達賴喇嘛視為慈悲菩薩的化身，向他祈禱，但她其實沒想過他是流亡印度的真人。不過，她立即同意家人打算把她送去印度的計畫，這樣她就可以離開阿壩了。

「我想去印度，我覺得我可以在那裡變得更好。」她告訴父親。

由於德欽才十四歲，也不夠成熟，她需要一個監護人同行。家人想出一個辦法，請貝瑪陪她去。貝瑪顯然身體狀況不太好，但她肯定是個負責的監護人。貝瑪曾經照顧德欽，也願意幫這個忙。

他們做這個決定時，德欽的父親得知中國政府已經停止發放護照給藏人了。他原本以為家人不會受到影響，因為他們堅決不涉政治，不參與抗議運動或中國人視為犯罪的任何事情。他經商有成，必要的話，也有足夠的錢可以賄賂。但現在看來是不可能了，他們必須走陸路。

但即使是走陸路也很困難，那依然需要許多通行證。當時的情況跟二〇〇六年貝瑪獨自

21 滑索 The Zip Line

搭一輛車去拉薩安葬丈夫時的情況不同。中國當局現在也限發旅行許可，尤其對阿壩人特別嚴。拉薩是在阿壩的西南部，但她們先走反方向到甘肅省，請熟人幫他們辦手續。沿途，她們陸續進了幾間寺院捐錢、也點油燈。這趟旅程需要行善積福及必要的證件。

在拉薩，德欽一直待在父親的身邊，幾乎不敢出門。她的父親持有住在拉薩的許可，但那個特權無法自動展延給孩子，所以她不得不低調行事。貝瑪是住在另一個親戚家，大部分的時間也是待在室內。只有週日，群眾湧入八廓街道（Barkhor，拉薩的老藏區）時，她們才覺得混在人群中夠安全，可以出門欣賞這座城市的風光。

三個月後，德欽的父親設法為她們取得去樟木的通行證。有了通行證後，要到邊境應該很容易，因為有一條直達的道路，穿過長達八百公里的山口。那裡白雪皚皚，可以看到南方珠峰的美景。但每隔一小時左右，就有檢查站攔下車子盤問乘客。在第三個檢查站，貝瑪和德欽被帶到不同的警衛室接受盤問。檢查站的人一直查問他們的朋友、家人、打算去樟木造訪的親戚，而且問得非常詳細，德欽懷疑他們是否事先得知她們的計畫。

「妳要去尼泊爾，對吧？妳要去印度，對吧？」他們不斷地追問。

德欽事前做了訓練，沒有慌了陣腳，但她確信她的回答與貝瑪在另一個房間的回答不一致。最後，藏人把德欽交給一個中國士兵，她確信自己完蛋了。沒想到，那名中國士兵只對她眨了眨眼，示意她可以回車上，繼續前往邊境。德欽也搞不清楚那個士兵是在展現善意，還是被賄賂了。

樟木是尼泊爾與中國之間的門戶，是卡車從中國運來廉價商品的最後一站（包括電鍋、手機、DVD、運動鞋與服飾）。中國國家主席習近平喜歡把這些貿易路線稱為「新絲路」。早在一九八〇年代與一九九〇年代，包括諾布在內的阿壩商人就是樟木的主要業者，掌控了這裡的大部分生意。不過，二〇一〇年德欽與貝瑪來到這裡時，商店大多是中國人經營的。為了穿過邊界，他們的卡車開上鋼鐵建造的友誼橋（Friendship Bridge）。那座橋是一九六〇年代修建的友誼公路（Friendship Highway）的一部分，是為了紀念中尼關係而命名的。

德欽與貝瑪無法過橋，因為她們沒有護照，她們的通行證只能到樟木。她們等了三天，也不敢出門，直到兩個男人開車來載她們到邊境。一開始，車子是開在一條坑坑窪窪的土路上，當車子無法繼續前進時，他們以徒步的方式，穿過茂密的樹林，樹林裡長滿了松樹及多刺的灌木叢。當坡度太陡而無法行走時，他們只能坐下來滑行，手掌都流血了。有人事先建議她們買手套，但她們覺得離開屋子太冒險了。

最後，他們來到懸崖邊，無法再前進了。深谷下方是沿邊境流淌的桑戈西河（Sun Kosi River）。那條河不深，但水流湍急，白浪大聲地打在嶙峋奇兀的岩石上。那些岩石向上聳峭，彷彿在下戰帖似的：我諒你不敢穿過這條溝渠。

在另一邊，他們看到有人用一個長鉤，把一根繩子拉出水面，直到繩子拉緊為止。他們

21 滑索 The Zip Line

的嚮導從背包裡掏出一段繩子，他走近德欽時，德欽嚇得發抖。他把繩子套在她的兩腿間，接著繞過她的肩膀與腰部，然後再把那根繩子繞在那條跨河的繩子上。他做了一個吊帶，現在她明白了：那是把她們拉過河的滑索。她心想，她不可能辦到，絕對不可能。

「不，不，不，我不會！」她尖叫。

「來吧，小姑娘。」男人哄著她。貝瑪已經悄悄地溜過去了，那兩個男人愈來愈焦急，催促德欽小聲一點。

德欽兩腳牢牢地站在地上，抵死不肯移動腳跟。她就像一頭倔強的騾子，寸步不讓。但她還沒來得及喊叫，嚮導就推了她一把。她沒站穩，跌落深谷，她可以看到河水像牛奶一樣沖刷著下面的岩石。她尖叫起來，滑到對岸時，仍拚命地叫。那個拉繩子的人抓住她的手臂後，立刻用手捂住她的嘴。

她們現在已經到了尼泊爾那一側，但還不能鬆懈，只能完全依賴偷渡中介。那些人說著雪巴人（Sherpa）的藏語方言，她們幾乎聽不懂。當時貝瑪覺得，她們一定會被劫財劫色。她們離開樟木後，就一直沒有進食，想買泡麵來吃，但她又不敢打開錢包，怕偷渡中介看到她帶著現金。此外，她們仍得擔心中國灑下的天羅地網。中國在邊境地區部署了便衣警察，他們個頭高大，身穿黑色T恤，在街上大聲說著普通話，毫不掩飾自己的存在。樹上與石頭上都裝了攝影機。近年來，中國已經超過印度，成為貧窮尼泊爾的主要捐助者，建設了無數的基礎設施與旅遊專案，包括在釋迦牟尼的出生地藍毗尼（Lumbini）建設一個價值三十億美元的觀光公園。中國與尼泊爾也談到在珠峰下挖隧道，但中國協助開發隧道的條件之一是：密切關注藏族社群。（二〇一九年十月，中國領導人習近平敦促尼泊爾政府簽署一份引渡條約，那顯然是為了把逃過邊界的藏族行動人士帶回中國。）

她們要抵達加德滿都的一個接待中心，才會感到安全。那是由聯合國難民署（U.N. High Commission for Refugees）經營的藏人登記處。

她們已經上路四個月了。德欽的父親從未提過，他為這趟旅程付了多少錢。不過，光是叫偷渡仲介把她們帶過河，當時的行情價是每人一萬美元。

這一切都是因為她們沒有護照：中國國航（Air China）有從成都直飛加德滿都的航班，航程只需三個多小時，價格約兩百五十美元。

彭措自焚後，索南把唐塔藏了起來，她不希望兒子靠近阿壩鎮中心的任何地方，甚至不希望他靠近麥爾瑪的中心，或是他可能做出任何蠢事的地方。所以，唐塔只好回歸游牧生活，盡量遠離其他人。他在父親的冬季住屋裡待了幾個月，等到天氣暖和起來，再前往草原。冰雪融化後，光禿禿的土地上長滿青草時，他們就會帶著牲口上山。

21 滑索
The Zip Line

唐塔和仁增多吉一起放牧。那段苟安時期是他了解同父異母兄弟及學習騎馬的機會。他們一起在麥爾瑪的山上騎行，經常默默無語。這就是藏人的生活，他看得出來仁增多吉在無盡的蒼穹下是多麼快樂，而不是盤坐在寺院裡背誦經文，試圖在辯論中找到自己的聲音。他們並排睡在一個黑色的毛氈帳篷裡。仁增多吉告訴唐塔，他只能在露天野營的狀態下入睡，聽著犛牛的呼嚕聲與哞叫聲。然而，這段期間，唐塔則是嚴重失眠，他認為那是他一生中最無聊的夏天。

這對同父異母的兄弟從小就被湊在一起，但他們從未好好了解過彼此。健談好奇的唐塔和恬淡寡欲的仁增多吉在格爾登分屬不同的班級，各有一群不同的朋友。不過，在那段動盪的歲月裡，他們有許多相同的經歷：學校關閉、寺院遭到封鎖、僧侶抗議被捕，還有自焚。他們都擔心藏族文化受到威脅，雖然仁增多吉更關心自己的游牧生活方式，而不是寺院。他們與同村的彭措都是朋友。仁增多吉就像唐塔一樣，覺得火焰吞噬人體的概念很可怕，但他也很欽佩這種行為所需要的勇氣。

「他真的找到引起中國人關注的方法了，不是嗎？」他告訴唐塔。

「可是，那是為了什麼目的？那對任何人有什麼好處？」唐塔反問。

他們白天騎馬穿過草原及晚上共用帳篷時，偶爾會討論這些議題。九月初的瑞雪覆蓋山坡時，他們彷彿又回到孩童時代，躺在草地上，揮舞著雙臂做雪天使，然後起身抓雪球互扔。

他們用樹枝在雪地上寫下大字的「བོད」（博），意指西藏。

幾週後，唐塔收到通行證。他再次染了頭髮，穿上時髦的衣服，直接前往拉薩，然後轉往樟木。出乎意料的是，兩次逃離西藏失敗後，第三次竟然成功了。與德欽不同的是，滑索經驗令他激動不已。（後來他得知，有些遊客會花大錢搭滑索冒險，穿越尼泊爾的峽谷。）到了尼泊爾那一側後，他在一間安全的屋子裡躲了幾天，接著前往加德滿都，到聯合國經營的接待中心註冊。之後，他又剃度了，恢復僧侶的外型。他從尼泊爾前往印度，向北前往達蘭薩拉。

一到達蘭薩拉，他就被格爾登寺收留，住進了宿舍，那裡住了數百名來自西藏的難民僧侶。格爾登寺在達蘭薩拉的分寺，是由格爾登仁波切於一九九〇年開設的。從達賴喇嘛的總部走上一條陡峭的步道，不久就會抵達格爾登寺。唐塔進駐格爾登寺後，馬上就恢復了學業。

由於格爾登寺是抗議活動的中心，達蘭薩拉的分寺成了最新事件的資訊交流中心。儘管阿壩的資訊遭到封鎖，居民還是會透過網路分享照片、簡訊與影片。二〇一二年二月，一則自焚的消息傳遍了寺院。消息指出，麥爾瑪有一位曾在格爾登寺當僧侶的人自焚了。唐塔在得知那個人的名字之前，已經猜出那是誰了。

21 滑索 The Zip Line

仁增多吉在阿壩的一所學校前自焚，他沒有立即死亡，而是被送往馬爾康的州立醫院。家人告訴唐塔，他的同父異母兄弟沒有遭到毆打或虐待，但他奄奄一息時，警察仍不斷審問他。

他們的父親獲准去探視他。仁增多吉以幾乎聽不見的微弱聲音，為父親大老遠跑來致歉。他請父親代為向母親問好，接著他說──至少後來家人是這樣告訴唐塔的──「別擔心，我知道我會死，因為我喝了汽油。我不後悔我做的事，我這樣做是為了所有藏人與眾生。」

與其他自焚者不同的是，他沒有留下遺書或告別的影片──這一點也不奇怪，畢竟他向來恬淡寡言。

媒體對這起事件的報導很少，因為仁增多吉是第二十一位自焚者。那時，自焚已經不是什麼大新聞了。

PART 4
2014年到現在

CHAPTER

22

印度
India

貢寶措在達蘭薩拉的家中，2014年。

一九八九年貢寶措抵達達蘭薩拉時，她打算在那裡待幾個月。這次前來的目的，是為了謁見達賴喇嘛，也複習一下藏語。這趟旅行原本只是想暫時抽離教學工作，同時也是一種回歸藏族根源的方式。她帶了十一歲的大女兒旺貞同行，把丈夫和小女兒留在家裡，並承諾這不是長久的分離。

她覺得印度的氣氛令人沉醉，這裡住了十幾萬流亡的藏人，他們自豪地展示達賴喇嘛的肖像，揮舞著雪獅旗，公開討論西藏問題。這個流亡社群的總部，是設在新德里以北四百八十公里的地方，在以前曾是英國度假小鎮的麥羅甘吉裡。十九世紀中葉，英國軍隊在達蘭薩拉上城開發了這個聚落，做為管理該區部隊的營地。一九〇五年，一場地震摧毀了這座小鎮，迫使他們撤退到地勢較低、較穩固的地方。於是，英國人開始把這裡規畫成避暑區。印度獨立後，這個小鎮留下一堆空置的房產——古雅的殖民建築荒廢在山坡上。達賴喇嘛流亡到印度時，一位在麥羅甘吉經營雜貨店的精明商人敦促印度政府，把這個小鎮提供給達賴喇嘛做為基地。這裡正好符合印度政府的需要：讓達賴喇嘛住在一個與其身分相符又不礙事的地方，以免過於激怒中國政府。

達蘭薩拉也很吸引藏人，他們喜歡這裡的涼爽氣溫、山上空氣、吉祥的名字（達蘭薩拉在印地語中是指「佛法所在」或「法所」）。達蘭薩拉到處都是斜坡與彎彎曲曲的起伏山路，幾乎看不到任何平地。達蘭薩拉與西藏不太像，但是遠處可以看到喜馬拉雅山那白雪皚皚的山巒。在達賴喇嘛的周圍，出現了一個與西藏平行的世界，暗示著這裡就是流亡政府的大本營。藏人行政中央（Central Tibetan Administration，常稱西藏流亡政府）有自己的部長與議會、學校、博物館、圖書館、公務員，甚至還有公務員考試（一位發言人告訴我：「我們沒有國家，但我們有官僚。」他為參觀學校仍須申請記者證的要求致歉。）街上擠滿了旅館、提供多語菜單與多國料理的餐館、英語書店、瑜伽館，以及販售頌缽與念珠的小店。

達賴喇嘛熱情地歡迎貢寶措。一九五六年他們見過面，當時達賴喇嘛還是年輕的僧侶，貢寶措是陪父親去拉薩的小女孩。這次見到達賴喇嘛，貢寶措比小時候還興奮。她很訝異，達賴喇嘛也很高興見到她。這位西藏的精神領袖告訴她，他在達蘭薩拉很需要她的協助。流亡政府主要是由來自西藏中部的難民所組成，他們是共產黨執政後第一代抵達印度的難民。一九八〇年代以後，來自西藏東部安多與康的藏人才開始大量湧入這裡，他們常感覺遭到排擠。他們的方言不同，品味與習俗也不同，他們需要更好的代表以適應西藏流亡社群。西藏流亡政府有自己的民選議會，但達賴喇嘛有權任命三名代表，他希望貢寶措成為其中一員。

貢寶措的身分特別適合提供協助。拜其父的聲名所賜，她備受阿壩人的敬重，但她本身也具備了許多技能。她的中文說寫能力無懈可擊，她也了解中國共產黨的運作與術語，曾在南京的多個委員會任職。在流亡政府與中國當局斷斷續續的談判中，她可以為翻譯及分析文件提供莫大的協助。

要回絕達賴喇嘛已經夠難了，貢寶措還得因應當地阿壩人的殷切企盼。他們懇求她留下來，不斷提起她父親的名字。他們甚至稱她為seymo（公主），那是她童年以後就再也沒聽過的尊稱。當時，中國國內的政治局勢也不穩定。隨著天安門事件的爆發，一九八〇年代的平穩歲月戛然而止。改革派的共產黨總書記趙紫陽在學運期間被迫下台，拉薩進入戒嚴狀態。貢寶措不知道她回國後，會不會因為來謁見達賴喇嘛而受到懲罰。一九八九年一月，對她庇護有加的班禪喇嘛因心臟病發而突然過世，得年五十歲，她再也得不到他的庇護了。

她與丈夫在充滿雜訊的電話上，多次淚流滿面地通話後，決定再多待一會兒，後來又決定再待長一些。她住進一間沒有電梯的小公寓，那間公寓是挪威的捐贈者為西藏難民建造的。她這一待，就待了十六年，才再次見到留在中國的家人。

二〇一四年我第一次去達蘭薩拉時，見到了貢寶措。我是從另一位流亡的阿壩人那裡聽說有這個人。那位阿壩人告訴我，貢寶措很謙虛，不太喜歡和記者交談。但某天，我造訪流亡議會時，向議長提到我在撰寫阿壩的文章，他堅持我一定要找貢寶措談談。基本上，他是直接要求貢寶措到他的辦公室來見我。貢寶措那時已六十幾歲，下半身寬大，灰白的頭髮在後腦杓梳成一個髮髻，但笑起來羞澀、露出齒縫的模樣，感覺像少女一樣可愛。她穿著長裙，圍著有彩色條紋的圍裙，那是拉薩已婚婦女的傳統服裝，如今流亡政府以這種服飾做為女性公務員的制服。我們坐在議長辦公室的一張矮桌邊，以小小的鬱金香杯啜飲著茶，一邊尷尬地閒聊，一邊看著一隻猴子爬到外面的窗台上。貢寶措告訴我，她不僅是國會議員，也全職翻譯文件。她說，她把西藏的憲法與選舉法都譯成中文了，她覺得很自豪，這顯示藏人對民主的重視。接著，她連忙告辭，說她還有工作要做。在議長的敦促下，她勉強地在我的筆記本上留下她的電話號碼。

後續幾天，我一直試著約她談談，但都找不到她。一位與我合作的藏語譯者建議我，等她休假時，再去她的公寓拜訪她。他知道她住在哪裡——在達蘭薩拉，每個人都彼此認識。她的公寓坐落在植物蔓生的小道上，彷彿隱沒在叢林裡。我們爬上外面的樓梯，來到一個放滿盆栽的平台，小心翼翼地敲了敲門。

幸好，貢寶措並沒有因為我們不請自來而感到不悅，我鬆了一口氣。她帶我們進入那間溫馨的公寓，臥室與起居室之間是以蕾絲簾幔隔開。她立刻鑽進狹窄的廚房，端出茶與花生，坐下來，並為之前的含蓄寡言道歉。

「平常我盡量不談往事，免得難過。」她解釋道。

那天我們談了好幾個小時。貢寶措雖然沒哭，但眼眶始終是濕潤的，彷彿她一直活在悲傷中。她指著牆上電視機上方的黑白照片，每一張都讓人想起過往的失落。最早的那張照片是攝於一九五四年，照片中她的父親四十幾歲，共產黨招待美顙國王及年輕的達賴喇嘛和班禪喇嘛一起前往北京，以爭取他們對共產黨的支持。另一張照片是幾年後她的家人在阿壩的房子前面拍的，他們站在精心雕刻的木質門楣前。貢寶措的年紀最小，大約五歲，穿著一件束緊腰帶的長袍和靴子，頭髮理得像小男孩一樣短。那張照片攝於一九五七年左右，可能是他們全家被逐出阿壩前的最後一張照片。接著是一九六六年夏天在成都相館拍攝的全家福，每個人都面帶微笑，彷彿沒意識到毛澤東即將發動文化大革命。貢寶措的父母和姊姊在拍照一年內就陸續過世了。

靠牆的小桌子上，擺了幾張一九八〇年代的褪色彩色照片。那是她這輩子過得最愜意的十年，那時她和小兔及兩個年幼的女兒住在南京。如今那個家庭無法團圓，就像她失去父母一樣痛苦。她來印度後，丈夫一直拿不到離開中國的護照，但她回中國又太冒險了，所以他們夫妻倆到二〇〇五年才再度重聚。現在他們一年見一兩次面，大多是假期的時候。她說，她和小兔的關係很好。「他人很好，理解我有責任在身。」她與仍住在印度的大女兒旺貞比較親近。小女兒在她離開時才九歲，如今嫁給中國男人。她與小女兒的關係比較複雜，她們母女倆直到二〇一三年才再次見面。

「現在家人團聚的時候，我們大多是在哭泣。」她說。

貢寶措一家的分隔，與西藏流亡政府和中國當局之間的疏離如出一轍。如果達賴喇嘛能回西藏，貢寶措也很可能回得去。她前往印度時，正值冷戰結束那個令人振奮的時期。當時一切都有可能，包括中國共產黨與藏人之間的和解也有可能。一九八八年，達賴喇嘛為他的「中間道路」方案做了最後的潤飾。在那個方案中，他同意尊重中國的領土完整，以換取一定程度的自治，以及西藏宗教、文化、語言的保障。對此，中國回應，只要達賴喇嘛放棄西藏獨立的呼籲，中國就會與他談判。一九八九年一月，貢寶措前往印度時，藏人正試圖安排在日內瓦舉行會談，但中國抱怨藏人試圖把那個議題「國際化」，尤其反對讓一位荷蘭律師也參與會談。每次藏人對外交突破抱持希望時，中國又拉高門檻，提出新的條件。中國最終同意與達賴喇嘛的特使嘉日．洛珠堅參（Lodi Gyari）進行會談，並在二〇〇二年與二〇一〇年之間進行了九輪會談，但是都毫無成果。二〇一二年習近平成為中國共產黨總書記時，西藏流亡政府又興起一波一廂情願的想法。習近平已故的父親習仲勳曾是自由派的國務院副總理，流亡政府認為他認同西藏的理念，數十年來一直戴著達賴喇嘛年輕時送他的手表。而且，習近平的母親也信奉藏傳佛教。沒想到，習近平反而推行強硬的同化政策，收回對言論自由的包容，還取消了國家主席的任期限制，以便隨心所欲地繼續掌權。

二〇一一年，達賴喇嘛正式卸下流亡政府領導人的角色，把領導權交給一位民選總理，結束了幾世紀以來的神權統治。雖然達賴喇嘛對這種民主治理的試驗感到自豪，但那其實阻礙了進一步的談判，因為中國不會與流亡政府談判，只與他談判。中國詆毀他的言論更是有增無減。

貢寶措談到談判陷入僵局時，幾乎眼眶泛淚。「達賴喇嘛尊者已經公開表示他不尋求獨立了，我們已經盡我們所能給予他們政治上的讓步，已經退無可退了。」她說，「我聽到他們詆毀尊者的用語、侮辱尊者的方式時，就覺得非常心痛。他們那樣做只會給自己帶來更多的西藏問題，我不懂他們在想什麼。」

對貢寶措來說，這一切都與她個人息息相關。漢人與藏人之間的裂痕，不僅直接影響她的家庭，也影響她的心靈。她熱愛中國，也熱愛西藏。她的漢語依然說得比藏語好。她對社會主義的融會貫通，比我認識的多數漢人還深。她避免炫富，也為自己擺脫貴族血統並為人民服務（套句中國共產黨的口號）感到自豪。

她告訴我，即使上下班必須走好一段陡峭的山路，她依然為目前的全職工作感到驕傲。她的腳仍因幾十年前流放新疆所造成的凍傷而疼痛，多年來大家一直勸她搬到更好、更方便的公寓，但她一再婉拒大家的好意，寧可住得簡樸。她告訴我：「大家覺得，既然我是國王的女兒，嬌生慣養也很正常，但事實並非如此。」

對貢寶措來說，自焚也是與她個人息息相關的悲劇。目前為止的自焚事件中，約三分之一來自阿壩，其中又以麥爾瑪的比例最高，而麥爾瑪的名稱又是源自美顙王國。如果美顙王國的統治者仍在位，那些人都是她的臣民，很多人是她父親手下將軍與內閣成員的子孫。她說：「我實在不敢相信我們接連失去這些寶貴的年輕生命，一個接一個。我幾乎沒有勇氣談論這件事。」關於這個議題，我頂多只能讓她談到這裡。

一九八〇年代末期，貢寶措前來印度那段局勢樂觀的時期，許多阿壩的藏人也來到印度，德勒就是其一——那個小時候總是流著鼻涕，外祖父母挨打時躲在洗衣籃裡，文革期間當過馬夫的男孩。

一九八〇年代初期公社解散後，德勒接管了家裡的犛牛群。他努力工作，攢夠了旅行的錢。一九八九年，他展開朝聖之旅，打算造訪附近幾座寺院，但最終決定繼續前往拉薩。他在那裡遇到搭便車前往岡仁波齊峰（Mount Kailash）[1]的一些朋友。在返家的路上，他聽說達賴喇嘛正在印度的瓦拉納西（Varanasi）講經。由於他已經在路上了，他決定去參加。他和貢寶措一樣，深受西藏流亡社群的活力所吸引。他在那裡嘗到了自由的滋味，再也不想回去了。

德勒受的正規教育很少，只在一所中國政府興辦的學校中讀了幾年。那所學校的牆上掛著列寧、馬克思、毛澤東的肖像。但他很聰明，而且特別有紀律，他在流亡學校裡培養了閱讀與寫作的技能，練出一手好字——那是一種基本技能，因為藏語的打字機很少。他也開始採訪一些來自阿壩的難民同胞，以重建共產黨來了以後所發生的事情。

1 譯注：「岡」藏語發音為「扛」，意義為「雪」，「仁波齊」即「仁波切」的另一音譯，意為珍寶，總稱意為雪寶。藏傳佛教、耆那教、印度教、苯教也都把這裡視為宗教聖地，信徒會來這裡轉山。

德勒以史家自居，如今是達蘭薩拉的知名人物。他以安多·德勒（Amdo Delek）做為自己的名字——就像許多沒有姓氏的藏人一樣，他把出生地冠在名字的前面。他的臉頰凹陷，那使他原本就突出的鼻子顯得更大。他把捲曲的頭髮梳在前額上。他的身材勻稱，皮膚黝黑，體態筆直，感覺像剛從遊艇走下來的退休高管。

德勒住在西藏兒童村（Tibetan Children's Village），那是流亡政府為難民兒童開辦的學校之一。多年來，他的日常工作就是看管那所學校，那份工作也提供他一間公寓。他的客廳裡塞滿了各種西藏主題，除了有達賴喇嘛的肖像以外，還有經幡、雪獅旗、經輪等等。其中一個經輪狀似餐桌轉盤，放在茶几上。他說話時，不時地轉動它。

由於我正在撰寫阿壩，德勒是我在達蘭薩拉第一批徵詢的人之一，他就像阿壩資訊的活字典，從第一任美顙國王建國開始的歷史都瞭若指掌。德勒最初是把研究焦點放在二十世紀的事件上，他想為後代子孫記下誰遭到共產黨殺害、誰死在獄中、誰死於戰鬥。他彙整了一九五八年共產黨到阿壩時，那些勇於抵抗共產黨的戰士名字。他以優美的筆跡把那些名字寫在筆記本上，筆記本塞滿了書架。他也尋找剛從阿壩過來的人，尤其是老一輩的人。他們終於來到一個安全的地方，可以好好地描述當年發生的事情。德勒自己也見證了一些事件，例如，一九六八年，他親眼看到「紅城」的麥爾瑪藏人遭到殲滅。那些人以為他們只要加入紅衛兵派系，就會獲得毛澤東的寬恕。他拿出一本藍色的兒童筆記本，封面畫著海鷗，裡面他以娟秀的筆跡用紅藍色的墨水寫下了許多名字。他念出了連串的名字。阿拉・晉美（Alak Jigme）、扎西・戈登（Tashi Gorten）、嘎秋（Garcho）、古普塔（Gupta）、善谷・阿拉（Thanku Alak）、東古（Dhonguk）……

德勒告訴我：「他們都是遭到屠殺的，一天內死了五十九人與一百匹馬。」我注意到許多年長的藏人列舉死亡數字時，也會分別列出人數與馬數。

德勒也記錄了家族世系。許多自焚者是以前那些反抗戰士的後代，德勒是最早注意到這個現象的人。以最早自焚的彭措為例，他是一九五八年的叛亂領袖鄧多的孫子。唐塔的同父異母兄弟仁增多吉是另一位戰士的孫子。一位來自麥爾瑪的美麗少女在二〇一四年十二月自焚，她的祖父與伯伯是一九六八年紅城抗爭的領導人。

對德勒來說，這些家族世系的關係讓人更容易了解自焚的狂熱。這也說明了，為什麼那麼多抗爭者不僅來自阿壩，而且又以麥爾瑪居多。「國王的許多大臣都住在那裡，那是一個充滿活力的地方。」他說，「他們受到家族傳統的影響，勇於對抗中國人。」老一輩的人成了戰士，年輕一輩在十四世達賴喇嘛的時期接受教育，把他的「非暴力理念」銘記在心。他們不忍心殺戮他人，只殺自己。

在達蘭薩拉，出身阿壩，形同一種特殊的身分印記。西藏多年來發生的種種事件中，自焚是最具新聞價值的事件。藏人在iPhone上收集自焚者的面孔，就像收集印了烈士面孔的棒球卡一樣。流亡政府的官方博物館裡有一面牆，專門陳列他們的肖像。在通往達賴喇嘛寺院的一條小巷裡，自焚者的模糊照片上方懸掛著一條巨大的橫幅，上面寫著「為西藏犧牲生命」。這些人曾經默默無聞，不足以憑個人之姿留下任何照片——他們可能是家中的第四個兒子或第三個女兒，在人群中很容易遭到忽略，幾乎沒有公開形象。如今他們成了英雄，在達賴喇嘛的大本營裡受到推崇。

我認識的阿壩人，幾乎每一個都有認識的自焚者或親眼目睹自焚事件——那些自焚者可能是他們的親戚，也可能是同學或鄰居。沒有人比唐塔認識更多的自焚者，這點讓他在達蘭薩拉小有名氣，儘管他在流亡社群裡屬於最底層（因為他來自一個沒錢、沒人脈的家庭，又是非婚生的孩子）。

二〇一四年我第一次見到唐塔時，他告訴我：「李察．吉爾是我的朋友。」他見過那位長期支持西藏人權的演員，曾為李察．吉爾說明自焚的情況。聽他講出那句話，我原本擔心他受到的關注可能讓他樂昏了頭，只對我透露一些精心演練過的內容。但我們後來經常一起喝薑汁檸檬茶（那是達蘭薩拉最熱門的飲料），他逐漸展露出深思熟慮的樣子。

唐塔離開阿壩以前，花了很多時間試圖搞懂自焚的意義。有時，他似乎有點嫉妒仁增多吉。雖然唐塔在寺院裡的表現比較出色，是能言善道的辯手，機智又聰明，但在世界上留下印記的卻是仁增多吉。在達賴喇嘛的寺院外，掛的是仁增多吉的照片。唐塔無法批評兄弟的所作所為，畢竟仁增多吉在西藏殉道者的神殿中占有崇高的地位，批評他並不得體，但唐塔也不太認同自焚。他告訴我：「我覺得一定有更好的自我表達方式。」唐塔認同我從其他藏人那裡聽到的理論——無力感、挫敗感、無法發聲，促使那些人訴諸自焚。最近唐塔開始以文字記下自己的想法，他希望藉由書寫來宣洩他對西藏理念的熱情。

他把手機上的一張照片拿給我看，那是二〇〇九年拍的，照片裡是剛加入格爾登寺的小僧侶，都是他的同班同學，約四十個男孩。其中有兩人自焚了，有三、四人在監獄裡。「如今回想起來，我確信我不會自焚，但很可能入獄，那我倒是可以想像。」

才華洋溢的才嘉曾在阿壩中學教書，年紀很輕，比他教導的高中學生大沒多少，如今也是住在印度。當年他因製作支持藏人的海報而入獄十八個月，出獄後，他於一九九二年逃離西藏，最終獲聘為達賴喇嘛的私人祕書。由於中文流利，他在這裡負責處理流亡政府與中國政府的往來。他陪達賴喇嘛出席多數的國際活動，我常在新聞通訊社發布的照片背景中看到他的身影。要找到他採訪很難，但我終於找到他時，他生動地描述一九八〇年代人文覺醒的盛況，他很懷念那個時期。他的達蘭薩拉辦公室裡，擺滿了書櫃，裡面有一些他曾經供稿的文學刊物。他以略帶霸氣的口吻說，在藏族學術與文化方面，阿壩與藏東的其他地區一直是最活躍的社群，近年來出了不少知名的藏族音樂家和導演。他告訴我：「歷史上來看，拉薩是西藏的中心，但那裡的人文生活受到諸多限制，因此人文中心移到東邊的安多與康。」當然，那要看中國當局是否留縫細，讓人民自由地表達想法。才嘉鮮少與阿壩的家人聯繫。二〇〇八年以來，他一直避免和家人直接通訊，以免他們因為他與達賴喇嘛的關係而受罰。

才百是另一個不得不離開中國的藏人。他被列為二〇〇八年阿壩抗議活動的參與者後，在外逃亡了四年。他還記得那個透過即時通訊帳號追蹤到他的警察曾對他吹噓：「共產黨已布下天羅地網。」掙脫那些前來逮捕他的人後，他躲在深圳的玉米田裡。最後，他設法買到了一張未註冊的SIM卡（那是在中國政府開始要求買SIM卡需要出示身分證之前）。他用那張SIM卡聯繫了一位研究佛學的中國朋友。那位朋友從北京開車來接才百，把他帶去佛教聖地五台山。才百在那裡躲了一年多，假裝在修行。

不過，他的罪行並未因此被淡忘，他的名字仍留在警方的資料庫中，警方正懸賞緝拿他。一名來自才百家鄉的四十五歲男子，二〇〇八年因參加一場規模較小的抗議活動而被捕，他在拘留期間死亡。警方把他的遺體還給家人時，身上有瘀傷、凝血、燒燙傷的水泡。才百覺得，他要是繼續留在中國，也會遭遇同樣的命運。二〇一五年我們在達蘭薩拉見面時，他對我說：「一旦被列入政治黑名單，一切就完了，你永遠得不到赦免。」

才百在流放社群中表現出色，他把一頭銀髮梳成一個髮髻，戴著金耳釘和粗大的木珠子，穿著西式的格子襯衫，襯衫的領口開到胸前。他對未來充滿了計畫，他娶了一位同樣流亡的藏胞，他們打算生個孩子，移居澳洲，因為澳洲為前政治犯提供庇護。才百認為，等他拿到澳洲護照時，他才能安全返回中國。二〇一四年的新年期間，他有一個姪子在格爾登寺的外面自焚。那個年輕人叫多傑（Dorjee），是其同父異母兄弟的兒子，當時二十五歲，也是來自沙羅鎮。多傑自焚時，才百已經在印度，但中國當局指控多傑自焚是他造成的，因為他是眾所皆知的麻煩製造者，並在微信上與姪子分享批評中國政府的言論。才百回憶道：「他們說那些想法是我灌輸給他的，真是瘋了。我姪子從來沒說過那種話。」

阿壩有一個非正式的流亡者協會，而且在加德滿都與達蘭薩拉都設有分會。二〇一四年藏曆新年期間，我碰巧在達蘭薩拉，並獲邀參加一場新年派對。那場派對是在達賴喇嘛寺院附近的一家屋頂餐廳舉行。年長的婦女在家裡烹煮好食物，端來一盤盤的饃饃與可哈斯（油炸麵糰的糕點，做成領結狀、撒上糖粉）。那是一場幾乎沒有酒精的派對，可口可樂像保齡球瓶一樣排列在櫃台上。

我一到場，就注意到德欽，因為她是現場唯一（除了我以外）沒穿傳統藏服的女性。她穿著牛仔褲及丹寧布的夾克，搭配丹寧布的背包。她正在iPad上輸入訊息，手上的粉紅指甲油已經斑駁。她抬起頭來跟我打招呼，說她正在傳送新年祝福給家鄉的家人。

當時德欽已在印度待了兩年。她告訴我，她「大約十八歲」。藏人通常不太清楚自己的出生日期（他們通常只會告訴你他們的中國／西藏生肖），但我聽到德欽這麼說時，有點驚訝，因為她看起來年紀很小，似乎受了良好的教育。她正在就讀流亡政府開辦的寄宿學校，對學習充滿了熱情。

她告訴我：「在阿壩，我很難當乖乖牌。在這裡，老師會敦促我學習，讓我思考。」當時她正在讀唯色（Woeser）的散文。唯色是一位以中文書寫的西藏詩人與活動人士。「我正在學習文革及過去發生的一切，那些都是我爸媽和奶奶不會告訴我的事。」

德欽說，她想成為記者，這或許也是她願意接受採訪的原因。我們一直保持聯繫，我下次去探訪她時，她邀我去見貝瑪，她稱貝瑪是她的母親。藏人在描述家庭關係方面比較鬆散——他們常把表親稱為兄弟，把阿姨稱為母親。她與貝瑪住在一個名為「安多山」（Amdo Hill）的社區，因為那裡住了許多來自安多的藏人。那是位於背包客咖啡館與紀念品商店林立的商業街後面。為了到那裡，你需要先走下一條陡峭的小路，路上散落著石頭，上方懸掛著電線。接著，你需要爬上一排水泥階梯，來到一條又長又窄的岩架，上面蓋了一排一模一樣的房子，像鴿子籠一樣並排著。

貝瑪與德欽的房間不到三坪，漆成鮮豔的萊姆綠。房間裡有兩張硬床靠在牆上，被子捲了起來，白天可充當沙發。在棕色的迷你冰箱上方，牆上掛著散發著藍色琉璃光的藥師佛及達賴喇嘛的肖像。貝瑪為了美化那個房間，在油氈地板上鋪了地毯，在桌子上擺了花瓶，並插了一些絲綢做成的花朵。但是無論她再怎麼美化，也掩飾不了房間的寒酸。她很想家。當年她在阿壩剛結婚時，是住很簡陋的房子。但婚後那幾年，她逐漸為家裡添購了一些改善生活水準的東西，包括電視機、洗衣機、大木櫃等等。「家裡的電力比這裡好。」她抱怨道，「我們在印度從來沒有穩定的供電。」

貝瑪反覆思量，她來印度是不是正確的決定。這裡的優點包括，她可以公開展示達賴喇嘛的肖像，她參加了多次講經會，每次看到達賴喇嘛的車子開出寺院時，她總是很興奮。但她在印度沒有歸屬感，她告訴我，她比較喜歡中國人，不喜歡印度人，而且她常和房東吵架。「印度人討厭藏人，一直漲我們的房租。」（我再次見到她時，她已經搬到另一個房間，與原來的地方相隔幾戶，格局幾乎一樣，但漆成亮粉色。貝瑪在印度不必工作，因為她那個被認定為轉世活佛的兒子會寄錢給她。但她在印度覺得很無聊又寂寞，有時會想要回阿壩。「那裡的規定太壓抑了，我每天都覺得不平靜，一直很焦慮，擔心會發生什麼事。」她告訴我，「但是家鄉的發展遠比這裡先進，食物也比較好。即使是窮困的時候，我也能吃糌粑。」

她想回阿壩，並非絕對不可能。中國駐新德里的大使館為所謂的「海外華人」（Overseas Chinese National）發放一本類似護照的藍色小冊子。在上班日的早晨，你可以看到數百位藏人從凌晨三點就開始排隊，他們等於是低聲下氣地向中國政府請求許可，讓他們重新生活在中國統治下的西藏。

印度並未簽署一九五一年的《難民地位公約》（Convention Relating to the Status of Refugees），所以藏人的待遇完全看印度政府的情緒而定。近年來，印度政府的態度是轉向與經濟強大的中國達成和解。如今，印度已經不給藏人登記證明了。缺乏登記證明，藏人就很難租到公寓、拿到駕照，或找到合適的工作。只有在一九五〇年與一九八七年之間出生在印度的人，才有資格申請印度的公民身分。

究竟是留在印度，還是回去呢？我遇到很多藏人都猶豫不決。他們的家人在微信上傳了很多照片給他們，照片上顯示新車、新的摩托車、重新裝修的房子、電器等等——這些物質上的享受，使過去十年的中國生活變得更舒適。在印度，年輕藏人的失業率約百分之五十。連出售藏族曼荼羅與頌缽的紀念品商店，大多也是喀什米爾的穆斯林經營的。一位想要返鄉的年輕工程師說：「每個人都知道那裡的經濟比這裡好，大家覺得回家鄉比在這裡住陋室好。」

另一方面，他們費盡千辛萬苦，付了大把銀子給偷渡仲介，在雪地裡跋涉，歷經溜滑索的痛苦後，終於來到印度，如今要是再回中國，那感覺像是承認失敗。藏人也擔心，無論他們在印度做什麼（參加反華示威活動或與記者交談），一旦回國都會遭到起訴。身為活在印度的藏人，他們將不斷遭到懷疑，隨時都必須謹言慎行。

中國政府表示，一九八〇年代以來，已有八萬名流亡藏人返回中國居住或回鄉探訪。二〇一四年，中國政府的網站上發表了一篇文章，標題是「回歸祖國」。文中引用一位返鄉老人的感慨：「家鄉出現巨大變化，生活條件比以前好多了，還有宗教自由，返鄉是正確的選擇！」

儘管中國宣稱藏人蜂擁返鄉的說法有點誇大其詞，但現在離開印度的藏人確實比抵達印度的藏人還多。一九九〇年代中期，印度的藏人人口達到顛峰，總數是十一萬八千人。到了二〇〇九年（上次人口普查的日期），印度的藏人人口已降至九萬四千人。許多藏人轉往西方國家，但中國當局也堵住了通往西方的邊境漏洞，使離開中國的藏人人數大減。達蘭薩拉有一個接待中心，是用黃綠色磚頭砌成的現代化建築，那是在美國資助下興建的，於二〇一一年落成，並由美國駐印度大使啟用。我去過那裡幾次，裡面幾乎空無一人。德勒告訴我，二〇〇九年中國封鎖邊境以前，西藏兒童村每年接收一千名新生。如今入學的人數驟減，他很擔心自己可能失業。

二〇一五年，達賴喇嘛滿八十歲，那是一個兼具多重預兆的重要時點。國際社會普遍認為，他與西藏流亡運動已經過了鼎盛期。中國脅迫貧窮的尼泊爾去控制西藏難民，或許並不奇怪。但如今連更大、更富裕的國家，也遭到世界第二大經濟體的威嚇。中國當局祭出外交忠誠測試，懲罰那些接待達賴喇嘛的國家，並獎勵那些不接待他的國家。二〇一四年，達賴喇嘛受邀出席諾貝爾和平獎得主的聚會，但南非拒絕發放簽證給他。於是，那場聚會改在羅馬舉行，但教宗方濟各拒絕接見達賴喇嘛。印度也害怕中國。二〇一八年，為紀念西藏流亡社群在印度六十週年而舉辦的「謝謝印度」活動，在印度政府禁止官員參加下，不得不縮減規模。

達賴喇嘛的高齡壓力，沉重地籠罩著藏人。無可否認，以轉世的方式來選擇繼任者是一種有缺陷的系統。中國早已表示，它將單方掌控下一任達賴喇嘛的選擇。共產黨官僚針對轉世所發表的看法，引發諸多訕笑（達賴喇嘛告訴我：「轉世不干共產黨的事。」他還開玩笑說，如果共產黨真心接受有關輪迴的佛教教義，他們應該先找出毛澤東的轉世靈童。）但中國的干預可能產生致命的後果。如果藏人選了下一世達賴喇嘛，中國也選了另一個，那所造成的分裂，可能比一九八九年班禪喇嘛死後發生的情況更令人擔憂（當時也出現兩個競爭的轉世者）。下一世的達賴喇嘛，無論是中國人、還是藏人選出來的，在傳達「非暴力」的資訊方面，可能就沒有那麼大的說服力了。

為了確保其教義的連續性，達賴喇嘛曾表示，他可能在有生之年選出一位繼任者。最近有跡象顯示，他將在九十歲生日前不久，任命一組喇嘛來制定計畫。然而，達賴喇嘛對此計畫的拖延，令藏族的知識分子憂心忡忡。

「他那樣做很不負責任。」現居田納西州的西藏小說家兼散文家嘉央諾布這麼說，「中國已經成立一個委員會來挑選下一世達賴喇嘛了。如果我們不趕快做，他們會先下手為強，去找一個可控制的可愛藏族小男孩。」

達賴喇嘛的總部顯然不富麗堂皇，那座建築讓人想起一九七〇年代的中學，而不是宏偉的布達拉宮。總部是嵌在山坡上，裡面有寺院及幾座辦公樓，周圍是水泥砌成的平台，足以在舉辦公開儀式時，容納達蘭薩拉的多數藏人。穿過一個小型的等候區與金屬探測器後，會來到一條有玫瑰花架的走道，達賴喇嘛在這裡接見來訪者。達賴喇嘛是否擁有無窮的智慧，這點大家可以辯論，但他面對來訪者時，確實有無窮的耐心。有的信徒拜倒在他的面前，親吻他的僧袍，把孩子舉起來讓他撫摸臉頰。從西藏牧民到電影明星、歐洲議員、藝術家、記者，謁見的隊伍看似綿延不絕。近年來，許多中國的佛教徒也來朝拜，他們謹慎地前來，擔心回國後惹上麻煩。達賴喇嘛見到中國遊客時特別用心，希望他們能軟化中國政府對西藏的態度。

達賴喇嘛對於自己的健康與長壽，對於中國與中國境內藏人的未來，都非常樂觀，樂觀到近乎不可思議。我見到他時，他提到習近平在巴黎發表的演講，裡面提到佛教對中國文化的影響。他回憶起他與習近平的父親習仲勳的友誼。對於「中國贏了、藏人輸了」的說法，他反駁道：「我一點也不覺得中國強大，他們在經濟與武器方面可能很強大，但在道德原則方面非常薄弱，整個社會充斥著猜忌與不信任。」

我們談了很多阿壩的事情，以及他出生的安多地區。達賴喇嘛四歲離家，去了拉薩；二十四歲時又離開拉薩，去了印度，所以他只能依靠來訪者向他簡介那些地方的現況。「一位剛從西藏回來的中國人告訴我，表面上看來，那裡有很多發展，新的道路、新的建築等等，經濟狀況很好。然而，他告訴我，藏人一點也不快樂。當時他就坐在妳現在這個位置，他對我說這些話時，眼中泛淚。」

來印度徵詢達賴喇嘛智慧的宗教人物中，有一群猶太領袖。達賴喇嘛總是反過來請教他們，如何在流亡中保存文明。已故的艾利．魏瑟爾（Elie Wiesel）接受《紐約客》採訪時，憶起一九七〇年代他與達賴喇嘛的一次對話，達賴喇嘛說：「你們寫道，猶太人在兩千年前失去了家園，你們現在仍在這裡。我們也剛失去家園，我知道這會是一條漫長的流亡之路。你們是如何存活下來的？」

西藏流亡政府在爭取獨立的奮戰中，大致上只能退讓，他們已經降低了成功的門檻。存活下來是他們當下的目標。雖然你依然可以聽到「Rangzen」（意指自由）之類的口號，但如今藏人比較常談論的是，在中國的內部與外部保護他們的文化、記憶、語言的自由。他們試圖讓一個在歷史上節節敗退的民族，把故事繼續流傳下去。在達蘭薩拉，西藏檔案文獻圖書館（Library of Tibetan Works and Archives）收藏了十萬多種藏文書籍，從佛教經典到醫學與天文論著，再到現代詩歌，各種題材應有盡有。流亡政府也開辦了一些學校，讓藏語在年輕的藏民之間繼續流傳，並鼓勵大家在西藏內部教藏語。

達賴喇嘛對於那麼多藏人堅持學習自己的語言感到自豪。「事實上，在文化大革命期間，一些中國的地方官員曾誓言，在十五年內消滅藏語，但我們仍在這裡。」由於他已卸下流亡政府領導人的職務，只繼續擔任西藏的精神領袖，他主要是把自己視為鼓舞大家延續西藏文明的人。「那是我的責任，保護西藏文化，和平與慈悲的文化。」

這些聽起來似乎是不太遠大的可實現目標。文化的存續，應該不會對一個即將成為世界最大經濟體的超級大國構成威脅。但遺憾的是，我在西藏旅行的經驗顯示，情況並非如此。

CHAPTER

23

萬物俱有，只欠自由
Everything but My Freedom

麥爾瑪的藏人參加政令宣傳講座，2019年12月。

我第一次去阿壩，是在二〇一三年的年中。中國的法律裡，沒有任何規定阻止我造訪當地。事實上，我打電話去阿壩州的媒體室詢問時，他們也說我可以去。但我從其他人的口中得知，中國警方會在檢查站攔住外國人。當地的自焚人數已超過一百人，整個城鎮都封鎖了。我是黃昏時進去的，那是我一天之中最喜歡在青藏高原低調旅行的時間。我在鄰近的城鎮搭了一輛計程車，躲在後座不太顯眼的地方。夜幕低垂後，除了一群群的帳篷以外，放眼望去都是空蕩蕩的。計程車在夜幕中穿梭時，只有偶爾一閃而過的閃光燈劃破夜晚的寂靜。攝影機拍下了我們的車子，但似乎沒發現我坐在後座。計程車繼續沿著空無一人的道路行駛。我們抵達格爾登寺後方的檢查站時，士兵正在換班，我們直接溜了過去。

我如釋重負地鬆了一口氣，但或許鬆得太快了。我們接近格爾登寺前面的市場時，我感覺這裡很像我職涯中去過的戰場，我去過巴格達、塞拉耶佛、加薩走廊等地。那是一種世俗與軍方的奇怪混合狀態——老百姓在雜亂無章的攤位中購買晚上的食物，假裝一切正常，但事實顯然並非如此。我們的周遭都是蓋著帆布的軍用卡車、迷彩吉普車、裝了攝影鏡頭的警車。一輛裝甲運兵車駐紮在主要十字路口的百貨商店前。我匆匆舉起手機想拍一張窗外的照片，但後來想想還是算了，又把手機收回包包裡。

隨著我對阿壩愈來愈熟悉，我逐漸明白這個小鎮——以及西藏的局勢——已經因為自焚事件而轉變了。中國政府以軟硬兼施的方式試圖滅火，阿壩州政府展開火速的發展計畫，目的是把這個小鎮變成現代化的樣板。主要道路變成單行道，這樣一來，從市場到中學就會變成一條井然有序的環路。沿途那些西藏主題的壁畫與標識也是那年添加的。

這裡就像中國各地一樣，巨大的紅色看板宣揚著共產黨的最新政令宣導。

我們將一起打造美麗家園

彎下來，傾聽民眾心聲

我遇到的一些藏人說，他們相信共產黨確實聽取了自焚事件所傳遞的訊息——那些自焚事件明確地表達了不滿。政府取消了大家反對的引水工程，那項工程可能導致那曲河乾涸。另外，在河流南岸安置六萬名中國勞工及其家屬的計畫也遭到擱置，但原定地點變成了軍營，也興建了一大片新的政府大樓。而且，通往那片大樓的是一座浮誇的橋梁，橋上有四線道供車輛通行，巨大的漆門頂部印有藏族的「無盡結」符號。

阿壩州黨委書記侍俊在二〇一二年離開了阿壩，許多人指責他的教條政策是導致阿壩動盪不安的原因。儘管侍俊是被調升到省級職位，但他離開後，至少讓阿壩的氣氛不再那麼挑釁。格爾登寺遭到移除的達賴喇嘛照片又放回原處，至於能放多久，沒有人能預測。一群阿壩商人募款設立了一個動物收容所，以安置從屠宰場拯救出來鴨與牛——佛教徒的放生概念。那個收容所是位在河流北岸的賽寺後面。

二〇一四年我去阿壩時，看到很多牧民搭起當地政府免費發放的白色防水帆布帳篷，不再使用傳統的黑色毛氈帳篷。政府也免費發放木材讓牧民建造犛牛圈，並發送補助金給藏人擴建家園。

「我不認同自焚，那是可怕的生命損失，但我不得不承認，我們確實從政府獲得了更多的資源。」一位阿壩的家庭主婦告訴我，她的家庭獲得修繕房屋的補助金，「自焚者犧牲自我，改善了我們的生活。」

現在，政府正計畫把貢寶措的家族舊宅改造成旅遊景點。他們甚至在路的岔道附近設了一個路標，以指引大家去那座宮殿。但我上次去的時候，修繕還沒開始，我也聽說提案的地方黨委書記已經調職了。

我從門縫中窺視，看見屋頂上長了草。圍牆上貼著犛牛糞，但建築物本身並未損壞。支撐廁所的木製陽台依然從建築的側邊往外突出。幾十年來，這座宮殿一直被當成政府倉庫使用。鄰居在宮殿前打造了一個供奉已故美穎國王的神龕。那是一間橫跨小溪的方形小屋，外觀漆成深紅色，前門畫了一個法輪。

麥爾瑪村還有更多的示範專案正在興建。三〇二省道邊有一些漆成鮮黃色的新房子，牆上有跟阿壩鎮中心一樣的西藏壁畫。一位五十四歲的前牧民告訴我：「這是面子工程，他們興建了二三十間漂亮的樣板屋給官員看。」他帶我參觀他自己的小房子，離主要道路不遠。那是一間由水泥磚砌成的單調矩形房屋，只花了一萬美元，但其實只是一個空殼。那個男人說，他自己用水泥鋪地板，貼磁磚做天花板，但是到最後已經沒錢做窗戶了，只能用那間房子來儲存青稞。

在阿壩，舉目所及，隨處可見新的東西冒出來。當地政府正沿著共產黨長征穿越阿壩的路線，為中國人開發新的旅遊景點。在阿壩以西的公路上，他們正在開發魚塘，那顯然是專為中國遊客開發的，因為藏人通常不吃魚。

究竟有多少中國人住在阿壩，這一直是個謎，因為很多新移民的戶口仍留在家鄉。幾乎所有的蔬果小販與餐廳老闆都是中國人或回族的穆斯林。二〇〇八年的汶川地震（同屬阿壩州），使許多失去家園與工作的中國人湧入阿壩，但也有很多中產階級的中國人搬來這裡。某晚，我在阿壩的鎮中心漫步時，看到一群穿著商務服飾的年輕男女從辦公室湧出來，他們興高采烈地說著中文，前往熱門的火鍋店。他們在閃著霓虹燈的卡拉OK店外聊天。一輛沒有牌照的Range Rover閃亮汽車在主要道路上呼嘯而過，我從北京學到，那車主肯定是中國新貴或他們的後代，與共產黨有關聯。

儘管有那麼多的新發展，但真正由藏人獲得的新工作機會少之又少。二〇一四年，我參觀了正在興建的紅原機場，看到所有的工人都是中國人。建造新房的工人也都是中國人。阿壩州政府裡有個友善的年輕人，名叫鄒雙全，他告訴我，藏人不喜歡做建築工作。「藏人不怎麼找工作，牧民有犛牛，他們可以挖蟲草。他們靠那種方式賺錢，比普通的工薪多。」他碰巧是與我交談過的中國官員中，對藏族文化最有好感，也是少數認真學過藏語的人之一。

在阿壩，我唯一遇到藏族建築工的地方，是在一家藏人經營的旅館裡。我看到兩名藏族婦女把一台裝著建材的手推車，推上一段未完工的樓梯。其中一名婦女身材纖細，面容清秀，穿著橙色棉襖，棉襖是佛教徒喜愛的鮮橘色。但她拿下羊毛帽，露出光頭時，我才意識到她是覺姆。她名叫央金（Yangchen），中文很好。她告訴我，她是透過看電視及讀書來自學中文的。她家境清寒，所以做建築工作，每天掙一百人民幣，是中國工人現行工資的一半。「我很幸運，有藏人給我這份工作。多數的生意與商店是漢人開的，他們自然比較喜歡僱用漢人。」央金以就事論事的口吻這麼說，語氣中毫無不滿。

我遇到的年輕藏人，大多與其他地方的同齡人一樣，很努力地尋找穩定的工作。藏人並非某個與世隔絕、想要保留古老文明以免受到現代化影響的異族。他們想要基礎設施，想要技術，想受高等教育，但他們也想保留自己的語言、文化與宗教自由。

由於民營企業對藏人有很多的歧視，許多年輕的藏人渴望從事公職。然而，那需要做很多的犧牲，包括接受一些對佛教信仰的限制。二十四歲受過教育的扎西告訴我：「我們在阿壩有什麼機會？我們要嘛跟共產黨合作，要嘛放牧犛牛、摘採蟲草。」

「如果我留在西藏，也許我當老師，一個月可賺兩千人民幣（約三百美元）。」住在印度的年輕人多吉告訴我，「接著，如果我想在職涯中晉升，我就得入黨。我們在民營單位裡，無法與中國人競爭。相較於中國學生，我們在西藏接受的教育水準有很大的落差。」

關於教育落差，我和一位攝影師到離阿壩不遠的一個小鎮參觀一所公立小學時，親眼目睹了這個現象。我們走進一間教室，裡面大約有三十個六歲左右的孩子在教室裡轉來轉去玩耍。我們四處尋找老師，但完全看不到老師的蹤影。除了我和攝影師以外，根本看不到成人。孩子看到我們時（兩個成年女性），趕緊回座位，三個人擠著一張為兩人設計的桌子，一臉期待地抬起頭來，準備聽我們上課。一個孩子指著另一個同學說，她流鼻血了。我只好語帶歉意地解釋，我們不是老師，除了給他們面紙擦鼻血以外，我們無法給他們什麼。（一位老師後來告訴我，我們去參觀時，老師正好在午休，但攝影師一早就在那裡了，她說當時教室裡也沒有老師。）

我一再聽到同樣的說法。幾乎所有人的經濟狀況都比十年前好，就像中國的所有人一樣。但是，即使以中國鄉下的標準來看，藏人依然很窮。藏人可以看到，中國新移民的生活水準比較高。

穿越青藏高原很難。有一次去阿壩途中，我在達日縣（Darlag）過夜。那天下著雨又停電，四下漆黑。我找路時，不小心跌進了排水坑。本來找個地方洗一洗也就沒事了，偏偏我到旅館時，旅館也停水，連澡也洗不成。

我到阿壩外的一個村莊，在一個藏族家庭裡待了幾個小時（為了保護招待我的主人，所以不透露村名）。那裡除了主要道路鋪了柏油以外，其他路段都沒有鋪。為了抵達那戶民宅，我必須先爬過沾滿泥土和雨水的光滑石頭。那間房子位於比較新的社區，是由政府設計的，那裡的房子都擠在一起。雖然每一戶都有一個圍牆院子，但院子只夠存放犛牛糞，而不是飼養動物。那個社區的居民以前大多是牧民，政府鼓勵他們賣掉牲畜，定居下來。屋子是由泥土與磚塊砌成，並以梁木支撐著屋頂。梁木的兩端延伸到結構之外，形成一種裝飾圖案（一排圓圈）。在我住的那間房子裡，燈泡和收音機是靠太陽能板供電，因為鎮上供電很少。屋內基本上是一個很長的房間，睡眠區用防水布隔開。牆上貼滿五顏六色的雜誌照片（有鳥類、鮮花、胖嘟嘟的嬰兒、流行歌星等等），那是一般藏人家庭常見的風格。

屋子中央有一個既可取暖又可烹飪的爐子。上面隨時煮著一壺熱水備用，以便迅速把糌粑泡成粥。他們每餐都吃糌粑，很快就把瓷碗舔得一乾二淨。

接待我的女主人是一位五十幾歲的寡婦，她與幾個成年子女住在一起。她和那個世代的許多藏人一樣，很小就失去雙親。在一九五〇年代的共產黨改革中，她的父親死在獄中，母親死於飢餓。儘管身世坎坷，工作辛苦，又生了很多孩子，但這位寡婦依然身材苗條，精力充沛，散發出能幹又冷靜的氣息。每天一早，她先在小佛壇前虔誠地拜倒，之後才開始一天的生活。那個拜倒儀式對我那些熱愛上健身房的同事來說也是一種挑戰。拜完後，她開始打掃爐子，去打井水來加滿水壺。這個家庭比村子裡的多數家庭稍微富裕一些，因為他們有外面的親戚寄錢來貼補家用，但他們依然很窮。屋裡總是很冷，他們在家裡都戴著羊毛滑雪帽。每個人看起來都很瘦，尤其是一個二十幾歲的女兒。她的家人告訴我，她得了肺結核，但他們找不到合適的藥。他們有一個親戚是六十五歲的婦女，她拿著有人賣給她的高血壓藥片給我看。賣家告訴她，那些藥片來自美國。她讓我看標籤，上面寫著那個產品含有蛇皮與人參。我只好告訴她，我覺得那個藥不是來自美國。

當地的衛生狀況很差，居民在河邊排泄。出門時，他們會隨手帶一塊石頭以嚇跑野狗。一天早上，我犯了一個錯誤，踏出大門前忘了先撿一塊石頭。我一走出院子，就有一隻黃色的大狗從角落衝過來，咬住我的大腿，接著又飛奔離去。

那個村子確實有一個類似公廁的地方，就在主要道路的旁邊，但那只是一個沒有屋頂的水泥間，地下挖個洞罷了，而且離多數的住家有好一段路。

據我所知，政府提供的唯一服務是維持治安。除了寺院以外，村裡的最大建築就是公安局，位於一條小商業街上，是街上最醒目的建築。我實在無法想像，為什麼這個只有兩千人且大多是退休人士的村子，需要那麼多公安。況且，這裡從來沒發生過抗議或自焚。警車不停地繞著寺院和小型的公車停車場巡邏。村裡幾乎所有的車輛都是警車。我是在回村子的路上，吃到苦頭才明白這點。那裡沒有計程車，所以我和一位藏人朋友豎起大拇指想搭便車。當時天色已晚，路上空無一人，我們翻過山脊才興奮地看到一輛汽車的前燈。但是，那輛車子靠近時，我們從車牌可以判斷那是武警。那裡是一片開闊的高原，沒有樹木，也沒有藏身之處，完全無處可逃。我們別無選擇，只好悄悄地坐上後座。

「你會說普通話嗎？」便衣員警問道。我閉上嘴，低著頭，假裝沒聽懂。幸好，昏暗的暮色保護了我們。車開到村子時，我的朋友低聲地向員警道謝，我們平安無事下車了。

中國分析人士常提到共產黨與中國人民達成的默契：以經濟成長換取他們對一黨專政的順從。共產黨對藏人也套用同樣的模式，搞不好還真的有效，因為我遇到許多藏人是真心感激他們在共產黨統治的七十年裡所獲得的經濟成就。那不全然是政令宣傳，藏人也不想回到以前的狀態。只要中國政府提供給藏人的交易條件，與漢人一樣好就行了。他們要的不是民主國家提供的權利，不是選舉，甚至不是言論自由，而是多數中國公民已享有的基本權利：在自己的國家裡自由地旅行，獲得護照，送孩子到國外接受教育，自己出國旅遊，學習母語，展示精神領袖的肖像等等。

一位藏族商人是一九八〇年代重建阿壩的企業家之一，如今是一名富商，他以最令人難忘又簡潔有力的方式，表達了這點。他有兩個家，兩輛車（其中一輛是最新款的日系商旅車），最新款的iPhone與iPad。但是，經過幾十年的努力，儘管他毫無被捕紀錄，他還是無法獲得護照。

「我人生中想擁有的東西都有了，就是沒有自由。」他告訴我。

二〇一四年與二〇一五年，自焚事件逐漸減少，取而代之的是一種新的抗議形式。個別的抗議者走上街頭，揮舞著達賴喇嘛的肖像，高喊支持西藏的口號。「國際聲援西藏運動」（International Campaign for Tibet）的資料顯示，二〇一五年下半年有十四起這類事件，此後每年的數量比較少。許多個別抗議者與自焚者相似，是來自麥爾瑪的格爾登寺僧侶，被判處兩到三年不等的徒刑。

藏人的恐懼程度，堪比我在北韓看到的情況。有一次我去九寨溝（才百以前工作的地方），針對當時觀看的音樂表演，向一位年輕的藏族女子問了一個很平淡無奇的問題。她嚇得臉色發白，對我說，她沒獲得許可，不能跟我說話。我在一個政府資助的講座上認識了一位藏族學者，後來我打電話給他，他掛了我的電話，不是因為無禮，而是因為恐懼。

中國正成為政治學家史坦．林根（Stein Ringen）所說的「完美的獨裁」。政府的掌控已經如此完全，政府對線上通訊的監控如此徹底，監視攝影機無處不在，對人民進行的生物特徵追蹤如此的先進，所以他們幾乎可以完美地維持秩序。做到幾乎天衣無縫。中國控制人民的新方法，不像其他獨裁政權那麼野蠻。例如，敘利亞的巴沙爾．阿塞德（Bashar Assad）對平民使用毒氣。但是，中國那些方法令人窒息的程度，並不亞於其他政權。英國一家科技顧問公司的資料顯示，截至二〇二〇年，中國據估計安裝了六．二六億個監視攝影機——相當於每兩人就有一台。臉部辨識技術的進步，已經可以讓公安辨識出參加抗議的人，以及那些亂闖馬路或逃票的人。二〇一五年起，新的身分證在阿壩與其他藏區推出。那種卡片使用虹膜掃描等先進的生物特徵資料來做身分辨識。目前正在開發的「社會信用」體系，讓政府有權立刻取消違法者的權利（例如買車票的權利），藉此祭出懲罰。中國也許還不是評論家擔心的那種科技反烏托邦，但那正是它前進的方向。這種恐嚇效果遠遠超出了中國邊界。住在中國境外的藏人（以及其他的海外華人）認為，他們的電子郵件與簡訊——尤其是微信上的郵件與訊息——都受到監控，而且他們說的話可能也會產生負面的影響。我認識的幾個紐約藏人說，他們與留在西藏的家人溝通時，無法暢所欲言。他們擔心任何負面的說法都有可能被誤解成對政府的批評，而且他們通常不確定家裡到底發生了什麼事。

維吾爾人的處境甚至比藏人還慘。截至本文撰寫之際，有上百萬名維吾爾人被強行押入「愛國教育」營。他們在那裡做卑微的工作，幾乎沒有酬勞，並接受共產黨的洗腦。他們的孩子常被送到寄宿學校學中文。中國政府表示，那些教育營提供職業培訓，目的是防止伊斯蘭激進主義。拘留營是由強硬派的同化人士陳全國開發的，他在西藏自治區做了五年的黨委書記後，二〇一六年到新疆擔任同樣的職務。

即使藏人沒有被關進拘留營，他們也活在中國政令宣傳的無情攻擊下。中國鼓勵（有時是下令）他們在家中展示習近平的肖像與中國國旗。（一位來自安多另一區的藏人告訴我：「我媽的臥室裡有一張習近平的照片。」）二〇一九年十月一日，為了慶祝中華人民共和國建國七十週年，阿壩的學生必須參加「祖國」歌唱比賽：「表達你對黨無限的愛，送禮給建國七十週年的新中國。」二〇一九年十二月，阿壩縣政府發布了一篇文章，該文顯示麥爾瑪的藏人參加「強化基層社會治理」會議。其中一張照片顯示，藏人坐在地上，斗篷拉到頭上，那天的溫度是攝氏三十一度。雖然看照片憑直覺臆測很有限，但我猜他們一點也不想參加那種會議。

二〇二〇年的初步跡象並不樂觀。三月，阿壩的家長接到通知，阿壩第三小學將把教學語言改為中文。那所學校是中國最後一所以藏語教學的學校，語言轉換將於秋季生效。該通知已經引起教師和家長的抗議與陳情。中國當局也利用新冠肺炎這個緊急狀況，對人口實施新的管控。一款強制使用的手機app會給用戶一個顏色代碼——綠色、黃色或紅色——以顯示他們染疫或傳染的可能性，也可以用來阻止他們進入公共場所。這種監控技術可能在疫情過後，仍常駐在人民的手機裡。

我不擔心我在青藏高原旅行時可能發生什麼事。我是拿有效的簽證與記者證合法地旅行。對我來說，最糟的情況可能只是被拘留一天，然後被押送出城罷了。我比較擔心的是那些幫過我或與我交談的藏人，他們可能因此惹上大麻煩——被捕或遭到解僱。

中國人的言論自由也受到限制，但他們比少數民族享有更多的自由。在習近平的領導下，公民自由受到限制，但漢人通常可以對記者發表看法，表達他們對政府的輕微不滿。

我與中國境內的藏人交談時，即使我們的談話不涉及政治，我們都是在私宅或其他隱蔽的環境中進行。我僱用藏語的譯者及司機時也非常小心，以免給他們帶來麻煩。這為撰寫本書帶來了一些困難，因為許多藏人不太會說中文。有時，我會用我的蹩腳中文，採訪那些中文也不太流利的藏人。儘管我們的詞彙都很有限，但我們還是設法交流了。有時我會錄下比較複雜的藏語說法，以便日後請人翻譯。有時，藏族家中的年輕成員會幫我把長輩說的藏語譯成中文。

採訪的過程中，我在阿壩訪問了數十人。但是撰寫本書的時候，我決定把重點放在那些生活在海外及中國其他地方的人身上，這樣他們就可以傳達出其生活故事的細微差異。多年來採訪叛逃者、難民、流亡者的經驗讓我意識到，相較於留下來的人，那些離開的人談論他們的故鄉往往比較坦白。為了避免遇到說法有所保留的受訪者，我選的採訪對象是仍然可以找到西藏境內親友證實其說法的人。除了少數例外以外（例如學校老師才嘉、當過藝人的才百），本書介紹的離藏人士都不是基於政治因素離開，而是為了教育深造或個人成長。

大致上，他們都是普通人，他們只是想在中國西藏過正常、幸福的生活，而不必在信仰、家庭、國家之間做出棘手的抉擇。

而這一切困境的核心，是達賴喇嘛。許多藏人告訴我，只要中國政府停止誹謗達賴喇嘛，他們更容易接受中國的生活。

不管達賴喇嘛說什麼，中國政府總是非得跳出來譴責他不可，他們對他的仇恨似乎無窮無盡。以前我們記者常開玩笑說，他就像伏地魔——哈利．波特系列裡的大反派，他的名字不僅不能提起，在西藏的許多地方，連他的肖像也不能出現。二〇一四年我從尼泊爾返回中國時，在拉薩機場轉機，當時我就有親身的體會。雖然我只是轉機，但我知道行李可能被搜查，所以我很小心，沒帶任何敏感物品。我甚至把我的電子書閱讀器Kindle送人了。我只帶了一本旅行指南，我覺得那本書應該沒什麼大不了的——《孤獨星球》（*Lonely Planet*）的尼泊爾旅遊指南。沒想到，那正是他們要找的書。我的行李一通過行李掃描器，穿制服的邊防警衛就把手伸進去，拿出那本旅遊指南。他熟練地翻到第三一五頁，在那裡他找到違禁內容。就在頁面底部的邊欄裡，有幾張歷史照片，其中一張很小，小到我得眯著眼睛才認出那是達賴喇嘛。

我對他說：「你在開玩笑吧？」

我們爭論了起來。我建議他撕下有問題的那一頁，把剩下的部分還給我。我指著那本書的建議售價二十七．九九美元。他搖了搖頭，把書藏到他的書桌後面。那裡無疑還有一堆他們從不知情的旅客那裡沒收的書。那名警衛是藏人，高大英挺，穿著中國武警的制服，他微笑了一下，彷彿在說，他也知道這很愚蠢，但他還是必須做好分內工作，別無選擇，只能按照荒謬的中國政策執行。

然而，要清除大家對達賴喇嘛的記憶是不可能的。藏人在達賴喇嘛的肖像遭到禁止的地方，轉而膜拜慈悲的觀世音菩薩。在西藏的寺院裡，都可以看到觀世音菩薩的肖像。一般認為達賴喇嘛是觀世音菩薩轉世，所以觀世音菩薩代表了失蹤的西藏精神領袖。一位拉薩的藏人告訴我：「沒有照片也不打緊，我們知道他在哪裡。」

共產黨的無神論者，無疑對達賴喇嘛在藏人心中激起的虔誠敬仰，感到恐懼，但他們似乎低估了藏人的虔誠度。我在中國生活的七年裡，每次去西藏談起達賴喇嘛時，藏人當下展現的激動情緒，總是令我相當訝異。我和一位受過良好教育、非常世俗化的藏人一起去採訪達賴喇嘛時，他當場完全變了一個人。這個男人三十幾歲，極其務實理性，批評過達賴喇嘛對流亡社群的領導。但是，這些都不重要，他在達賴喇嘛面前幾乎整個融化了。

二〇一五年達賴喇嘛八十大壽的前夕，我碰巧在中國，路過阿壩。當時自焚事件已經逐漸減少，但中國當局已準備好阻止慶祝活動，所以阿壩鎮仍受到嚴格的管制。那時我才剛結

23 萬物俱有，只欠自由 Everything but My Freedom

束採訪不久，雖然有人建議我刪除照片，但我還留了一些照片在手機裡。我就是忍不住想要炫耀一下。我把照片拿給幾個藏人看，突然間，我彷彿變成官方派來的使者。以前緊閉的大門紛紛對我敞開了。幾天後，當我把行李放上車，準備離開阿壩時，一群年輕的藏人走了過來。他們都是十幾、二十幾歲的藏族青年，穿著打扮跟一般的青年一樣，穿著牛仔褲，拿著智慧型手機，說中文。他們提出一個特殊的要求。他們知道達賴喇嘛打算在洛杉磯過生日，希望我幫他們帶禮物給他。司機已經打開汽車的後車箱，準備讓我放行李。我還沒來得及阻止，那些年輕人就開始往裡面塞禮物。他們塞了五磅的青稞麵粉，可以做糌粑，更多袋的乾燥蔬菜，還有一小袋塞滿肉的饃饃。我試圖阻止他們，說我住在紐約，不是洛杉磯。我說，紐約與洛杉磯的距離很遠，而且我近期也沒有去洛杉磯的計畫。況且，我要轉很多次飛機才到家，那些食物肯定過不了美國海關。

「沒關係，這是我們的心意。」一名男子回應。

再爭論下去也沒有用。當我們開著塞滿西藏食物的福斯汽車出城時，我請教內心深處的達賴喇嘛。面對這種情況，慈悲的菩薩會建議怎麼做呢？當時我們的車子正往東開往成都，我突然想起我在附近的一個村子裡，見過一位非常貧窮的殘疾婦女。於是，我們把車子開離了主要道路，找到她的房子，把後車箱那滿滿的達賴喇嘛供品，卸放在她家的大門內。接著，我們又開車回到現代的中國。

附註
Notes

這本書主要是一本口述歷史，是由阿壩藏人的回憶拼組而成。為了迅速熟悉西藏，我仰賴許多學者的研究。他們對西藏的了解，遠比我花好幾輩子能學到的還多。這份附註是為了把功勞歸於他們的研究成果，也為想要進一步深入探索書中主題的讀者提供指引。在多數的參考文獻上，我沒有標示頁碼，因為很多人是讀電子書。此外，特定文章的網路連結也經常變化，所以我只放那些看起來在不久的將來可能維持不變的連結。我引用的人權報告與學術期刊大多很容易取得——至少對上網不受審查的網民來說是如此。

書中對各地的實體描述都是我自己寫的，我去了書中提及的多數地方，包括阿壩、成都、拉薩、理縣（美顙國王與王后自殺的地方）、九寨溝（才百以前工作的地方）、中尼邊界的尼泊爾那一側、達蘭薩拉、南京，當然還有北京，我在北京住了七年。

藏語的名稱難以捉摸，地方可能有不同的名字，就像它們有相互衝突的歷史一樣。有的是漢名，有的是藏名，而且還會隨著時間不同而改變。藏文羅馬化的學術標準（亦即威利轉寫〔Wylie system〕）準確地反映了藏文的書寫，而不是發音。我試著用最常見、最容易辨識、最容易在搜尋引擎上找到的拼寫方式，以便好奇的讀者能精確地找到它們。遺憾的是，阿壩（Ngaba）是最難以捉摸的地名，我看過六種不同的拼寫方式，連發音也因藏語方言的不同而異，介於Ngaba與Ngawa之間。或許這也為那個地方增添了更多的神祕感。

至於人名方面，藏人通常有多個名字，但不見得有姓氏，他們一生中也會改名。例如，名字感覺不吉利時會改名，地位變化也會改名，比如男孩進入格爾登寺後，會加入「洛桑」這個新名字。許多藏人都有綽號，我常在書中使用綽號，一來是因為簡單，二來是為了保護當事人。

作者注

在中國的行政體制下，阿壩其實是一個縣，裡面有一個市區（我稱之為阿壩鎮）和周圍的小鎮，那些小鎮又細分為村莊。全縣人口約七萬三千人。另外還有一個更大的阿壩州，人口近一百萬，相當於美國一個小州的面積。這可能讓人覺得很混淆，因為一些地圖把該州的首府錯標成阿壩（套用美國的例子，相當於把紐約市誤認為紐約州的首府，但紐約州的首府其實是阿爾巴尼〔Albany〕）。阿壩州的正式名稱是阿壩藏族羌族自治州（羌族是另一個少數民族，但與藏族有血緣關係）。

駐紮在阿壩的保安人員有五萬人，這個數字是來自格爾登寺的發言人康亞次仁（Kanyag Tsering），他說那是政府官員告訴他們的。

第1部分——一九五八－一九七六年

第1章——末代公主

貢寶措的全名是美顙・貢寶措（Gonpo Tso Mevotsang）。措（Tso）是「湖」的意思。在安多地區，女性的名字通常會加上「措」這個字。

關於美顙國王宮廷內部的描述，主要來源是我在印度對貢寶措的採訪。在阿壩，我採訪了一位年邁的鄰居，他目睹了貢寶措一家被逐出宮殿的過程。我也閱讀了一份二〇一五年紀念國王冥誕一百週年而彙整的證詞。那些證詞包含他的妹妹頓珠措和她的丈夫，以及前宮廷大臣的說法。我去過那個宮殿數次，但是都進不去。一個中國網站提供了許多關於宮殿建造方法與內部裝潢的統計資料。

關於美顙王國的歷史，我很幸運找到一本書，那是一九九三年由美顙國王的前私人祕書曲培私人出版的，書名是《A Brief Recollection of the Union of the Mei King and the People for Posterity》。這是我讀過最詳細的美顙王國史，儘管它的書寫比較像是已故國王的偶像化傳記。

美國傳教士艾克維爾的回憶錄可能是比較客觀的描述。他於一九二〇年代造訪阿壩，對美顙王國的治理及王室的文化水準留下深刻的印象。一九七九年的一次採訪手稿，目前保存在伊利諾州惠頓學院（Wheaton College）的葛培理中心檔案館（Billy Graham Center Archives）。https://www2.wheaton.edu/bgc/archives/transcripts/cn092t01.pdf。

艾克維爾也寫過一部小說《The Lama Knows》（Chandler & Sharp, 1981），故事發生在阿壩附近，雖然是虛構，但時間與地點的描述非常豐富。

另一位傳教士卡爾森在一九四〇年代曾旅行經過阿壩，他的回憶也可以在相同的檔案館中找到。https://archon.wheaton.edu。

美顙國王過世後，在中國的官方史上獲得讚譽。感謝李江琳推薦我閱讀一九八七年出版的《阿壩藏族羌族自治州文史資料選集》第六冊。

布拉格查理大學（Charles University）的丹尼爾・伯倫斯基（Daniel Berounský）在二〇一二年的《西藏研究期刊》（*Revue d'Etudes Tibétaines*）中發表了一篇精彩的文章，標題是〈Kirti Monastery of Ngawa: Its History and Recent Situation〉。該文主要是探討自焚事件。http://himalaya.socanth.cam.ac.uk/collections/journals/ret/pdf/ret_25. pdf。

第2章——吃佛

本章有很多篇幅主要是根據學者李江琳和阿科斯特的開創性研究，他們發現並翻譯了一九三五年與一九三六年長征期間藏人與中國人交手的第一手資料。阿科斯特為他和李江琳在他們的部落格上發表的文章，創造了「吃佛！」這個標題。我是從那篇文章得知，阿壩是共產黨與藏人最早發生衝突的地方之一，這也是我選擇阿壩做為寫作地點的靈感來源之一。他們的完整文章〈Eat the Buddha! Chinese and Tibetan Accounts of the Red Army in Gyalrong and Ngaba 1935-6 and Related Documents〉，可在他們的部落格http://historicaldocs.blogspot.com/2012/05/red-army-in-ngaba-1935-1936.html找到。

紅軍政委吳法憲在回憶錄中寫到在寺院裡吃供品，那本回憶錄是《歲月艱難：吳法憲回憶錄》（北星出版社，二〇〇六）。英文方面，孫書雲的《The Long March: The True Story of China's Founding Myth》（Doubleday, 2007）主要是以對紅軍倖存者的採訪為依據。他們清楚表示，他們覺得青藏高原有如陌生國度。

毛澤東與愛德加・史諾（Edgar Snow）對話時，形容紅軍沒收的食物是「我們唯一的外債」，說他們將來一定得「把我們不得不從藏人那裡拿走的糧食還給藏人」。愛德加・史諾，《西行漫記》（*Red Star Over*

China, Grove Press, 1973），頁二〇三至二〇四。

關於藏人的起源，關於他們是「類人猿與食人女妖的後代」的傳說，馬修．卡普斯坦（Matthew Kapstein）的《The Tibetans》（Wiley-Blackwell, 2006）指出，這些說法最早是出現在十世紀後的佛教作品中，那些作品把藏人的祖先描述為慈悲菩薩的化身。我覺得卡普斯坦的著作，以及石泰安（R. A. Stein）的《Tibetan Civilization》（Stanford University Press, 1972）都很有幫助。關於西藏帝國的歷史，我是參考桑木．馮．謝克（Sam van Schaik）的《Tibet: A History》（Yale University Press, 2011）。

著名藏史家茨仁夏加（Tsering Shakya）在一九九三年的文章〈Whither the Tsampa Eaters?〉中，總結了誰是西藏人這個問題的細微差別。全文在網上發表：https://www.academia.edu/691679/Whither_the_Tsampa_Eaters?auto=download

關於美顙王國及其他小王國如何在中國內部存活下來的問題，我參考了傑克．派翠克．海耶斯（Jack Patrick Hayes）的《A Change in Worlds on the Sino-Tibetan Borderlands: Politics, Economies, and Environments in Northern Sichuan》（Lexington Books, 2014）。他在書中寫道，明清兩代為了以最簡便的方式治理那些小王國，他們是「授予地方領導人官銜與王室頭銜，以利用現有的結構」。喬治城大學的歐楊（Max Oidtmann）也與我分享他的一些相關研究（關於清朝對安多既有的藏族首領所提供的法治）。

關於西藏法律地位的混亂術語，參見艾曼達．切尼（Amanda Cheney）的〈Tibet: Lost in Translation: Sovereignty, Suzerainty and International Order Transformation, 1904-1906〉，《Journal of Contemporary China 26》（2017），以及小林亮介（Ryosuke Kobayashi）的論文〈The Political Status of Tibet and the Simla Conference (1913-14)〉。

第3章——惡龍歸來

一個寶貴的資料來源是納倉・怒羅（Naktsang Nulo）的回憶錄《那年，世時翻轉：一個西藏人的童年回憶》（*My Tibetan Childhood: When Ice Shattered Stone*），英譯本由Angus Cargill與Sonam Lhamo翻譯（Duke University Press, 2014）。這本書描述一九五〇年代高原東部的藏族百姓鮮為人知的悲慘經歷，是少數有英譯本的著作之一。作者住在甘肅，離阿壩不遠，屬曲卡麻族（Chukama clan）。曲卡麻族經常與美顙王國作戰，書中對於戰爭有一些詳細的描述。誠如藏學家羅伯・巴聶特（Robbie Barnett）在精彩的導讀中所寫的，其他的記述大多是由拉薩的藏族精英與貴族所撰寫，他們在共產黨統治初期所受到的衝擊，不像高原東部那麼嚴重。巴聶特的導讀也為青藏高原東部地區在西藏文化、歷史、文學、經濟中的重要性，提供了非常翔實的說明，儘管有些人不認為那些地區屬於西藏。

關於西藏如何落入中國統治的論述，我是參考茨仁夏加的《龍在雪域：一九四七年後的西藏》（*The Dragon in the Land of Snows: A History of Modern Tibet Since 1947*）以及梅・戈爾斯坦（Melvyn Goldstein）的三卷本《現代西藏史》，尤其是第一卷《喇嘛王國的覆滅》（*The Demise of the Lamaist State*）。

達賴喇嘛在回憶錄《我的故鄉與人民》中，描述他早期與毛澤東及中國共產黨的互動。我引用的段落是摘自附有新導言的再版（Hachette Book Group, 1997），頁八七至八八。有關其教育的描述，是在頁三四至三五。我也參考了約翰・艾夫唐（John Avedon）一九七九年首次出版的達賴喇嘛傳記《雪域境外流亡記》（*In Exile from the Land of Snows*），以及皮科・艾爾（Pico Iyer）的《開闊之路》（*The Open Road*）。

關於美顙國王對共產黨的反應那一段，我是依賴阿壩的業餘史家德勒。他既是本書的資料來源，也是本書的主要人物。二〇一四年，一位與我合作的譯者，採訪了生於一九二〇年代的阿壩流亡長者嘉央・索朗。

美籟國王的前盟友馬步芳，後來被蔣介石任命為中華民國駐沙烏地阿拉伯的大使。

第4章——歲月崩塌的那年

如今大家普遍認為毛澤東的大躍進是世上最大的人為災難，但西藏的經驗往往只被當成附屬的枝節看待。少數的例外是：賈斯柏．貝克（Jasper Becker）寫的《餓鬼：毛時代大饑荒揭祕》（*Hungry Ghosts: Mao's Secret Famine*, Free Press, 1997），他的著作中有一章是寫藏人。荷蘭史學家馮客（Frank Dikotter）在探討共產黨革命影響的著作中，也談到藏人：《毛澤東的大饑荒：一九五八－一九六二年的中國浩劫史》（*Mao's Great Famine: The History of China's Most Devastating Catastrophe, 1958-1962*, Walker Books, 2010）、《解放的悲劇：一九四五－一九五七年的共黨革命史》（*The Tragedy of Liberation: A History of the Chinese Revolution, 1945-1957*. Bloomsbury Press, 2013）、《文化大革命：人民的歷史一九六二－一九七六》（*The Cultural Revolution: A People's History, 1962-1976*, Bloomsbury Press, 2016）。

關於大躍進的另一本重要新書是楊繼繩的《墓碑——中國六十年代大饑荒紀實》（*Tombstone: The Great Chinese Famine, 1958-1962*, Farrar, Straus & Giroux, 2012）。該書最早在香港出版，當時饑荒在中國仍是禁忌話題。楊繼繩總結道，有三千六百萬人死於饑荒，還有四千萬人應出生而沒有出生。

「dhulok」（譯成「歲月崩塌」）是我在阿壩遇到的許多老人所使用的詞彙。我只找到一份提及這個詞彙的書面資料，那是卓巴．茨仁旺姆（Tsering Wangmo Dhompa）的《A Home in Tibet》（Penguin Books, 2013）。那本書是美籍藏裔詩人寫的精彩回憶錄，她回到她母親位於阿壩以西約三百二十哩的家鄉結古（Kyegu）。

關於漢人是革命「主力」的那段引述，是摘自華倫．史密斯（Warren W. Smith）的著作《Resistance and Reform in Tibet》裡的一章〈The Nationalities Policy of the Chinese Communist Party and the Socialist Transformation of Tibet〉，Robert Barnett與Shirin Akiner編輯（C. Hurst, 1994），頁五七。

二〇一八年，西藏人權與民主中心（Tibetan Centre for Human Rights and Democracy）出版了一本證詞選輯，描述發生在阿壩瑪讓村的大屠殺，那本選輯的標題是《Ancestor's Tomb》。作者是作家，也是阿壩的大學生，僅以筆名Mar Jang-Nyug發表。

《內部參考》也有一些關於抗爭的報導。《內部參考》是官方新華社的刊物，發行量有限，僅供政府官員閱讀。

對這段期間的藏人死亡人數做最廣泛研究的是李江琳。李江琳著有《當鐵鳥在天空飛翔：一九五六－一九六二青藏高原上的秘密戰爭》（聯經出版社，二〇一二）。她運用中國政府與軍方的官方消息來源（其中一些是保密的），記錄了中共在西藏東部對西藏抵抗運動的鎮壓。該書的主要發現也歸納整理在部落格〈War on Tibet〉上：http://historicaldocs.blogspot.com/2013/05/when-iron-bird-flies-summary-of-findings.html。

在《Tibet, Tibet: A Personal History of a Lost Land》一書中，派區克．佛蘭區（Patrick French）根據中國政府公布的資料，以及人口學家裘蒂斯．班尼斯特（Judith Banister）早些時候分析的資料，推算出藏人的死亡人數。他指出，在藏人眾多的省分，死亡率幾乎是中國其他地方的兩倍。

關於一九三七－一九三八年的南京大屠殺，日本史學家認為死亡人數在兩萬到二十萬之間，中國人認為死亡人數超過三十萬，其中多數是平民百姓。

班禪喇嘛會是共產黨的支持者，可在西藏地區比較自由地旅行。他在西藏各地的見聞令他震驚，因此在一九六二年對政府提出嚴厲的批評。那份名為《七萬言書》的文件，在一九九六年以前一直列為國家機密，僅中國政府的高層知曉。一九九六年才由西藏資訊網（Tibet Information Network）取得副本。一九九八年，西藏資訊網出版了英譯本《A Poisoned Arrow: The Secret Report of the 10th Panchen Lama》。一些關於監禁及殺害的人口百分比資料，是來自班禪喇嘛的報告及其後續的研究。

中情局介入西藏是幾本書的主題。二〇一三年四月十九日，梅兆讚（Jonathan Mirsky）在《紐約書評》（*The New York Review of Books*）的〈The CIA's Cancelled War〉一文中，簡要介紹了幾本書。一九七二年美國總統尼克森的歷史性訪華前夕，美國撤回了中情局為西藏抵抗運動所提供的資助。此後，美國政策回到了梅兆讚描述的狀態：「向中國人卑躬屈膝，向達賴喇嘛致上空洞的祝福。」

第5章——徹底漢化的女孩

華倫．史密斯（Warren Smith）在《Resistance and Reform in Tibet》裡指出，中國的少數民族政策是仿效蘇聯。在一九五四年的人口普查中，中國承認了三十九個少數民族，十年後擴增至五十六個少數民族。

頌揚少數民族融入新社會的海報是一九五五年發布的，可以在chineseposters.net上看到。

中國共產黨中央委員會《關於無產階級文化大革命的決定》的十六點聲明，全文在網上廣為流傳。

關於一九六六年北京的氣氛、口號的確切用語、文化大革命的其他背景，我是參考馬若德（Roderick MacFarquhar）與沈邁克（Michael Schoenhals）合著的《毛澤東最後的革命》（*Mao's Last Revolution*, Harvard University Press, 2009）。

那篇「橫掃一切牛鬼蛇神」的社論，是一九六六年六月一日出刊，由毛澤東的政治祕書陳伯達執筆，可在Marxists.org上看到。

第6章——紅城

中國學者李江琳把文化大革命的中文報導譯成英文，供我參考，其中包括一本由達傑（來自果洛的藏族共產黨幹部，當時叛亂延伸到果洛）自費出版的回憶錄《果洛見聞與回憶》（*Knowledge and Memory in Golok*）（西寧出版社，二〇〇八）。另一份參考資料是蔡文彬的《趙紫陽在四川》（香港，二〇一一）。趙紫陽是因同情天安門抗議者而遭到整肅的中國領導人，曾任四川省委書記，在四川省也是以改革者著稱。這本傳記中提到，趙紫陽為紅城運動的領袖紅城扎西平反。

馬修・阿科斯特（Matthew Akester）從藏文資料翻譯了《Wounds of Three Generations》的相關章節。那是一部口述歷史，由流亡的格爾登寺出版（Dharamsala, 2010）。

我在阿壩採訪時，沒見到八十幾歲的紅城扎西，但我訪問了他的弟弟盧里。他與德勒是同時代的人，也參加了戰鬥。

一九六九年文化大革命期間，尼木縣（Nyemo county）發生了一場更著名的藏人叛亂，由一位覺姆領導，後來那位覺姆遭到處決。戈爾斯坦的專題著作《On the Cultural Revolution in Tibet: The Nyemo Incident of 1969》（University of California Press, 2009）有相關描述。

第7章——放逐

貢寶措與農場以外的人幾乎都沒有聯繫，也沒和當地的哈薩克人、維吾爾人、蒙古人有太多的接觸。那個農場是由新疆生產建設兵團（Xinjiang Production and Construction Corps）經營，那是一九五四年毛澤東下令開發邊疆時所成立的軍事組織。可悲的是，青河（Qinghe）目前是數百個勞改營之一，有一百多萬名維吾爾人被關在裡面再教育。

「小兔」是兔年出生的中國人常見的暱稱。為了保護他的隱私，我沒有採用全名。

那首歌的歌詞是摘自白傑明（Geremie Barmé）的《毛澤東的陰影：領袖身後的個人崇拜》（*Shades of Mao: The Posthumous Cult of the Great Leader*, Routledge, 2016）。那可能是來自貢寶措記憶中那首歌的後期版本，但所有的版本大同小異。

關於禁止漢人與維吾爾人通婚的問題，參見詹姆斯・帕爾默（James Palmer）的〈Blood and Fear in Xinjiang〉，《外交政策》（*Foreign Policy*），二〇一四年三月二日。如今，一些地方政府鼓勵異族通婚以促進同化。

一九六八年，中國的大學重新開放，但只招收黨組織推薦的學生。一九七三年恢復了有限的入學考試。一九七七年，中國才恢復高考（高考是全國性的入學考試，沿用至今）。

第2部分——權力真空期　一九七六—一九八九年

第8章——黑貓與冬蟲夏草

夏偉（Orville Schell）的《To Get Rich Is Glorious》對一九八〇年代中國的熱鬧氣氛有精彩的描述。

關於格爾登寺的重建及商人凱徹的描述，大多是來自市場小販貝瑪。第十三章中會介紹到貝瑪。

關於藏人銷售的藥草，貝母的拉丁學名是*Fritillaria cirrhosa*，我還沒找到英文名稱，其球莖是用來製作止咳糖漿。

關於蟲草對西藏經濟的貢獻，相關的統計資料是來自環境顧問兼真菌學家丹尼爾．溫克勒（Daniel Winkler）。人類學家艾米拉．羅茲娜．舒萊克（Emilia Roza Sulek）出版了一本相關的書籍：《Trading Caterpillar Fungus in Tibet》（Amsterdam University Press, 2019）。二〇〇八年，我跟著一個藏族家庭去尋找冬蟲夏草，為《洛杉磯時報》做了一篇報導。我可以證明，摘採蟲草對眼睛與肺部造成很大的壓力。在藏人的可支配所得中，蟲草仍貢獻一大部分，但如今因過度摘採及氣溫升高，蟲草的供給正在減少。

關於鼓勵漢人移居藏區的研究依然很少，我找到最詳細的研究是《The Long March: Chinese Settlers and Chinese Policies in Eastern Tibet》（International Campaign for Tibet, 1991）。

支持藏人的團體認為，把漢人移入西藏的政策違反了《日內瓦第四公約》（Fourth Geneva Convention）的一項規定：「占領國不得將其本國平民之一部分驅逐或移送至其所占領之領土。」（第四十九條，第六款）在討論以色列移民活動時，也經常引用這條規定。參見www.tibetjustice.org/reports/wbank/index.html。

第9章——西藏教育

除了我自己對才嘉的訪問以外，我也跟他的一個兄弟談過，並查閱了人權觀察組織（Human Rights Watch）一九九九年發布的簡介。簡介可在他們的網站上取得：https://www.hrw.org/legacy/reports/1999/tibet/Tibetweb-01.htm。

才嘉年幼時目睹的處決是發生在一九七一年三月。那個人是阿拉・晉美・散丹（Alak Jigme Samten），就是第六章中年輕的德勒記得把煙吹進垂死同伴嘴裡的人。另一個遭到處決的是噶嗶・永丹・嘉措（Gabe Yonten Gyatso），那是果洛的叛軍領袖（紅城叛亂延伸到果洛）。

一九八〇年代與一九九〇年代，阿壩州的首府馬爾康在文學界出奇活躍。那裡也是阿來的故鄉。阿來是著名的半藏族作家，曾獲得中國著名的茅盾文學獎。一九八〇年代，阿來是《新草原》雜誌的編輯，才嘉是該雜誌的供稿者之一。

說達賴喇嘛「就像聖誕老人一樣」的藏人是德欽，第十三章會介紹她。

第10章——來自西方的孔雀

關於平反的過程，我是參考齊錫生的《Politics of Disillusionment: The Chinese Communist Party Under Deng Xiaoping》(Routledge, 1991)。

關於美顙國王的遺體挖掘過程，那是取自強白・桑頗（Jamphel Sampo）的受訪內容。那段訪問是收錄在二〇一二年為了紀念美顙國王冥誕一百週年而私人出版的一本書中。

貢寶措不記得一九八四年曾與德勒見面，因為當時有數十位國王以前的臣民來迎接她，德勒是其一，但貢寶措清楚記得她那天見了很多人。

第3部分——一九九〇－二〇一三年

第11章——野生的小犛牛

根據中國複雜的計畫生育規定，一些少數民族不受一胎化的限制。但那些規定並未普遍施行，而是因地區而異。我聽過藏族婦女被迫墮胎，但我也遇過一家有十幾個孩子的游牧家庭。

關於藏族的家庭安排及單身母親的盛行，我參考了戈爾斯坦的文章〈When Brothers Share a Wife〉，《Natural History》（March 1987）。戈爾斯坦研究的村莊位於尼泊爾，但屬於藏族。雖然一妻多夫在西藏的西部比較常見，我在阿壩也聽過幾個例子，我遇到的許多阿壩居民說他們是由單親媽媽撫養長大。

那部關於《長征》的電視劇是二〇〇一年在中央電視台播出，劇情是在宣傳中國共產黨。在麥爾瑪拍攝的那一集裡，毛澤東與一位「活佛」談論佛教與共產主義。

毛：我相信馬克思主義。

活佛：如果馬克思姓馬，他肯定是中國人。

毛：不，他是德國人。

活佛：為什麼你會相信德國人開創的馬克思主義？

毛：因為馬克思主義可以解決中國現今面臨的問題……

毛：活佛，別擔心。中國的未來肯定會有宗教自由。

活佛：以你的智慧，你至少可以獲得人民的支持，讓世界和平。

第12章——僧侶生活

身為沒有藏傳佛教背景的記者，我難以了解寺院的教育制度。喬治．德賴弗斯（Georges B. J. Dreyfus）

的《The Sound of Two Hands Clapping》（University of California Press, 2003）是非常實用的參考資料。

第三次全國西藏工作座談會是在一九九四年七月二十日至二十四日召開，一般認為那是改變西藏政策方向的關鍵，參見巴聶特與西藏資訊網人員所撰寫的《See Cutting Off the Serpent's Head: Tightening Control in Tibet, 1994-1995》（Human Rights Watch, 1996）。我引述的片段在頁二一二。

「愛國教育」的演講與考卷副本，是由格爾登寺達蘭薩拉分寺的資訊辦公室提供。

第13章——慈悲

達賴喇嘛呼籲藏人不要穿保護動物的毛皮，這番呼籲看似無害，最終卻引起很大的騷動。達蘭薩拉的一份報告顯示，西藏東部至少有價值七千五百萬美元的毛皮遭到燒毀。印度野生動植物信託基金會（Wildlife Trust of India）報導，在阿壩州，有一萬人參加一場大眾篝火會，焚燒了三卡車的毛皮。該基金會報導：「由於人群龐大，警方無法阻止焚燒，現場有八人被捕，包括兩名中國人與六名藏人。一般認為那是過去兩週內最大規模的毛皮燒毀。」環境新聞社（Environmental News Service），二〇〇六年二月二十四日。

倫珠措的童年與成長描述，是來自二〇一四年在印度對其姊的訪談。

阿壩居民認為，引水工程之所以沒有繼續進行，是因為官員擔心阿壩鎮可能爆發大規模的抗議活動。但二〇一八年底，有人提出類似的專案，從黃河（藏語為瑪曲）引水到青海省的省會西寧。參見https://freetibet.org/news-media/na/ china-launches-mass-yellow-river-diversion-project。

中國以「南水北調」的引水工程著稱，這些工程常引發抗議，不止發生在西藏地區。

想要深入了解中國的發展如何影響青藏高原，我推薦邁克·巴克利（Michael Buckley）的《Meltdown

in Tibet: China's Reckless Destruction of Ecosystems from the Highlands of Tibet to the Deltas of Asia》（St. Martin's Press, 2014）。關於這個主題，另一篇更短的文章也是絕佳的參考資料：蘇爾曼．汗（Sulmaan Khan），〈Suicide by Drought: How China Is Destroying Its Own Water Supply〉，《外交》（*Foreign Affairs*），二〇一四年七月十八日。

第14章——社交動物

關於鐵路，參見潘卡吉．米什拉（Pankaj Mishra）的〈The Train to Tibet〉，《紐約客》，二〇〇七年四月十六日。他引用詩人唯色的話，稱火車是「殖民的強制產物」。

中國的開發雄心促成全國各地大興土木，建設大型機場。那些機場都有宏偉的建築與設施，但航班或乘客很少。二〇一四年，我參觀了正在興建的紅原機場。我的同事大衛．皮爾森（David Pierson）針對這個現象，寫了一篇幽默的報導：〈Plenty of New Airports but Few Passengers in China〉，《洛杉磯時報》，二〇一〇年三月十三日。

《美聯社》（The Associated Press）引用中國官方媒體的說法，報導了大規模的軍事演習：〈Chinese Military Exercise on Tibetan Lands〉，一九九九年六月二十九日。

二〇一三年，我在九寨溝度假兩天，親眼目睹了才百描述的「多民族對中國共產黨的敬意」。我看的表演是由一位藏族婦女演唱《我愛你中國》做為開場。

多傑雄登的信眾善於造勢，他們在達賴喇嘛演講的場外舉行喧鬧的抗議活動，指責他是「假達賴喇嘛」及反對他們宗教自由的「獨裁者」。二〇一五年《路透社》報導，多傑雄登運動是由中國共產黨資助及協調的，目的是破壞達賴喇嘛的名聲。參見David Lague、Paul Mooney、Benjamin Kang Lim合撰的〈China Co-opts a Buddhist Sect in Global Effort to Smear Dalai Lama〉，《路透社》，二〇一五年十二月二十一日。

藏人說，信仰多傑雄登的寺院疑似獲得中國政府的資助與保護。在拉薩附近的甘丹寺（Ganden Monastery），我親眼看到中國武警駐紮在專門打造的警衛站裡，保護那個供奉多傑雄登的神龕。

國家宗教事務局發布的第五號「國家宗教事務局令」（亦即《活佛轉世管理辦法》）規定：「活佛轉世管理的制度化是重要舉措。活佛轉世應當遵循維護國家統一、維護民族團結。活佛轉世不受境外任何組織、個人的干涉和支配。」

伊莎貝爾・希爾頓（Isabel Hilton）的《尋訪班禪喇嘛》（*The Search for the Panchen Lama*）講述了這個孩子如何淪為中國政府與達賴喇嘛鬥爭中的傀儡。

丹尼爾・溫克勒（Daniel Winkler）在〈Forests, Forest Economy and Deforestation in the Tibetan Prefectures of West Sichuan〉，《Commonwealth Forestry Review》75, no. 4 (1996) 中，引用四川省共產黨政策研究部的一位研究人員的說法：國有林業公司必須達到的產量配額，是永續產量的三倍。他也引用另一位中國研究人員的抱怨：阿壩州的森林覆蓋率從一九五〇年代的百分之一九・四，降至一九八〇年代的百分之十。

關於才百看到的牧民安置村，牧民被迫定居是藏人的一大擔憂，藏人說牧民被迫賣掉牲畜，失去了生計與生活方式。中國政府表示，重新安置是必要的，那是為了防止過度放牧及保護高原脆弱的生態系統。我並未在書中探討這個議題，因為這在阿壩縣附近並未大規模發生，但在附近的久治縣和紅原縣確實發生了。在阿壩西北部的果洛，我驅車經過雜亂蔓延的安置區，一排排的水泥小屋看起來沉悶而擁擠。人權觀察組織在〈They Say We Should Be Grateful: Mass Housing and Relocation Programs in Tibetan Areas of

China〉提到這個議題（二〇一三年六月）。關於學術分析，參見雅密拉・帕塔科娃（Jarmila Ptackova）的〈Sedentarisation of Tibetan Nomads in China: Implementation of the Nomadic Settlement Project in the Tibetan Amdo Area; Qinghai and Sichuan Provinces〉，《Pastoralism: Research, Policy and Practice》，二〇一一年。

第15章——暴動

我不確定是什麼防暴裝置把石礫噴進唐塔的眼睛。他確定那不是催淚瓦斯，我懷疑那是一種類似為以色列軍方開發的撒石車。

關於二〇〇八年抗爭的卓越分析，參見巴聶特的〈The Tibet Protests of Spring 2008: Conflict Between the Nation and State〉，《中國展望》（*China Perspectives*），二〇〇九年三月，全文可在線上取得。巴聶特指出，那些抗議活動震驚了中國當局，因為他們常把四川、青海、甘肅的藏族社群，視為成功治理少數民族的典範。儘管抗爭事件在中國很常見——通常是為了抗議污染、腐敗、裁員——二〇〇八藏人的抗爭活動是直接挑戰中國對藏人的統治。

最初的新華社報導（巴聶特在文中引用），日期是三月二十日，標題是〈URGENT: Four Rioters Shot Dead Sunday in Aba of SW China, Police Sources〉。

關於二〇〇八年拉薩抗議活動的傷亡人數，參見〈Leaked Internal Document Shows China Used Machine Guns to Kill Tibetans in March 2008 Protest〉，二〇一四年八月二十日。可在西藏人權與民主中心的網站上讀取：https://tchrd.org/?s=leaked+internal+document。

傷亡總數差異很大，導致準確的統計數字難以捉摸。巴聶特在文中做了比較，西藏流亡政府宣稱整個地區有兩百一十九名藏族抗議者死亡，國際聲援西藏運動（ICT）宣稱有一百四十名抗議者死亡，中國政府宣稱僅八名抗議者死亡。中國政府和ICT或多或少都認同，有一兩名公安及十八名旁觀者死亡。

抗議發生時，《經濟學人》（*The Economist*）的麥傑思（James Miles）正好在拉薩，也是現場唯一的西方記者。他和外國遊客都看到藏人隨機刺傷及毆打他們認為是漢人或回族穆斯林的路人。「那是一場非比尋常且令人難受的民族暴力事件，一些旁觀的藏人也感到訝異。」麥傑思談西藏的訪談，CNN.com，二〇〇八年三月二十日。

我也寫過百姓遭到襲擊的報導，我有許多同事也寫過：〈Tales of Horror from Tibet〉，《洛杉磯時報》，二〇〇八年三月二十二日。在一篇後續發自果洛的報導中，我提到一些暴力事件的背後，潛藏著藏族與回族之間長期醞釀的緊張關係。〈Tibetan-Muslim Tensions Roil China〉，《洛杉磯時報》，二〇〇八年六月二十三日。

阿壩居民不認同這些觀點，因為阿壩的穆斯林事業並未淪為攻擊目標。

第16章——鬼眼

藏人被卡車帶走、脖子上掛著牌子的照片，是達蘭薩拉格爾登寺的新聞辦公室提供給我的。他們也讓我看了愛國教育訓練期間所使用的考卷副本。

關於張慶黎對達賴喇嘛的攻擊以及達賴喇嘛的回應，參見倪青青（Ching-ching Ni）寫的〈China Steps Up Criticism of Dalai Lama〉，《洛杉磯時報》，二〇〇八年三月十日；索米妮・聖古塔（Somini Sengupta）寫的〈Dalai Lama Threatens to Resign〉，《紐約時報》，二〇〇八年三月十九日。

關於啟發唐塔與其朋友的音樂，我參考拉瑪嘉布（Lama Jabb）的文章〈Singing the Nation: Modern Tibetan Music and National Identity〉。該文最初是發表在網路上《西藏研究期刊》（*Revue d'Etudes Tibétaines*），第二十一期，二〇一一年十月。二〇〇八年我寫了一篇報導，提到果洛一位流行民謠歌手被捕：〈China Silences a Tibetan Folk Singer〉，《洛杉磯時報》，二〇〇八年六月八日。

扎西東知的〈一九五八－二〇〇八〉和其他歌曲的歌詞，是由《高峰净土》（highpeakspureearth.com）譯成英文。那是一個提供西藏新聞、評論、詩歌以及翻譯藏文與漢文的網站。

第17章——被迫慶祝

關於Lhakar運動（「白色星期三」），《高峰净土》在網站上發布了一份實用的說明。

關於中國各地的藏人被迫慶祝藏曆新年（Losar），參見〈In Tibet, 'Happy New Year' Is Not a Wish; It's an Order〉，《洛杉磯時報》，二〇〇九年二月二十三日。

關於推特假帳號傳播西藏的樂觀消息，參見傑安迪（Andrew Jacobs）寫的〈It's Another Perfect Day in Tibet〉，《紐約時報》，二〇一四年七月二十一日。

關於中國試圖把藏人描繪成幸福快樂的民族，最引人注目的例子之一，是二〇〇八年在北京龐大的民族文化宮所舉辦的「西藏今昔」展覽。展場上有大量的彩色照片，照片上藏人的臉頰像紅通通的蘋果，享有豐富的食物。現場也展示了據稱是舊西藏用在農奴身上的可怕刑具，兩者形成了鮮明的對比。多數看展者是中國家庭，孩子們看起來一臉惶恐。我和西藏詩人茨仁唯色一起去看展。

第18章——毫無出路

藏人對籃球的熱愛，最近啟發了一部由楊紫燁（Ruby Yang）執導的紀錄片《仁多瑪》（*Ritoma*），該片於二〇一八年上映。

〈One Passport, Two Systems; China's Restrictions on Foreign Travel by Tibetans and Others〉，人權觀察組織，二〇一五年七月十三日。報導中引用那位藏族部落客的話。

第19章——起火的男孩

彭措自焚後，阿壩街頭的景象可上網看到：https://freetibet.org/about/human-rights/case-studies/phuntsog。

自由亞洲電台（Radio Free Asia）詳細報導了彭措自焚事件所引發的法庭案件：〈Kirti Monk Sentenced for Murder〉，二〇一一年八月二十九日。

自焚的相關資訊，大多是來自西藏作家兼詩人茨仁唯色。她為自由亞洲電台詳細分析了自焚者的遺言。她的著作《西藏火鳳凰》（*Tibet on Fire*）是我讀過有關自焚的最詳細描述。

扎白和其他的自焚者出現在二〇一二年央視的紀錄片《Facts about the Self-Immolations in the Tibetan Area of Ngapa》中。撰寫本文之際，那支紀錄片的三十分鐘版本仍可在YouTube上看到：https://www.youtube.com/watch?v=ID1hI528-hA&t=83s。唯色指出，那部紀錄片主要是為外國觀眾拍的，在中國網站上看不到。

第20章——悲傷

自焚風潮最盛的時候，中國當局讓美國駐華大使駱家輝造訪阿壩州，但最遠只讓他抵達松潘。松潘距離阿壩縣約一百六十公里，是個寧靜的小鎮，沒有抗議活動。黃安偉（Ed Wong）報導的〈U.S. Ambassador Confirms Meeting with Tibetans in Western China〉，《紐約時報》，二〇一二年十月十七日。幾年後，政府帶了一群記者到這個地區，再次避開阿壩縣的市中心。

有些記者設法溜進了阿壩，湯姆・萊斯特（Tom Lasseter）是其一，當時他隸屬《麥克萊齊報》（*McClatchy Newspaper*），他是藏在兩個背包與一個睡袋下面。《衛報》（*The Guardian*）的華衷（Jonathan Watts）也溜進去了。他把一百九十公分的身軀塞進汽車的行李箱。《天空新聞台》（*Sky News*）的荷莉・威廉斯（Holly Williams）和工作人員離開阿壩的途中遭到拘留。他們造訪阿壩的影片讓人清楚了解當地的安全級別。

關於中國國內的公安開支，參見儲百亮（Chris Buckley）的報導，〈China Internal Security Spending Jumps Past Army Budget〉，《路透社》，二〇一一年三月四日；人權觀察組織，〈Heavy-Handed Security Exacerbates Grievances, Desperation〉，二〇一一年十月十二日。

克里斯多夫・比姆（Christopher Beam）寫了一篇精彩的文章，報導阿壩沒有網路連線的辛苦生活：〈Beyond China’s Cyber Curtain〉，《The New Republic》，二〇一三年十二月五日。

索巴喇嘛的引述是出自〈Harrowing Images and Last Message from Tibet of First Lama to Self-Immolate〉，國際聲援西藏運動，二〇一二年二月一日。

在巴黎會議上發表的論文，是由《西藏研究期刊》以〈Self-Immolation: Ritual or Political Protest?〉這

個集體標題一起發布，二〇一二年十二月六日。那一期的文章都可以在網上找到：http://himalaya.socanth.cam.ac.uk/collections/journals/ret/pdf/ret_25.pdf。伯倫斯基針對阿壩與格爾登寺的歷史所發表的論文也收錄在那一期中。

關於中國佛教徒的自焚，最詳細的研究是貝劍銘的《Burning for the Buddha: Self-Immolation in Chinese Buddhism》（University of Hawaii Press），二〇〇七。貝劍銘的一篇文章也收錄在前述的《西藏研究期刊》中。

關於自焚者聲稱自己的道德優越感，那段文字是引自詹姆斯．維里尼（James Verini）的〈A Terrible Act of Reason: When Did Self-Immolation Become the Paramount Form of Protest?〉，《紐約客》，二〇一二年五月十六日。

關於模仿自殺現象的歷史與分析，有大量的資料是從洛倫．科爾曼（Loren Coleman）的《Suicide Clusters》（Faber & Faber, 1987）中收集的。

我寫這本書的靈感來源之一是奧罕．帕慕克（Orhan Pamuk）的小說《雪》（*Snow*）。那本小說是以土耳其小鎮凱爾斯的一系列自殺事件為基礎創作出來的。

把西藏的自焚者與突尼西亞的水果販相比的那段話，是出自嘉央諾布的部落格《Shadow Tibet》：https://www.jamyangnorbu.com/blog/：〈Igniting the Embers of Independence〉，二〇一一年十月十四日。

二〇一一年十一月三日，格爾登仁波切在蘭托斯人權委員會（Tom Lantos Human Rights Commission）作證。完整的證詞可在網路上取得：https://humanrightscommission.house.gov/sites/humanrightscommission.house.gov/files/documents /Kirti%20Rinpoche%20Testimony.pdf.

那封抱怨侍俊的信是唯色發現的，她在二〇一二年二月十八日在她的部落格《看不見的西藏》上轉載。《高峰净土》重新發布了英文版。不是每個阿壩的藏人都討厭侍俊，我認識的幾位商人讚揚他對商界的貢獻。他在阿壩任職以來，仕途平步青雲。據《環球時報》（*Global Times*）的報導，他於二〇一七年五月獲任為公安部的副部長，二〇一八年八月獲任為中央統戰部的副部長。http://www.globaltimes.cn/content/1143562.shtml。

第21章——滑索

關於尼泊爾的藏人狀況，人權觀察組織發表了一份報告：〈Under China's Shadow: Mistreatment of Tibetans in Nepal〉，二〇一四年四月一日。翌年，我從邊境城市科達里報導了這個問題：〈Tibetans Lose a Haven in Nepal Under Chinese Pressure〉。《洛杉磯時報》，二〇一五年八月六日。

西藏和尼泊爾之間的邊界通道因二〇一五年的地震受損，如今已經改變。

第4部分——二〇一四年到現在

第22章——印度

艾夫唐的《雪域境外流亡記》（前面提過）對達蘭薩拉的藏族流亡社群的起源，提供了非常豐富的資訊。

關於滯留印度那些永久難民的覺醒，二〇一三年一名援助人員以寶琳·麥唐納（Pauline MacDonald）的筆名出版《Dharamsala Days, Dharamsala Nights》，該書對流亡政府提出了理智的批評。

蒂姆・詹森（Tim Johnson）在《Tragedy in Crimson: How the Dalai Lama Conquered the World but Lost the Battle with China》（Bold Type Books, 2011）中對西藏運動的未來，提出令人沮喪的評估。

關於流亡政府與中國當局之間的對話挫折，我是參考茨仁夏加的《龍在雪域》。

習近平在巴黎發表的演講，是二〇一四年三月二十八日在聯合國教科文組織（UNESCO）的總部進行。張彥（Ian Johnson）寫到習仲勳與習近平這對父子對佛教的迷戀，〈What a Buddhist Monk Taught Xi Jinping〉，《紐約時報》，二〇一七年三月二十四日。那篇文章是改編自張彥的著作《中國的靈魂》（*The Souls of China: The Return of Religion After Mao*）。

歐逸文（Evan Osnos）在〈The Next Incarnation〉中提到艾利魏瑟爾與達賴喇嘛的對話，《紐約客》，二〇一〇年九月二十七日。

關於Rangzen的不同詮釋，卓巴・茨仁旺姆在《Home in Tibet》的頁一八九有一段發人深省的說法，引述如下：「自由，就像身為流亡政治人物的我一直以來被教導的那樣，是受到法律保護，是指能夠隨心所欲地生活，遠離暴政與迫害……老一輩的人告訴我，他們把自由視為以佛教徒的身分生活的權利，那是指他們能夠進行儀式，謁見喇嘛，去寺院朝拜，打禪與學習。他們甚至可能提到一種渴望的精神狀態：擺脫依戀、憤怒、愚蠢、嫉妒與傲慢。」

我寫完這本書後，從一個共同的朋友那裡得知，才百在澳洲雪梨因一種致命的流感過世了，得年四十歲，留下妻子與孩子。

第23章——萬物俱有，只欠自由

史坦·林根（Stein Ringen），《完美的獨裁》（*The Perfect Dictatorship: China in the 21st Century*）。

在語言方面，阿壩的狀況似乎比拉薩好。二〇一七年我造訪拉薩時，震驚地發現公共街道的地圖只有中文與英文。機場的漢堡王（Burger King）也只提供中英雙語菜單，沒有藏文。西藏航空公司（Tibet Airlines）的雜誌，除了封面上一些裝飾性的藏文字體以外，裡面毫無藏文內容。一名藏人抱怨，包括護照申請在內的許多官方文件都是以中文書寫。

關於前西藏自治區黨委書記陳全國，大規模監禁維吾爾人以進行政治再教育的做法，可能有先例。二〇一二年，數百名藏人到印度的菩提伽耶（Bodh Gaya），參加達賴喇嘛主持的祈願大法會，返國後遭到拘留，並在軍營中關押了數月。多數的朝拜者是年長者，他們憑藉人脈取得中國的護照，合法地前往印度。目前還不清楚，為什麼他們最初獲准出國，但返國後卻遭到逮捕。不過，從時間點來看，拘留是由剛派駐西藏的陳全國下令的。參見黃安偉的報導，〈China Said to Detain Tibetan Pilgrims〉，《紐約時報》，二〇一二年四月七日。亦參見〈Has the World Lost Sight of Tibet?〉一篇中參館（ChinaFile）的對話，二〇一八年十一月二十日，http://www.chinafile.com/conversation/has-world-lost-sight-of-tibet。

術語表 Glossary

Abba/Ngaba（阿壩）：阿壩。

Aba (Ngaba) Tibetan and Qiang Autonomous Prefecture（阿壩藏族羌族自治州）：現代四川省的一部分，占地三萬兩千平方哩，涵蓋阿壩縣。

Amdo（安多）：青藏高原東北部地區的藏語名稱，如今是在青海、甘肅、四川省境內。

beimu（貝母）：一種高山百合，藏人常採來做傳統草藥。

bodhisattva（菩薩）：已經成佛，但為了他人利益而決定轉世的人。

caterpillar fungus/*Cordyceps sinensis*（冬蟲夏草或蟲草）：藏人採集的真菌，在傳統醫學中很珍貴。

chorten（佛塔）：藏語的佛塔，是佛教的供奉建築。

chuba（朱巴）：傳統的西藏長袍。在安多的方言中，有時稱為lawa。

Chushi Gangdruk（四水六崗）：一九五七年為了對抗中國共產黨而興起的西藏游擊運動，一度獲得美國中情局的支持。

Cultural Revolution（文化大革命）：毛澤東從一九六六年到一九七六年推動的十年運動，目的是清除中國的資本主義與反動分子。藏人有時使用這個詞的範圍比較廣，涵蓋一九五〇年代開始的強制集體化。

danwei（單位）：每個中國公民被指派的工作部門。

Democratic Reforms（民主改革）：一九五六年開始強加於藏區的剝奪與階級鬥爭，這個階段稱為民主改革。

dunglen（咚鈴）：字面意思是「彈唱」，是一種藏族民歌的風格。

dzi（天珠）：藏人珍視的條紋瑪瑙珠子。

dzomo（犏牛）：由母牛與犛牛雜交而成，用於生產乳製品（雄性稱為dzo）。

gaokao（高考）：中國的大學入學考試。

Golok（果洛）：阿壩西北方的一個地區，也是當地人的名字，在藏語中意指「反叛的」或「未被征服的」。

Hui（回族）：中國的穆斯林。

Hukou（戶口）：所有的中國公民都必須具備的家戶登記檔。

Jiji fenzi（積極分子）：支持中國共產黨的活動分子，藏語稱為hurtsonchen，但很多人是使用漢語說法。

Kham（康）：青藏高原的東南部，現在位於四川、青海、雲南省。

Khampa（康巴）：康的人民。

khapse：一種油炸麵糰，通常是新年的時候吃。

khata（哈達）：儀式用的圍巾。

kora（廓拉）：環繞寺院、寺廟、佛塔等等。

Lhakar（白色星期三）：一種提升藏族身分的運動，星期三只說藏語、穿藏服。

liang piao（糧票）：一九五〇年代中期到一九九〇年代初期中國發放的配給券。

Lobsang（洛桑）：藏語名字，意指「高尚心靈」。格爾登寺的每位僧侶都會在自己的名字前面加上這個名字，做為出家法號。

Losar：藏曆新年。

lungta（風馬旗）：字面意思是「風馬」，在西藏文化中是好運或活力的象徵，通常印在經幡上，特別是小紙片上，像五彩紙屑那樣拋向空中。

mani（嘛呢）：大家最熟悉的藏文咒語，唵嘛呢叭咪吽（om mani padme hum），與觀世音菩薩有關。

momo（饃饃）：西藏餃子。

Monlam（默朗木）：藏族祈願大法會。

pingfan（平反）：消除政治罪名。

Qiang（羌族）：主要生活在四川的少數民族。

Rangzen：藏語，意指「自由」或「獨立」。

rinpoche（仁波切）：對高階喇嘛的尊稱。

sangha（僧寶）：由和尚、尼姑、居士弟子組成的佛教團體。

stupa（佛塔）：儀式用的建築，通常是圓頂狀，裡面放著聖物與聖本。藏語中也稱為chorten。

tawa：安多的藏語，指住在寺院附近的百姓社群。

tej（特警）：中國的特殊警察。

thamzing（批鬥大會）：毛澤東時代用來迫害所謂「階級敵人」的鬥爭會議。

thangka（唐卡）：佛教的卷軸畫。

three jewels（三寶）：佛、法、僧（佛教的和尚與尼姑）。

Tibet Autonomous Region（西藏自治區）：一九六五年中華人民共和國為前拉薩政府的領土所指定的名稱。

torma（朵瑪）：由青稞麵粉與酥油做成的供餅，藏族儀式中經常使用。

tsampa（糌粑）：西藏的主食，用烤青稞粉製成的藏族主食。

tulku（祖古）：轉世喇嘛，尤指那個被認定是精神領袖（如達賴喇嘛）轉世的孩子。

tusi（土司）：中國皇帝賦予那些握有權力的傳統地方統治者的稱號。

Uighur（維吾爾族）：講突厥語，大多是住在新疆的穆斯林少數民族。

wujing（武警）：中國的武裝警察。

Xinjiang（新疆）：字面意思是「新的疆域」，是中國的西北地區，與俄羅斯、哈薩克、吉爾吉斯、塔吉克、阿富汗、巴基斯坦、印度接壤。

謝辭
Acknowledgments

本書謹獻給洛桑・卓冊・曲扎（Lobsang Chokta Trotsik）。二〇一四年，在詩人茨仁唯色（Tsering Woeser）的介紹下，我們相識。曲扎（他的暱稱是來自他所屬的阿壩村莊）是國際筆會流亡西藏作家協會的副會長，也是作家，飽讀詩書。他立刻就了解我對阿壩的迷戀，以及我想透過一般藏民的生活來講述阿壩故事的方式。他介紹我認識許多阿壩人並為我擔保，這些人的故事構成了這本書的主幹。二〇一五年二月十二日，曲扎在新德里的公車站遭到刺死，我至今仍無法明白這場突如其來的謀殺。他的英年早逝（得年三十三歲）對他的家庭、社群、以及所有關心西藏文化和語言未來的人來說，都是一大難以估量的損失。他一直努力改善西藏文學的數位讀取方式，迫切想要傳播佛教以外的主題。他的英年早逝可說是莫大的損失。

在我寫作的過程中，阿科斯特針對這個專案提供了寶貴的指導。我還在考慮要鎖定哪個藏族社群時，偶然間發現他與李江琳寫的部落格。在寫作、編輯、事實核查的過程中，我經常向他請教。「吃佛！」這個發人深思的詞句也是阿科斯特首創的。他與李江琳合寫了一篇有關一九三〇年代紅軍橫掃阿壩的論文，並為那篇論文取了那個標題。李江琳對於一九三〇年代到一九五〇年代之間紅軍在西藏造成的災難，做了大量深入的研究。她大方地與我分享了她發現的一些中國文獻與資料。

在充滿重要大事的二〇〇八年，我認識了茨仁唯色。當時我們去看了在北京民族文化宮舉辦的「西藏今昔」展覽。後來我很難見到她，因為她經常遭到監視，但她的指導對我來說相當寶貴，她的部落格也是，那可能是了解西藏現況的最佳日常資源。我也想感謝德慶邊巴（Dechen Pemba）與「高峰净土」(High Peaks Pure Earth）的工作人員，那是翻譯及收集藏文書寫及西藏相關文章的網站，包括唯色的作品。

在印度，書中描述的幾位藏人耐心地接受我冗長的採訪，回沖了好幾杯薑汁檸檬茶。安多・德勒與我分享他幾十年來的研究。貢寶措回想起痛苦的記憶，讓我在書中講述她的故事。她的女兒旺貞和其他的家人幫我收集了紀念物品與照片。我採訪了數十位阿壩人，雖然他們不全然是本書的主角，但他們幫我填補了許多細節。貢確嘉措（Kunchok Gyatso，又名 Kungam）經營一個由流亡的前政治犯所組成的協會，他對我的幫助特別多。流亡政府的資訊與國際關係部的扎西平措（Tashi Phuntsok）與次仁旺久（Tsering Wangchuk）協助我應對流亡政府的官僚組織。邊巴次仁（Penpa Tsering）曾是西藏流亡議會的議長，他幫我說服了原本沒意願受訪的貢寶措與我交談。格爾登寺的堪布（格爾登仁波切）撥冗受訪，也促成了我在格爾登寺的其他採訪。康亞次仁（Kanyag Tsering）與洛桑益西（Lobsang Yeshi）在達蘭薩拉的格爾登寺裡，經營一個設備齊全的小型資訊室，裡面提供照片與檔案，甚至還收藏了愛國教育期間的考卷。多位人權活動人士惠我良多，包括曾經參與國際聲援西藏運動的凱特・桑德斯（Kate Saunders）、巴比・納薩（Bobby Nassar）、凱利・懷特（Kerry Wright）。我經常查閱國際聲援西藏運動（ICT）、人權觀察組織、國際特赦組織（Amnesty International）、西藏人權與民主中心的報告。自由亞洲電台（Radio Free Asia）經常率先報導阿壩的突發新聞。

在讓一個世代的記者了解西藏方面，沒有人比巴聶特做得更多。他可以設法簡化，但不流於過分簡單，他能言善道又直言不諱。他的見解貫穿了這本書，從許多的參考文獻與章節附注即可明顯見得。

這本書稿的早期讀者是我叔叔大衛・施莫勒（David Schmerler）及我的朋友朱莉・塔倫（Julie Talen）。我採訪達賴喇嘛時，施莫勒也擔任攝影師。塔倫是編劇兼電影製作人，擁有敏銳的故事感。我經常和瑪格麗特・史考特（Margaret Scott）討論我的想法。

我對西藏的報導，最初是為《洛杉磯時報》做的。攝影師卡洛琳・科爾（Carolyn Cole）陪我去了阿壩、達蘭薩拉、尼泊爾。除了拍出令人驚豔的照片以外，她在報導方面也一樣出色。我在北京分社的同事Jia Han、Jon Kaiman、Nicole Liu、Mark Magnier、Julie Makinen、Ching- Ching Ni、David Pierson、Megan Stack都參與了。這本書的原始研究大多是靠Tommy Yang發掘的，從頭到尾的事實核查也多虧了他的幫忙。我要感謝前海外編輯Marjorie Miller把我派駐北京，也感謝她的繼任者Mark Porubcansky、Kim Murphy、Mitchell Landsberg把我的報導塑造成連貫的故事，並給我足夠的時間，以滿足我對那個地方的痴迷。編輯Norman Pearlstine與Scott Kraft給了我最寶貴的禮物——自由——讓我可以請長假。

在北京生活的那七年，我在家裡、餐廳、咖啡館中，從有關中國今昔的無盡談話裡學到了很多。北京的許多同事也報導了西藏議題，並暢所欲言地表達意見與見解。歐逸文（Evan Osnos）為《紐約客》寫了一篇達賴喇嘛的人物側訪，本書引用了那篇文章。《紐約時報》的黃安偉（Ed Wong）常搶在我前面報導西藏的新聞，令我氣結，但我們仍是好友。傑安迪（Andrew Jacobs）寫了一篇我讀過最有趣的西藏文章。Hannah Beech、Ed Gargan、Jane McCartney都比我更早迷上西藏，還有Tim Johnson，他也寫了一本關於西藏的書。每隔幾天，我就會向Gady Epstein請教一些事情。Jonathan Watts、Holly Williams、Tom Lasseter都比我早去阿壩。在北京的其他旅伴還有Jonathan Ansfield、Tina Beeck、Angus Cargill、Lillian Chou、Sheila Fay、Claudio Garon、Jen Lin-Liu、Melinda Liu、Jane Perlez、Keith Richburg、Didi Tatlow、Greg Thurman、Lijia Zhang，感謝他們的陪伴，與我交流想法，一起用餐，推薦讀物。Madeleine Grant與我一起在安多旅行。在美國，底下幾位同事和作家也提供我指引：Anna Boorstin、Molly Fowler、Robin Golden、Lee Hockstader、Terri Jentz、Ruth Marcus、Nomi Morris、Lena Sun、Burton Wides、Laura Wides-Munoz。Eden Mullon、Nicholas Demick，以及家母Gladys Demick始終是我的支持泉源。

學術界對西藏做的大量研究令我敬畏，尤其考慮到中國政府所設下的重重障礙，他們的成果更是令我驚嘆。我一再參考多位學者的研究成果：已故的埃利亞特・史伯嶺（Elliot Sperling）；史家茨仁夏加，本書多次引用他的著作；安德魯・費舍（Andrew Fisher）對西藏經濟的研究；格雷・塔特爾（Gray Tuttle）對安多的書寫；歐楊（Max Oidtmann）為我說明清朝與藏人關係的微妙之處；漢學家夏偉（Orville Schell），他寫的中國與西藏書籍從頭到尾字字珠璣。

我的經紀人兼朋友Flip Brophy一直陪著我，近幾年又多了Nell Pierce的鼎力協助。Julie Grau是把我的手稿塑造成書的大功臣，她把我從一個日報記者變成了作家。我也要感謝Spiegel & Grau出版社的Cindy Spiegel與Chen Mengfei，我認為沒有人能彌補他們的損失，但Andy Ward獲得了我的尊重與感激，Marie Pantojan也是。感謝Granta Books的Bella Lacey從頭到尾提供的寶貴建議。

在紐約，身為默羅新聞基金會的研究學人（Edward R. Murrow Press Fellow），我寫這本書時獲得了美國外交關係協會（Council of Foreign Relations）的熱情款待。這個基金會提供我旅行津貼，以及在紐約一個比較安靜的寫作空間。感謝基金會的協調人Janine Hill與Victoria Harlan，以及外交關係協會亞洲研究的主任Elizabeth Economy。

紐約是了解西藏的好地方，哥倫比亞大學懷特海東亞研究所（Weatherhead East Asian Institute）的現代藏學研究學程，舉辦了許多講座與電影放映會；哥倫比亞大學的史塔東亞圖書館（C.V. Starr East Asian Library）有豐富的館藏，他們都惠我良多。亞洲協會（Asia Society）、華美協進社（China Institute）、魯賓藝術博物館（Rubin Museum）、利眾基金會（Trace Foundation）的活動，以及馬奇克（Machik）每年在紐約籌辦的藏人聚會，都讓我學到很多。

這份謝辭中有一些明顯的遺漏。在本書即將出版之際，中國的氣氛不太包容，我在這裡不敢提及許多人——藏人、中國人、其他人——因為我擔心他們的協助被誤解成某種程度的反華。我還是想感謝一些不希望在此露出名字的朋友、譯者、採訪對象、專家、諮詢顧問：PD、W、DD、LD、J、T、T、K與D及家人，還有來自阿壩的D、S、R與T、LC、LD。希望你們知道我是指誰，請匿名接受我的感激。

圖片來源
Illustration Credits

封面：僧侶走過格爾登寺的庭院，經過一個燒著杜松枝的香爐。散落在地上的紙張是風馬旗（印著風馬標誌的經幡），通常在焚香儀式上扔進縷縷青煙中。Carolyn Cole，《洛杉磯時報》，二〇一四年。

頁三：美顙國王在阿壩的宮殿。美顙家族提供。

頁十三：阿壩市中心。作者提供。

第1部：綿延起伏的風景。Carolyn Cole，《洛杉磯時報》，二〇一四年。

第1章：阿壩的王室。貢寶措站在前面的中間，她的父親（國王）站在她身後，一九五七年。美顙家族提供。

第2章：中國紅軍攀越夾金山，前往青藏高原，一九三五年六月。Sovphoto/Getty Images。

第3章：左到右，年輕的班禪喇嘛、美顙國王、達賴喇嘛與其他官員造訪中國，一九五四年。美顙家族提供。

第4章：成年的安多．德勒。Carolyn Cole，《洛杉磯時報》，二〇一四年。

第5章：貢寶措的最後一張全家福照片，攝於一九六六年，就在文化大革命開始前的幾個月。只有她

圖片來源
Illustration Credits

（左上）和姑姑（中上）倖免於難。美顏家族提供。

第6章：焚燒佛經，拉薩，一九六六年。澤仁多吉（Tsering Dorje）攝影。《殺劫：四十年的記憶禁區，鏡頭下的西藏文革》（*Forbidden Memory: Tibet During the Cultural Revolution*），茨仁唯色著。獲准使用。

第7章：貢寶措與小兔。美顏家族提供。

第2部：男子在路上放牧犛牛。Jia Han，《洛杉磯時報》，二〇〇八年。

第8章：藏族女性拿著冬蟲夏草。Jia Han，《洛杉磯時報》，二〇〇八年。

第9章：才嘉，二〇一六年。作者提供。

第10章：在這張貼補的照片上，是貢寶措與先生及兩個女兒的合影，他們四人很少團圓。美顏家族提供。

第3部：祈願法會時，男孩躺在草地上。Carolyn Cole，《洛杉磯時報》，二〇一四年。

第11章：麥爾瑪的男孩，二〇一四年。Carolyn Cole，《洛杉磯時報》。

第12章：格爾登寺，二〇一四年。Carolyn Cole，《洛杉磯時報》。

第13章：朝拜者坐在格爾登寺的外面，二〇一四年，Carolyn Cole，《洛杉磯時報》。

第14章：穿著藏服的舞者與模特兒，九寨溝，二〇〇七年。Ian Cruickshank/Alamy圖庫。

第15章：貝瑪的姪女倫珠措，格爾登寺提供。

第16章：遭逮捕的僧侶，阿壩，二〇〇八年，格爾登寺提供。

第17章：中國警察在阿壩遊行，二〇一一年，格爾登寺提供。

第18章：阿壩的檢查站，格爾登寺提供。

第19章：僧侶彭措，格爾登寺提供。
第20章：自焚者的照片，達蘭薩拉。David Schmerler，二〇一五年。
第21章：尼泊爾科達里的僧侶，看著尼泊爾與西藏的邊界，二〇一四年。Carolyn Cole，《洛杉磯時報》。
第4部：藏族婦女凝視著她獲贈的中國帳篷，阿壩，二〇一四年。Carolyn Cole，《洛杉磯時報》。
第22章：貢寶措在達蘭薩拉的家中，二〇一四年。Carolyn Cole，《洛杉磯時報》。
第23章：麥爾瑪的藏人參加政令宣傳講座，二〇一九年十二月。阿壩縣政府在微博上的發文。

吃佛
從一座城市窺見西藏的劫難與求生

吃佛：從一座城市窺見西藏的劫難與求生
／芭芭拉・德米克（Barbara Demick）著；
洪慧芳譯.－初版.－臺北市：麥田出版：
英屬蓋曼群島商家庭傳媒股份有限公司
城邦分公司發行, 2021.07
面；　公分
譯自：Eat the Buddha :
life and death in a Tibetan town
ISBN 978-626-310-017-6(平裝)
1.歷史 2.西藏自治區
676.62　　110007696

印　　刷　漾格科技股份有限公司
封面設計　許晉維
初版一刷　2021年7月
初版十四刷　2024年3月
定　　價　新台幣450元
I S B N　978-626-310-017-6
Printed in Taiwan

作　　者　芭芭拉・德米克
（Barbara Demick，中文名：白思卉）
譯　　者　洪慧芳
責任編輯　林如峰
國際版權　吳玲緯
行　　銷　闕志勳　吳宇軒　余一霞
業　　務　李再星　李振東　陳美燕
副總編輯　何維民
編輯總監　劉麗真
發 行 人　何飛鵬

出　　版

麥田出版
地址：115 台北市南港區昆陽街16號4樓
電話：(02) 2-2500-7696　傳真：(02) 2500-1966
麥田網址：https://www.facebook.com/RyeField.Cite/

發　　行

英屬蓋曼群島商家庭傳媒股份有限公司城邦分公司
地址：10483台北市民生東路二段141號11樓
網址：http://www.cite.com.tw
客服專線：(02)2500-7718; 2500-7719
24小時傳真專線：(02)2500-1990; 2500-1991
服務時間：週一至週五09:30-12:00; 13:30-17:00
劃撥帳號：19863813　戶名：書虫股份有限公司
讀者服務信箱：service@readingclub.com.tw
麥田網址：https://www.facebook.com/RyeField.Cite

香港發行所

城邦（香港）出版集團有限公司
地址：香港九龍土瓜灣土瓜灣道86號順聯工業大廈6樓A室
電話：+852-2508-6231　傳真：+852-2578-9337
電郵：hkcite@biznetvigator.com

馬新發行所

城邦（馬新）出版集團【Cite(M) Sdn. Bhd. (458372U)】
地址：41, Jalan Radin Anum, Bandar Baru Sri Petaling,
57000 Kuala Lumpur, Malaysia.
電話：+603-9056-3833　傳真：+603-9057-6622
電郵：services@cite.my